青海民族大学中国语言文学学科建设文库

胡安良文集

胡安良 著

青海人民出版社

图书在版编目（CIP）数据

胡安良文集 / 胡安良著 . -- 西宁：青海人民出版社，2021.12
ISBN 978-7-225-06266-2

Ⅰ．①胡… Ⅱ．①胡… Ⅲ．①中华文化—文集 Ⅳ．①K203-53

中国版本图书馆 CIP 数据核字（2022）第 034329 号

胡安良文集

胡安良　著

出 版 人	樊原成
出版发行	青海人民出版社有限责任公司
	西宁市五四西路71号　邮政编码:810023　电话:（0971）6143426（总编室）
发行热线	（0971）6143516/6137730
网　　址	http://www.qhrmcbs.com
印　　刷	青海雅丰彩色印刷有限责任公司
经　　销	新华书店
开　　本	890mm×1240mm　1/32
印　　张	9.375
字　　数	250千
版　　次	2022年3月第1版　2022年3月第1次印刷
书　　号	ISBN 978-7-225-06266-2
定　　价	54.00元

版权所有　侵权必究

上篇

- 03　传统文化与国学
- 16　治国之道
- 31　修身之道
- 52　教育之道
- 88　交友之道

下篇

- 97　『技进乎道』与世情
- 117　庄子『外化而内不化』的处事原则
- 131　镂月裁云话『炼字』
- 166　用幽默来滋润生活
- 211　『曲则全』思维与柔性表达
- 220　庄子幽默风格成因论
- 261　常态适然

266	守住根本
270	庄周梦蝶
279	存道尊生
282	抱瓮老者与数码青年
286	善恶相生
293	『得心应手』与现代劳模的创造性火花
295	常从疑处悟书香

上篇

传统文化与国学

传统文化与国学的定位

　　传统文化是指由历史传承下来的风俗、道德、习惯、思想、信仰、科学等一切人类努力所得结果的综合体。例如，千百年来，中华民族形成并延续着许多优良的道德传统，这些传统美德是中华民族优秀传统文化的重要组成部分，也是"中华精神"的主要内容。包括推己及人，尊老爱幼、和睦亲善、谦虚谨慎，勤劳节俭、见利思义、刚正不阿、自强不息、天下为公、爱国如家等。

　　"国学"是"一国固有之学问"，所以每个国家都有自己的"国学"。"国学"本来就是"国魂之学"，绝非老妈妈论儿。它是"立国精神"，民族的思想精粹。

"国学"一词，含义范围甚宽，包涵中国学问或中国学术。传统的中国学问或中国学术，包括哲学、经学、文学、史学、政治学、军事学、宗教、艺术和自然科学等多种学科，而自然科学又包括天文、地理、数学、农学、水利、医学等。

从课程角度开设的国学包含语言文字学类、古典文学类、现代文学类、史学类、哲学类五种。

语言文字学类：语言学、文字学、音韵学、训诂学、修辞学、汉语史。

古典文学类：中国文学史、中国文学概论、历代文学名著、古典小说、诗学、词学、曲、乐府诗、昭明文选、历代骈文、楚辞、文心雕龙。

现代文学类：现代散文、现代小说、现代戏剧、比较文学、中国民间戏曲、现代文学理论、文艺学。

史学类：中国古代史、史论、汉书、资治通鉴、中国史学概论。

哲学类：（1）（子部）老子、庄子、墨子、荀子、韩非子、吕氏春秋、淮南子、中国哲学概论、中国思想史；（2）（经部）周易、诗经、尚书、礼记、左传、论语、孟子、学庸、尔雅、经学概论、经学史。按课程分类，一般把（1）类称为哲学类，但经学类的科目，也属哲学类的范围，只因历代图书分类经、子分为二部，经学以儒家思想的经典为主。

传统文化与国学的关系

我们不能笼统地把传统文化称之为国学,前者范围大,它涵盖了观念,风俗、习惯等,例如下面这段论述:

> 社会高速发展,家庭结构变迁,让"养儿防老"的观念受到挑战,更让"父母在,不远游"的传统被打破,然而五千年的文化传承植入中国人骨髓的依然是深重的家庭观念,"家"是中国人最牢固的亲情纽带,也依然是中国社会基本的构成单元。(《"中国式养老"离不开"家"》)

这显然讲的是传统文化,因为我国古代既没有"老年人权益保障法",也没有专门研究"养老"的学科。

从范围上切分,在理论上可以讲清传统文化和国学的区别,然而在实践上,二者还是纠结的。因为传统观念、风俗习惯等,有些在国学中有所涉及,如上面所举"父母在,不远游"的传统观念也见于《论语·里仁》:"父母在,不远游。游必有方。""养儿防老"见于《警世通言·二二》:"'养儿待老,积谷防饥。'你我年过四旬,尚无子嗣,光阴似箭,眨眼头白。百年之事,靠者何人?"

因此,传统文化与国学二者,有时是你中有我,我中有你。从学术研究上看,有必要加以区分。从实践上看,似可相通。有的学者给国学下的定义是："国学"是"一国固有之学问"或"一国本有之传统文化"。这样，国学和传统文化两个概念就重合了。

　　国家行政学院、中国国学文化艺术中心等多部门联合推出国内首套"全国领导干部国学教育系列教材"，代表着中华优秀传统文化作为领导干部正心、修身、治国的理论资源和文化基础将有本可依。这套教材分别涵盖了修身之道、处世之道、用人之道、治兵之道、应急之道、廉政之道、执法之道、谋略之道、治国之道、天人之道等方面。2015年9月起，全国各级干部轮训国学，就是使用这套教材。由于这套教材的一大特点是应用性，因此并没有硬性规定，需要所有人都本本必看，而是根据单位特色进行挑选，着重领会学习。例如，应急办就可对《应急之道》进行系统学习，中小学教师则重点学习治国之道、修身之道、教育之道、交友之道等内容。

学习传统文化的目的

　　人类社会的发展，每当偏差行为充斥，虽经一番艰苦思考，归正是非，仍然"赵钱孙李信不信依你"的时刻，常常会出现一种溯源寻根的思存。寻求追鉴本源，从中汲取新生的创造力量。孔子的温故知新，西方文艺复兴所强调的再生精神，都体现了创造源头这股永不衰竭的力量。经典之所以重要，古书之所以要读，就是要接受古人的信息并代代相传、参考选用。处在现代社会而倡言读经，并非迷信传统，更不是引绳束躬，而是我们越重视聆听前世，就越懂得怎样寻根究底，也就越能理智面对当今的困惑。正如《法言·五百》所说："聆德前世，清视在下，鉴莫近于斯矣。"

眼下，我们正处在一个社会转型期。传统与现实的纠结与挣扎，社会伦理、人情和秩序的时代变迁，都在影响着人民对现实的评价与判断，以及由此所引发的反思。在社会原子化、利益主体多元化、利益碎片化、利益冲突显性化、人际关系干燥化和价值观念多样化的今天，除了要加强制度建设，守卫公平正义，让社会成员不论财富多寡，都能平等地在制度化、规则化的道路上维护自己的尊严和权力，同时在追梦的时候，更应有寻根的情愫，基于现实的传统思考，才能使心灵在躁动之中找到宁静的归宿。

2014年10月，习近平总书记在主持中央政治局集体学习时强调："历史是人民创造的，文明也是人民创造的。对绵延5000多年的中华文明，我们应该多一份尊重，多一份思考。对古代的成功经验，我们要本着择其善者而从之、其不善者而改之的科学态度，牢记历史经验、牢记历史教训、牢记历史警示，为推进国家治理体系和治理能力现代化提供有益借鉴。"

在这个问题上，儒家文化给了我们什么启示呢？

一是要加强自身的教育感化工作。

这是儒家文化乃至中国传统文化的一个重要特点，目的是让人不断地从动物状态中提升出来。儒家学者经常讨论人与动物的区别之所在。他们认为人和动物最大的不同，就在于人有精神的需求，包括道德的需求、奉献的需求、审美的需求，等等。这种精神的需求超越了物质功利的需求，是对于个体生命的感性存在的超越。

人为了自身的生存和发展，理所当然要进行物质性和功利性的活动，要有生产活动或流通活动，并在生产和流通活动中追求自身的物质利益。但是，人作为人，又不能只满足于物质利益和物质享受。除此之外，人还有精神的需求。这就是人区别于动物的所在。

现在有不少人，在物质富足之后，对公共文明、公共情感漠置弗问，抛弃了应有的"人"之温情，这种粗鄙冷肠本身就是一种无知无畏的自掘坟墓，醉心于肾上腺素过度分泌而带来的畸形刺激，到头来因违忤天心而不得善终。以酒色财气为傲，炫富的同时，暴露出了精神和心灵的赤贫，既缺乏现代公民的平等意识，更无服务社会的奉献精神，就像米缸里的蛀虫，蛀尽社会财富。不要说"富而好礼"，就连"富而无骄"也都难以达到。

《礼记·曲礼上》说："鹦鹉能言，不离飞鸟。猩猩能言，不离禽兽。今人而无礼，虽能言，不亦禽兽之心乎？"人从动物中站立起来，就有别于一般动物了。动物尚有灵犀，而人却失掉人性，没有道德变成沐猴而冠，这实在是耻辱、悲哀的事情！

一个正常的社会，总是透过集体智慧，形成并执行一套道德规则，控制人的兽性，使任何人都"不可欺以诈伪"，使那些侵犯别人利益甚至剥夺他人生命的"苟利之为见"者，"苟情悦之为乐"者受到法律的制裁和道义的谴责。现在还有一些"边缘人"，就是指那些处在人兽之间的"人"。这些人"愚而自专"，给社会带来不少麻烦，制造了很多祸殃。事实表明，维系文明的合作、交易关系所需要的基础性秩序极度虚弱。如何拯救这个处于沦陷中的社会基础性道德秩序？这是需要每个人都来解答的问题，这是当代中国所面临的根本问题之一。

孔子说："兴于诗，立于礼，成于乐。"中国传统文化就是一种以礼乐精神为核心的重视人文教养的文化。这种教养的目标，就是要塑造高尚人格，其本质就在于能够超越物质的功利的需求，而突出一种高尚的精神的需求。

二是追求一种理想的人生境界。

现代社会，人们的生存竞争日益激烈，许多人都以现实利害为行为的目的。在功利心、事业心的支配下，人们的生活极度紧张，追逐外物无法回头，终身劳苦而难得快乐，就像跟自己的影子赛跑一样，永无获胜的机会。身被名牵，樊笼鸡鹜；心为形役，尘世马牛。生活缺乏诗意。

在市场经济"获利"欲求的侵蚀下，一些媒体围着演员转，舆论缠住富豪窜，转了窜，窜了转，都是为了钱。

演艺界的艺人属于公众人物，知名度高，甚至成为一些公众吹捧的偶像，有追星追出人命的。正因为如此，演艺圈的艺人应当自爱，严以律己，要做到习近平总书记点赞的"德艺双馨"，不辜负公众的期待。遗憾的是，许多艺人意识不到这点，放纵无忌，滥情肆虐，吸毒嫖娼，不仅丑化了自身形象，也败坏了社会风气，误导了公众特别是青少年，进而挑战了核心价值观和社会文明。

净化演艺圈，声讨劣迹艺人，是维护核心价值观和社会文明的重要内容，媒体应该在这项工作中发挥积极作用。然而，一些媒体和娱记，为了吸引眼球，不辨良莠，不顾社会影响，大肆炒作艺人。艺人的门绪身世、桑间濮上、婚姻嫁娶、外遇内嬖等，都是媒体的疮痂鲍鱼。

当今社会上很多人把当艺人看成名利双收的捷径，又期望天上掉馅饼能"一夜成名"。一些懵懂的年轻人以为只要有漂亮的脸蛋，窈窕的身材，走过几回"猫步"，会跟着录音唱几句歌，适应几条"潜规则"，就能跨进这个行当。

成功需要天赋和汗水，从艺并非成名、暴富的捷径。媒体应该帮助青年端正价值观念，不使其被虚假的表面光鲜迷惑，而失去了理性判断和人生方向。

儒家是入世的，它强调建功立业，治国平天下，所以儒家不排斥功利活动，但是儒家认为人除了功利活动，还要有审美的活动。"道学通政事，清游畅诗怀。"儒家主张人的精神应保持一种欢快、和谐、怡悦的状态，而审美活动正是促成这种状态的实现的。孔子说过"一张一弛，文武之道也"（《礼记·杂记下》），又说"志于道，据于德，依于仁，游于艺"（《论语·述而》）。"游"是一种非功利的快乐。"艺"是六艺，即礼、乐、射、御、书、数。孔子认为六艺之教不仅可以陶冶身心，还可以从中获得一种非功利的享受。孔子还说过"知者乐水，仁者乐山"（《论语·雍也》），是说知者、仁者要在自然山水中得到一种悦乐。

儒家的最高精神境界，其内涵是"仁"，表现形式则是审美的愉悦。《论语·先进》载孔子与学生关于人生理想的对话：

> 子路、曾晳、冉有、公西华侍坐。
> 子曰："以吾一日长乎尔，毋吾以也。居则曰：'不吾知也！'如或知尔，则何以哉？"

子路率尔而对曰："千乘之国，摄乎大国之间，加之以师旅，因之以饥馑；由也为之，比及三年，可使有勇，且知方也。"

夫子哂之。

"求！尔何如？"

对曰："方六七十，如五六十，求也为之，比及三年，可使足民。如其礼乐，以俟君子。"

"赤！尔何如？"

对曰："非曰能之，愿学焉。宗庙之事，如会同，端章甫，愿为小相焉。"

"点！尔何如？"

鼓瑟希，铿尔，舍瑟而作，对曰："异乎三子者之撰。"

子曰："何伤乎？亦各言其志也。"

曰："莫春者，春服既成，冠者五六人，童子六七人，浴乎沂，风乎舞雩，咏而归。"

夫子喟然叹曰："吾与点也。"

三子者出，曾皙后。曾皙曰："夫三子者之言何如？"

子曰："亦各言其志也已矣！"

曰："夫子何哂由也？"

曰："为国以礼，其言不让，是故哂之。"

"唯求则非邦也与？"

"安见方六七十如五六十而非邦也者？"

"唯赤则非邦也与？"

"宗庙会同，非诸侯而何？赤也为之小，孰能为之大？"

子路、曾皙、冉有、公西华四个人陪孔子坐着。

孔子说:"因为我年龄比你们大一些,没有人用我了。你们平时总说:'没有人了解我呀!'假如有人了解你们,那你们要怎样去做呢?"

子路赶忙回答:"一个拥有一千辆兵车的国家,夹在大国中间,常常受到别的国家侵犯,加上国内又闹饥荒,让我去治理,只要三年,就可以使人们勇敢善战,而且懂得礼仪。"

孔子听了,微微一笑。

孔子又问:"冉求,你怎么样呢?"

冉求答道:"国土有六七十里或五六十里见方的国家,让我去治理,三年以后,就可以使百姓饱暖。至于这个国家的礼乐教化,就要等君子来施行了。"

孔子又问:"公西赤,你怎么样?"

公西赤答道:"我不敢说能做到,而是愿意学习。在宗庙祭祀的活动中,或者在同别国的盟会中,我愿意穿着礼服,戴着礼帽,做一个小小的赞礼人。"

孔子又问:"曾点,你怎么样呢?"

这时曾点弹瑟的声音逐渐放慢,接着"铿"的一声,离开瑟站起来,回答说:"我想的和他们三位说的不一样。"

孔子说:"那有什么关系呢?也就是各人讲自己的志向而已。"

曾皙说:"暮春三月,已经穿上了春天的衣服。我和五六位成年人,六七个少年,去沂河里洗洗澡,在舞雩台上吹吹风,一路唱着歌走回来。"

孔子长叹一声说:"我是赞成曾皙的想法的。"

子路、冉有、公西华三个人都出去了，曾皙后走。他问孔子说："他们三人的话怎么样？"

孔子说："也就是各自谈谈自己的志向罢了。"

曾皙说："夫子为什么要笑仲由呢？"

孔子说："治理国家要讲礼让，可是他说话一点儿也不谦让，所以我笑他。"

曾皙又问："那么是不是冉求讲的不是治理国家呢？"

孔子说："哪里见得六七十里或五六十里见方的地方就不是国家呢？"

曾皙又问："公西赤讲的不是治理国家吗？"

孔子说："宗庙祭祀和诸候会盟，这不是诸侯的事又是什么？像赤这样的人如果只能做一个小相，那谁又能做大相呢？"

子路等三人谈的都是治国的抱负，只有曾点谈的是一种审美的境界。他的精神世界十分宽广。儒家这种人生境界的追求，对于沉溺于功利世界而不能自拔的当代人来说，可以当作一剂精神良药。重视人文教养，追求理想的人生境界，是传统哲学和美学的一个最本质的特征。要帮助人们开阔艺术胸襟与审美眼光，使其从枯燥乏味的生活中摆脱出来，保持一种淳厚朴实、融洽悦怿的精神状态，这也是建设和谐社会应该具有的一种境界。

眼下，甚嚣尘上、众煦飘山的所谓"旅游"并不能与曾点的精神境界接轨。

法国心理学家勒庞在《乌合之众》中指出，个体容易受到群体情绪和结构性心理压力的影响，表现出很强的行为趋同性，成为"身不由己"的从众者。

由于交通日益发达，人类远行能力的提高，加上消费社会的宣传炒作，旅游成了人们生活的重要内容之一，人类已经进入了一个"旅游时代"。随着旅游经济的迅猛发展，在浮躁的利益驱动下，过度的商业开发和对文化遗产内涵的肆意歪曲和滥用，一些地方政府机构和旅游开发商把作为中华民族全民共享的自然与社会历史文化资源的名山大川、历史名人故居等当作奇货可居、牟利工具，实际上已经把公共资源变成了部门禁脔。尤其是许多跟风而上的人造景点，充满了谬误和虚假的伪文化，成了一些任人把玩的橡皮泥。生造之大胆、编造之离奇，已经到了骇人听闻的地步。旅游宰客、逼迫购物屡禁不止，令人心寒。许多游客在被称为"人间天堂"的美丽景点，遭遇野蛮导游"刀逼游客"式的强制消费，把游客当成获取自身利益的筹码，游客心中那个"仙境"瞬间变成"地狱"。

不断扩大与膨胀的"驴友"大军中的多数人只不过是赶新潮、逐奇猎新，甚至炫富，并不懂得"到底什么是旅游"和"应该怎样旅游"。大多数衷心信服现代秩序的跟潮者只是甘心如荠，奉孔方委身于与商场结成了利益同盟的旅游公司，然后任人依序货运到某景点完成某些规定动作。有人戏谑眼下旅游是"上车睡觉，停车撒尿，下车拍照，回来一问，什么也不知道"。

不仅如此，那些丢丑异域、辱没祖宗的游客，随地吐痰、大声呼啸、神庙涂鸦、草地斗殴、行为粗鲁、不考虑他人的公共感受……足以令人汗颜。

顾名思义，"旅游"的核心应该是"游"，它的最高境界可能就是庄子的"逍遥游"，典型事例是《庄子·在宥》里描写的境界："浮游不知所求，猖狂不知所往，游者鞅掌，以观无妄。……解心释神，各复其根。"这里的关键词"猖狂"是指"无心",与当今的"狂妄而放肆"意迥异,是说行动随意,不含特定目的。到处游玩,不知道追求什么;任意行动,不明确要去何处;游玩的人自在闲暇,视野无边无际。解除心思,放松精神,各自回归根本,与自然之气合而为一。用现在的观念来表述,就是要领略人文、增长见识、开阔眼界、陶冶情操、放松身心、愉悦精神……获得心理、德行双丰收。

在旅游乱象爆棚的语境下,如果不纠正管理的粗陋、监督的缺失、不良作风的泛滥,逐利逻辑的骄狂,不改善和提升旅游文化环境,那么,旅游给人们带来的将不是"游兴",而是"忧心"!

燕海鸣在《让旅游改变生活》里说:"这样的旅游关乎金钱,又不关乎金钱。对有些人来说,旅游是有钱时的游戏;而对有些人来说,旅游则是清贫时的快乐。有钱人在旅游中看到的是金字塔、卢浮宫、自由女神;清贫者在旅游中看到的是城郊的溪水、远山的红叶、居民的雕花。金字塔和卢浮宫一天天在破旧,而溪水和红叶却总是清澈、耀眼。"

目前,诚信缺失、道德滑坡已经到了非常严重的地步。社会信任危机成为群众性焦虑,越来越多的人意识到爱心稀缺、人人自危,社会公众渴求正义与道德的回归,向政府与全社会提出了重新构建道德主流的现实考题。希望中华民族的优秀传统的弘扬不是虚晃一招,而是转化为所有公民的行为规范。为此,我们选讲一些人类道德文明的经验成果以资借鉴,期待道德样本能 N 次被复制,更多的人以之为参照系,建立新的规则机制。此乃社会之幸,民族之幸,国家之幸,民生之幸。

治国之道

儒家：平政爱民

"平政爱民"是《荀子·王制》里提出的政治主张。内容是：

> 传曰："君者，舟也；庶人者，水也。水则载舟，水则覆舟。"此之谓也。故君人者，欲安，则莫若平政爱民矣；欲荣，则莫若隆礼敬士矣；欲立功名，则莫若尚贤使能矣；是君人者之大节也。三节者当，则其余莫不当矣。

古书上说："君主，好比是船；百姓，好比是水。水可以把船浮载起米,也可以把船倾覆。"说的就是这个道理。所以统治人民的君主,要想安定,就没有比调整好政策、爱护人民更好的了;要想荣耀,就没有比尊崇礼义、敬重有才的人更好的了;要想建立功业和获得名望,就没有比推崇品德高尚的人、使用有才能的人更好的了。这些是当君主的关键。这三个关键都做得恰当,那么其余的就没有什么不恰当了。

这是儒家治国理论的概括,分述如下:

一、民为国本

中国哲学以人为本位,表现出"重伦理"的倾向;西方哲学以自然为本位,表现出"重认识"的倾向。这种"重人"和"重知"的分歧可以上溯到孔子和苏格拉底。孔子主"仁",苏格拉底主"知"。

日本著名作家井上靖先生认为孔子不仅是中国文化的先哲,而且是全人类的导师,孔子属于整个世界。把"人类的导师孔子"的"爱仁"思想洒满人间,是孔子哲学思想的终极。

孔子生活在周世衰微和礼乐诗书废弃的混乱之世。他在聚徒讲学、从政为官或奔波于中原诸侯国的颠沛生涯中意识到,社会的治乱取决于人际关系的"有道""无道",而是否奉行周礼正是二者的分水岭。既然周礼的崩坏导致了社会的动乱,要使天下恢复正常的秩序,必须正源,端正构成这个社会的最本质的东西。于是,他提出来"仁"的主张,作为医治社会疾病的良方,改变"无道之世"为"有道之世"。

井上靖这样解释"仁":"仁"这个字就是单人旁再配上"二"。无论是父子、主从,还是旅途邂逅的陌生旅伴,只要两个人相识,他们之间就会产生两个人必须相互遵循的道德规范,这就是"仁"。

换言之，就是"谅解"，设身处地为他人着想。

孔子的"仁"，首先是指人。殷人尊崇自己的祖宗神——帝，"殷人尊神，率民以事神"，他们以为吉凶祸福都取决于帝。因此，遇事都用占卜的方式向帝请示和祈求保护，这实质上是提倡鬼道。至周代，"天"取代了"帝"，这个"天"更多的指具有意识的自然。天人合一的思想代替了唯受帝命的思想，天道取代了鬼道。到了孔子，不提倡鬼怪神异，也很少发表有关天道与天性的言论。

子不语怪、力、乱、神。（《论语·述而》）

孔子不谈论怪异、暴力、变乱、鬼神。

季路问事鬼神。子曰："未能事人，焉能事鬼？"曰："敢问死。"曰："未知生，焉知死？"（《论语·先进》）

季路问怎样去侍奉鬼神。孔子说："没能侍奉好人，怎么能侍奉鬼呢？"季路说："请问死是怎么回事？"（孔子回答）说："还不知道活着的道理，怎么能知道死呢？"

当弟子樊迟问什么是"仁"时，孔子回答："爱人。"可见，直到孔子，才真正把视野转向人。这在中国哲学史上是具有重大意义的转变。孔子也因此提出来许多影响深远的思想。如社会的治理不仅仅取决于达官显贵，也取决于百姓，因此，要"爱人"，而不仅要"亲亲"；不仅统治者要"爱民如子"，被统治者也要"齐之以礼""有耻且格"；不能局限在"亲亲""爱私"的血缘关系上去选拔官员和培养人才，应当"举贤"和"有教无类"。

"仁"是孔子思想体系的领衔观念，是孔子伦理道德的核心。"仁"是全社会过上幸福生活所必需的人与人的关系，互相关心，互相帮助，亲爱团结，才能使大家在世上活得有意义。

在孔子的治国计划中，有一条重要的方针，即使广大人民富裕起来，让他们都过上丰衣足食的生活。一次孔子去鲁国的路上，看到众多的民众，就主张要"富之"（《论语·子路》）。当鲁哀公问政时，孔子就提出"政有使民富且寿"《说苑·政理》）。孔子的学生有若也向鲁哀公提议，应让"百姓足"（《论语·颜渊》）。可见孔子的富民要求是殷切的、一贯坚持的。

为了"使民富""百姓足"，孔子还提出来许多措施。例如：利民发展生产、政策取信于民、轻征赋税民力、提倡节俭养民等。在中国的封建社会发展过程中，孔子的富民思想一直起着相当积极的作用。

孟子继承并发展了孔子的思想。孟子自己说：

乃所愿，则学孔子也。（《孟子·公孙丑上》）

我的愿望是向孔子学习。

予未得为孔子徒也，予私淑诸人也。（《孟子·离娄下》）

我没有能够做孔子的门徒，我是私自向别人学取孔子之道的。孔子说仁，孟子说义，或仁义并说。实际上，孟子不过把"仁"

描绘得更具体、更形象罢了。"仁""义"可看作一体的两面,蕴于内的为仁,形于外的称义。

继孔子之后,孟子提出了"王道"和"政得其民"的主张,主张民贵君轻之说,"民为贵,社稷次之,君为轻。"(《孟子·尽心下》)应该承认,孔孟儒家的仁政思想在中国封建社会的治理实践中获得了极大的成功,它为调节和维持社会的稳定趋势提供了理论根据。中华民族的历史不衰,中国社会的安定态势,以及中国文化的连绵延续,都与这一思想的作用是分不开的。但这一思想也有负面影响。"仁"的思想注重伦理道德,轻视自然知识,严重阻碍了自然科学的形成和发展。其实这个缺憾到了荀子已有所补缺,荀子的《天论》《正名》《解蔽》诸篇都是论及知识的,为儒家一大修正。

孟子也初步意识到道德教育必须建立在起码的能保障人民基本温饱的经济基础上。

> 是故明君制民之产,必是仰足以事父母,俯足以畜妻子;乐岁终身饱,凶年免于死亡。然后驱而之善,故民之从之也轻。(《孟子·梁惠王上》)

所以,贤明的国君制定产业政策,一定要让他们上足以赡养父母,下足以抚养妻子儿女;好年成丰衣足食,坏年成也不致饿死。然后督促他们走善良的道路,老百姓也就很容易听从了。

如果人民有土地耕种,在一般情况下能得到温饱,那么进行道德教育就比较顺利。此话言之有理。

二、与民同乐

孟子主张当政者应与民同乐：

> 乐民之乐者,民亦乐其乐;忧民之忧者,民亦忧其忧。乐以天下,忧以天下,然而不王者,未之有也。(《孟子·梁惠王下》)

对老百姓的快乐感到快乐的人，老百姓也会对他的快乐感到快乐。对老百姓的忧愁感到忧愁的人，老百姓也会对他的忧愁感到忧愁。以天下人的快乐为快乐，以天下人的忧愁为忧愁，这样还不能够使天下归服，是没有过的。

孟子在与齐宣王的对话中没有直接向齐宣王强调与民同乐的主张，而是当得知齐宣王喜爱音乐后，乃因势利导，劝其实行与民同乐。

> 今王鼓乐于此,百姓闻王钟鼓之声,管龠之音,举疾首蹙頞而相告曰:"吾王之好鼓乐,夫何使我至于此极也？父子不相见,兄弟妻子离散。"今王田猎于此,百姓闻王车马之音,见羽旄之美,举疾首蹙頞而相告曰:"吾王之好田猎,夫何使我至于此极也？父子不相见,兄弟妻子离散。"此无他,不与民同乐也。
>
> 今王鼓乐于此,百姓闻王钟鼓之声,管龠之音,举欣欣然有喜色而相告曰:"吾王庶几无疾病与？何以能鼓乐也？"今王田猎于此,百姓闻王车马之音,见羽旄之美,举欣欣然有喜色而相告曰:"吾王庶几无疾病与？何以能田猎也？"此无他,与民同乐也。今王与百姓同乐,则王矣。(《孟子·梁惠王下》)

假设现在大王在这里奏乐，百姓听了大王钟鼓的声音，箫笛的曲调，全都头脑作痛，眉头紧皱，互相议论说："我们君王喜爱音乐，为什么使我们痛苦到这样的极点？父子不能相见，兄弟妻儿离散。"假设现在大王在这里打猎。百姓听到大王车马的声音，看到旗帜的华美，全都头脑作痛，眉头紧皱，互相议论说："我们君王喜欢打猎，为什么使我们痛苦到这样的极点？父子不能相见，兄弟妻儿离散。"这没有别的原因，是不和百姓共同快乐的缘故。假设现在大王在这里奏乐，百姓听到钟鼓的声音，箫笛的曲调，都欢欣鼓舞，喜形于色，互相议论说："我们君王大概没什么病吧，不然怎么能奏乐呢？"假设现在大王在这里打猎，百姓听到君王车马的声音，看到旗帜的华美，都欢欣鼓舞，喜形于色，互相议论说："我们君王大概没什么病吧，不然怎么能打猎呢？"这没有别的原因，是和百姓共同快乐的缘故。如果大王能和百姓共同快乐，那就能称王于天下了。

一般来说，如果能够做到保民、教民，就可以达到与民同乐的境界。之所以通过不与民同乐和与民同乐的对比而再次强调，也许是为了描绘一幅欢乐的景象，来感染国君之心而推行仁政，其用心之良苦，益发可见。

三、君民相依

荀子在《荀子·君道》里说：

> 君者，民之原也；原清则流清，原浊则流浊。故有社稷者而不能爱民，不能利民，而求民之亲爱己，不可得也。民不亲不爱，而求其为己用，为己死，不可得也。民不为己用，不为己死，而求

兵之劲，城之固，不可得也。兵不劲，城不固，而求敌之不至，不可得也。敌至而求无危削，不灭亡，不可得也。危削灭亡之情，举积此矣，而求安乐，是狂生者也。狂生者，不胥时而乐。故人主欲强固安乐，则莫若反之民；欲附下一民，则莫若反之政；欲修政美俗，则莫若求其人。彼或蓄积而得之者不世绝。彼其人者，生乎今之世，而志乎古之道。以天下之王公莫好之也，然而是子独好之；以天下之民莫为之也，然而是子独为之。好之者贫，为之者穷，然而是子犹将为之也，不为少顷辍焉。晓然独明于先王之所以得之、所以失之，知国之安危臧否若别白黑。则是其人也，大用之，则天下为一，诸侯为臣；小用之，则威行邻敌；纵不能用，使无去其疆域，则国终身无故。故君人者，爱民而安，好士而荣，两者无一焉而亡。

大意是：国君，如同人民这条河流的源泉。源泉清澈，河流就清澈；源泉浑浊，河流就浑浊。所以拥有国家政权的人，如果不能爱护人民，不能为人民谋福利，而要求人民亲近、爱戴自己，是不可能的。人民不亲近自己，不爱戴自己，而要求他们为自己所用，为自己去死，是不可能的。人民不为自己所用，不为自己去死，而要求兵力强劲，域地巩固，也是不可能的。兵力不强劲，域地不巩固，而要求敌人不侵犯到自己这里，也是不可能的。敌人入侵了，再去要求没有危险和不被削弱，不灭亡，也是不可能的……所以君主想要强大、安定、欢乐，就不如反过来把这种意愿寄托在人民身上……所以爱护人民就会安定，喜爱士人就会荣耀，二者之中一点也没有就会灭亡。

四、问知于民

问知,即向有学问的人请教。《韩非子·解老》:"今众人之所以欲成功而反为败者,生于不知道而不肯问知而听能。"还有"问津"一词。津,渡口。本为问津之所在,后引申为寻求人指示解决困难的门径。《论语·微子》:"长沮、桀溺耦而耕,孔子遇之,使子路问津焉。古之圣人,不耻下问。既问知于贤者,也听能于民。"

孟子提出:"天之生此民也,使先知觉后知,使先觉觉后觉也。"(《孟子·万章上》)"先知先觉"指圣人,"后知后觉"指老百姓。可见,孟子还是主张圣人觉百姓的。

《庄子》中集中阐发了他的"齐物"哲学思想。他认为大小、贵贱、生死、是非、得失、荣辱等都是一样的,要求人们在无是非、无得失、无荣辱的虚无缥缈的境界中逍遥漫游。按照庄子的"齐物"思想,圣人和老百姓的知行应是齐同的。而劳动者由于直接参加生产实践,在对客观世界的认识、分析和复杂事物的判断、处置上甚至智于侯王。

桓公读书于堂上。轮扁斫轮于堂下,释椎凿而上,问桓公曰:"敢问,公之所读者何言邪?"公曰:"圣人之言也。"曰:"圣人在乎?"公曰:"已死矣。"曰:"然则君之所读者,古人之糟魄已夫!"桓公曰:"寡人读书,轮人安得议乎!有说则可,无说则死。"轮扁曰:"臣也以臣之事观之。斫轮,徐则甘而不固,疾则苦而不入。不徐不疾,得之于手而应于心,口不能言,有数存焉于其间。臣不能以喻臣之子,臣之子亦不能受之于臣,是以行年七十而老斫轮。古之人与其不可传也死矣,然则君之所读者,古人之糟魄已夫!"(《庄子·天道》)

齐桓公在堂上读书，轮扁在堂下砍削车轮，他放下锥子和凿子走上朝堂，问齐桓公说："冒昧地请问，您所读的书说的是些什么呢？"齐桓公说："是圣人的话语。"轮扁说："圣人还在世吗？"齐桓公说："已经死了。"轮扁说："这样，那么国君所读的书，全是古人的糟粕啊！"齐桓公说："寡人读书，制作车轮的人怎么敢妄加评议呢！有什么道理说出来那还可以原谅，没有道理可说那就得处死。"轮扁说："我用我所从事的工作观察到这个道理。砍削车轮，动作慢了松缓而不坚固，动作快了涩滞而不入木。不慢不快，手上顺利而且应合于心，口里虽然不能言说，却有技巧存在其间。我不能用来使我的儿子明白其中的奥妙，我的儿子也不能从我这儿接受这一奥妙的技巧，所以我活了七十岁如今老了还在砍削车轮。古时候的人跟他们不可言传的道理一块儿死亡了，那么国君所读的书，正是古人的糟粕啊！"

不过，人生的经验与心得，即使亲如父子也无法继承，还是要自己去体会。轮人的智慧，超过了桓公。

> 生而美者，人与之鉴，不告则不知其美于人也。若知之，若不知之，若闻之，若不闻之，其可喜也终无已，人之好之亦无已，性也。圣人之爱人也，人与之名，不告则不知其爱人也。若知之，若不知之，若闻之，若不闻之，其爱人也终无已，人之安之亦无已，性也。（《庄子·则阳》）

生来就漂亮的人，别人给他镜子，如果不告诉他，他仍然不知道自己比别人漂亮。好像知道，又好像不知道，好像听见了，又好像没有听见，他让人喜爱的特质始终不会消失，人们对他的爱好也不会消失，这就是出于自然的本性。圣人抚爱众人，别人给他名声，但不告诉他，他也不知道自己爱护人们。好像知道，又好像不知道，好像听见了，又好像没有听见，他给予人们的爱就不会有所终止，人们安于接受这样的抚爱也不会有所终止，这就是出于自然的本性。

美人与圣人相比，最后都落实到"性也"，就是为了强调：处于本性的表现，未必要自己知道，一旦知道了，难免陷入智巧的困境，而圣人与美人在认识水平上一样童骏。

孔子与弟子游于缁帷林中，坐在杏坛上休息。弟子们读书，孔子弹琴唱歌。一位胡须皎白的渔父走了过来，左手抵着膝盖，右手托着下巴，静静聆听。乐曲结束后，他与子贡、子路对话。渔父指着孔子问："他是干什么的？"子路回答说："鲁国的君子。"渔父问他姓什么？子路答："是孔氏。"渔父问："这位孔氏有什么专长？"子路没有回答。子贡回答说："这位孔氏，生来恪守忠信，努力推行仁义，修饰礼乐制度，制定人伦规范，对上效忠国君，对下教化平民，想以此造福天下。这就是孔氏的专长。"渔父又问："他是拥有土地的君主吗？"子贡说："不是。"再问："他是王侯的辅佐之臣吗？"子贡说："不是。"渔父笑着往回走，边走边说："说仁，也算是仁了，可就是自身怕不能免于祸患；费尽心思，劳累身体，危害自己的本性。唉！他离道太远了！"子贡回去告诉孔子，孔子推开琴站起来说："这是圣人啊！"于是走下杏坛去见他。到了河岸，渔父正拿着篙要把船撑开，回头瞧见孔子，就转身朝孔子站着。孔子退后几步，再次行礼上前。渔父问：

"你有什么事情找我吗?"孔子说:"方才先生的话没有说完就走了,我不聪明,尚未了解其中的意思,特地赶来求教,希望听到您随意说几句,以对我有所帮助。"渔父说:"唉!你真是太好学了!"孔子又行礼起身,说:"我从小就开始学习,如今已经六十九岁了,还没有机会听到圣人的教诲,怎么敢不虚心呢?"

这可能是寓言,但足以说明庄子对"劝导"的态度。孔子是儒家圣人,他听到渔父的批评,立刻意识到这是"至教"。他的不耻下问,谦虚好学,值得效法。

道家:无为安民

"无为"是老子哲学的核心观念之一。对这个问题,不同时代、不同学者有不同的解释。正是这些不同的解释,引来了对老子哲学的不同的评价。

在汉代,有学者把"无为"解释成君主无为而臣下有为,或者是"顺势而为"。在现代,"无为"或被解释为什么也不做,或被解释为遵循自然规律,或被理解为不妄为,或被解释成一种反常规的"为"。各占其理却很难断言符合老子本意。从积极的态度看,或许把"无为"解释成顺应自然而动或"不妄为"更能为人们所接受。顺应自然或不妄为,就是要求人们不要有太多的欲求,不要勉强去做。在日常生活中,应该保持一种平和的心态。

按道家"无为"的要求,我们现在的一些做法,是违背客观规律的。

一、奇葩指标

在"GDP崇拜""数字政绩"的主导和影响下,不少地方政府为了所谓的政绩效应,更注重短期效应、长官意志以及权力审美,更喜欢用行政权威超越规律需要,如除"四害"的量化指标要求"30分钟内,蚊子只能咬一个包""每座垃圾中转站的苍蝇必须少于3只",很难得到验证。这些"奇葩指标"与破案率指标中的"发案数""破案率""退查率"等不科学指标一样,不但降低了管理效率、管理水平,更让管理者的职能水平停滞到了较低的水准,管理和治理措施太粗放,太强硬,太随意,太儿戏,太武断,超越和践踏了发展规律,侵犯了公众的合法权益,更容易增加诸多社会新矛盾,降低政府公信力。

二、违背城镇化历史任务的妄动

中央经济工作会议指出,积极稳妥推进城镇化,着力提高城镇化质量。城镇化是我国现代化建设的历史任务,也是扩大内需的最大潜力所在。"城镇化带来的健康投资是以消费为目的的投资。因为城镇化将带动医疗、教育、水、电、交通等领域的投资,这些投资都是有实实在在消费需求的投资。"农村居民转变为城市居民会带来消费增长和消费升级。

然而一些地方,违背中央精神,大搞超标项目。在贵州省贵阳市的市中心,有两座已动工过半的建筑。这两幢大楼和已经倒塌了的纽约世贸中心颇为相似。这两幢大楼建成之后,高度将达406米。有专家担心,这个投资额达900亿元人民币的房产项目,最终只会使当地变成一个"鬼城"。在西南部省份,规模令人啧啧,但内里空空如也的高楼大厦并不少见。

在武汉、南京和合肥等省会城市,这些前所未有的建筑项目扩张工程都在如火如荼地进行当中。

西方国家的"鬼城",通常是由战争、自然灾害、疾病或者失败的经济造成的,但在中国,"鬼城"则是由于地方政府任意匆匆疾疾发展项目,试图以此推高 GDP 增长,并达到城镇化目标而被制造出来的。

三、楼市狂扩闹出的笑话

在楼市狂扩的热潮中,出现了一种十分可笑的现象,就是街区、楼房、环境的克隆和复印。专家批评这违背了城市发展的本质,是为了权力美学、场面美学而好高骛远,得不偿失。这种思维躁竞下的蠢动引发了许多笑料。

初次来到中国的法国人 Royer 独自外出,晚上归来,望着小区里 90 多幢一模一样的楼房,顿时慌了手脚:"哪里是家!"问保安,又不会说汉语,用手势语也未会通,急得老外坐在小区门口大哭,多亏民警到处查找才帮其找到了家。

《金陵晚报》就此发表文章说:曾有部苏联电影,说某人出差,返程阴差阳错,飞到另一座城市。老兄毫无觉察,拿着钥匙走进与原居住地一模一样的街区、楼房和一模一样门牌的"家",并演绎出连串喜剧。电影是艺术,讽刺的是现实中单调、同质化的城市建筑。

法国人的遭遇,乃影片的现实版。虽说这是老外"误入迷津"闹出的笑话,却也能一窥当下城市建设的弊病:城市"千城一面",小区里楼房外观、色彩好似一群群"双胞胎",区隔又无特征,甭说老外,咱国人也会"嫣然一笑,惑阳城,迷下蔡"。耗巨资修建的小区,为何就不能突出点个性,或在细节上更人性化一点呢?

四、攀云摩天的幻术

湖南长沙一栋57层高楼最近封顶。媒体称,它是由工人昼夜施工,以"乐高"堆积木的方式垒成,费时仅19天。对此,有网友惊呼:"谁敢进去?"

怎么会如此神速?据称,大楼采用"可持续建筑模块化材料",95%的工程量在厂内完成。在科技进步突飞猛进的时代,什么奇迹都可能发生,以老眼光审视新事物可能成为井蛙夏虫。但说一天盖3层楼,这让人感觉怵然,如此神速成楼,安全吗?

国内因"赶工期"而牺牲质量的事例层出不穷。公众对"一天盖3层楼"的忧虑不无道理。也许,我们孤陋寡闻了,但愿"一天盖3层楼"的技术和做法,如采用"可持续建筑模块化材料""95%的工程量在厂内完成"等能够经得起检验。

修身之道

哲学是研究宇宙人生根本原理的学问。研究宇宙的根本原理，是形而上学；研究人生的根本原理，是人生哲学。中国古代哲学，比较侧重人生哲学，儒家即是如此。而道家哲学，则偏重自然，即宇宙哲学。当然，人生问题，是最现实的问题，与我们的生存和幸福息息相关，不应不加重视。然而首先要明确，形而上学乃是人生哲学的根据，因为人生为宇宙的一部分，如果人生哲学的结论，同宇宙运行的法则相悖，那是趔趄迍邅的。

老子的哲学系统，虽起首于自然的研究，然而他的宇宙论的建立，却是为了解决人生和政治问题。我们只要看《道德经》，全书大半篇幅都在讲人生修养和治国方术，就可以明白这个道理了。

于道者也，精于物者也。精于物者以物物，精于道者兼物物。故君子壹于道而以赞稽物。壹于道则正，以赞稽物则察，以正志行察论，则万物官矣。

农民精于种田，却不能让他担任管理农业的官吏；商人精于买卖，却不能让他担任管理市场的官吏；工匠精于制造器物，却不能让他担任管理器具制造的官吏。有些人，并不精通这三种技艺，却可以让他们来管理这三种职业。所以说：有精于道的人，有精于具体事物的人。精于具体事物的人只能支配这种具体事物，精于道的人则能够全面地支配各种事物。所以君子专心于道并用它来帮助自己考察万物。专心于道，言行就端正，用它来帮助自己考察万物，就能看得非常清楚。而借助它来端正意志品行，再考察各种言论，就可以使一切人和物各得其所。

荀子的"道"，指礼仪之中。中，是中心。中心悬有称量是非的权衡，则足以明辨万物之是非，而使其不能乱是非之理。我们如果把荀子的"道"转换成老子的"道"，道的作用也就浅显易懂了。

《老子·15章》就是集中将得道之人的内在修养与容貌仪态，最后归结到"夫唯不盈，故能敝而新成"。"蔽而新成"又作"弊不新成"或"蔽而不成"，三者含义迥别，这里按前者作解。"蔽而新成"是说得道之人能够在浑浊的形势下使之安静并慢慢地清明起来，而在长久安静的形势下又能使之活动而慢慢地生机勃勃起来。也就是说不管在什么情况下都不自满、不自弃。《庄子·山木》中的孔子，就是不自满、不自弃的人。为什么得道之人不会自满，自弃呢？孔子的话里透露出一点深奥玄妙的道理，就是要明白自然的道理而顺应自然。

谦让不争

老子从自然人本主义道德观出发，极力主张实行贵柔知足、谦让不争的修身之道。为了说明柔的功用，老子以水与人类的生存来作比，认为世间没有什么东西比水更柔。用土可以围之，用木器可以盛之，用金属可以断之，用火可以蒸之。但是，要摧毁坚强的东西，没有什么能够胜过水的：水可以冲垮钢筋水泥的堤坝，可以扑灭熊熊大火，可以让金属生锈，可以使木质腐烂。所以，柔韧中含着生机，刚强则预示着灭亡。

《老子·8章》说：

> 上善若水。水善利万物而不争，处众人之所恶，故几于道。居善地，心善渊，与善仁，言善信，政善治，事善能，动善时。夫唯不争，故无尤。

最善的人好像水一样。水善于滋润万物而不与万物相争，停留在众人都不喜欢的地方，所以最接近于"道"。最善的人，居处选择合适的地方，心灵善于保持沉静而深不可测，待人善于兼爱无私，说话善于恪守信用，为政善于清静自正，处事善于发挥所长，行动善于把握时机。所作所为正因为有不争的美德，所以没有过失，也就没有怨咎。

有一副对联："功深书味常流露，学盛谦光更吉祥。"谦光，虽谦抑而辉光益显，后也转作谦退的意思。老子非常重视谦让、不争和无私，认为只有如此，才能有所成就。而这种成就，又并非有心追求，而是自然得来。当一个人不是为了自己而是为他人的时候，他人也会予以回报。而一个为他人的人，即使看来有危殆，也不会有灾祸。就像华封人说的，你有财富，就分给别人好了，怎么会带来灾祸呢？如果不分给别人，可能真的会有灾祸。而当灾难降临，也不会有人会帮助你。古今中外卓有成就的人，大都是无私的人，都是把自己的智慧无私地分享给别人才得到人们的拥戴。私心缠身者，可能得到一时的权、钱，但不能长久。

宠辱不惊

淡泊者能做到宠辱偕忘，与时迁移，应物变化，始终保持心旷神怡的状态。据《庄子·秋水》载，孔子周游列国到了匡城，宋国人把他的住所包围了起来，但他还在弹琴唱歌。子路问他："为什么老师还这么快乐呢？"孔子说："过来，我告诉你。我避讳我的学说不能畅行于天下已经很久了，然而还免不了落得这个下场，这是天命啊！我期望我的学说畅行天下已经很久了，却做不到，这就是时运。在尧舜那个时代，天下没有失意的人，并不是因为他智力卓越；在桀纣那个时代，天下没有发达的人，并不是因为他们智力低劣，那是时势造成的。在水中活动不避开蛟龙，这是渔夫的勇敢；在陆上行走不避开野牛与老虎，这是猎人的勇敢；刀刃相交于眼前，却视死如生，这是烈士的勇敢；明白困厄是由命定，知道发达是时势造成的，面临大难而不畏惧，这是圣人的勇敢。子路，你安然面对这一切吧，我命中注定是有这些限制啊！"没过多久，一个带着兵器的人进来，道歉说："我们以为你是阳虎，所以才层层包围。现在知道不是，特来致歉，并且要撤走军队了。"

鲁国的阳虎曾经欺侮匡人，而孔子长得与阳虎也点像，所以发生了这场误会。《论语·子罕》里记载了相关资料。这里庄子用宋人代替卫人，并虚拟了这段谈话，创作了一则娱人的幽默。面对大兵压境，孔子沉着冷静，毫不畏惧，并且侃侃而谈渔父、猎夫、烈士、圣人的四种勇敢。孔子在此显然代表了圣人之勇。这则幽默示意：任何人都可以修养这种圣人之勇。

肩吾问于孙叔敖曰："子三为令尹而不荣华，三去之而无忧色。吾始也疑子，今视子之鼻间栩栩然，子之用心独奈何？"孙叔敖曰："吾何以过人哉！吾以其来不可却也，其去不可止也，吾以为得失之非我也，而无忧色而已矣。我何以过人哉！且不知其在彼乎？其在我乎？其在彼邪，亡乎我；在我邪，亡乎彼。方将踌躇，方将四顾，何暇至乎人贵人贱哉！"（《庄子·田子方》）

肩吾问孙叔敖说："你三次出仕令尹而不感觉荣耀，三次下台而没有忧愁的脸色。我起初怀疑你是伪装的，现在看你神情欣然自得,你的用心是怎么样的呢?"孙叔敖说:"我有什么过人之处呢!我认为令尹的职位,来时不可推辞,去时不可阻止;我认为得与失都由不得我,所以就没有忧愁的脸色了。我有什么过人之处呢!再说,不知道可贵的是在令尹呢?还是在我呢?如果是在令尹,就与我无关;如果是在我,就与令尹无关。我正踌躇得意,正环顾四周,哪有空闲去管别人所谓的贵与贱呢!"

这里就是把一个人分成了两个人,是孙叔敖则与令尹无关,是令尹则与孙叔敖无关。他把"令尹"与"我"分开叙述,更显出对名利的淡泊,非常幽默。这是古代宠辱不惊的典范。

当代大画家程十发在十年特殊历史时期,工资被停发,家境窘迫,妻儿沮丧,但先生调侃依旧:"我看日子过得蛮好吗,每日有四川菜(缺油菜在水里煮,上海话叫'水窜'),外加广东汤(清汤咣咚之谐音),蛮考究哟!"他的达观乐天的情绪感染鼓舞着全家,同甘共苦,迎来幸福欢乐。

宽厚包容

实现社会和谐,建设美好家园,始终是先哲前贤、仁人志士梦寐以求的夙愿。我国古代就曾产生过不少关于社会和谐的思想。孔子提出"和为贵",墨子倡导"兼相爱",孟子描绘了"老吾老以及人之老,幼吾幼以及人之幼"的淳厚风俗。正如杜甫《五盘》所说:"喜见淳朴俗,坦然心神舒。""和谐"的基础是人与人之间宽厚仁爱，度量宏大。《庄子·天下》："常宽容于物，不削于人，可谓至极。"永远宽待万物，不责难别人，这可以说是最高的境界。

庄子向往独与天地精神往来，不与世俗相处，尽管如此，他却是一个至情的人。他的情感，不只是像与惠施那样的个人私情，而是对天地之间的至情。他观化天人，放怀世宙；寄情山水，极目太空。他视自然界的流水、夕阳、花雨、柳荫、深渊、古树、灵禽、游鱼，甚至一具骷髅，都是有生命的东西，对它们都满怀深情。庄子的这种对宇宙的大感情，同我们今天向往的人与人之间关系的和谐，人与自然的和谐所需要的诚信友爱、融洽相处的感情，不是非常"和谐"吗？

> 庄子送葬，过惠子之墓，顾谓从者曰："郢人垩慢其鼻端，若蝇翼，使匠石斫之。匠石运斤成风，听而斫之，尽垩而鼻不伤，郢人立不失容。宋元君闻之，召匠石曰：'尝试为寡人为之。'匠石曰：'臣则尝能斫之。虽然，臣之质死久矣。'自惠子之死也，吾无以为质矣！吾无与言之矣。"（《庄子·徐无鬼》）

庄子送葬，经过惠子的墓地，回过头来对跟随的人说："郢地有个人把石灰涂抹在鼻尖上，像苍蝇的翅膀那样薄小，让石匠用斧子砍削掉。石匠挥动斧子呼呼作响，顺手砍下，鼻尖上的白点完全除去而鼻子却一点儿也没有受伤，郢地的人站在那里面不改色。宋元君知道了这件事，召见石匠说：'你为我也这么试试。'石匠说：'我确实曾经能够砍削掉鼻尖上的小白点。'虽然如此，我可以搭配的伙伴已经死去很久了。自从惠子离开了人世，我没有可以匹敌的对手了！我没有可以与之论辩的人了！"

从《庄子》所载有关庄周交友情况来看，惠施是他唯一有名有姓的朋友。惠施是庄子的主要论敌。庄子主要是与惠施争辩讨论，在谁都想战胜对方的斗争中形成自己的思想体系的。惠施是名家代表人物，聪颖善辩，追名逐利，竞官争爵。庄子常同他辩论谈玄，激情风烈，两人始终未能达到"相视而笑，莫逆于心"的境界。惠施甚至怀疑庄子欲夺其梁国的相位，接连三天三夜在全国搜捕庄子。可当惠子死后，庄子悲思哀悯，痛切惋惜。在《庄子·天下》的末尾，我们听到"惜乎！惠施之才……悲夫"的慨叹；《庄子·徐无鬼》这一则寓言则记述了石匠挥斧擦灰的绝技，赞扬高超的石匠与泥水匠配合得浑然天成，可惜泥水匠死后，石匠无计可施。庄子以此深表自己对失掉思辨对手的沉痛哀悼，痛切之情，溢于言表！

庄子博览群书，深谙世态俗情，卓然颖异，自有一套人生哲学。他的性格具有多方面的特征：有淡泊旷达、超然物外的一面；也有孤傲偏激、泼辣愤嫉的一面；而从他与惠施的关系来看，却表现出厚道温和、宽大包容的一面。

一个成熟、文明的民族，应该具有建设性的心态。要培植健康向上的社会心态，就要重修中华民族平和、包容的优良传统。

现代社会，一些社会关系的失调，主要源于思想观念失序、社会心态失衡。思想意识是社会现实的真实映照，协调社会关系，把握社会脉搏，需要触摸人们的心灵世界。在这一过程中，我们欣赏理性，平和讨论，在对话中协调立场，在交流中化解矛盾，这样才能最大限度地形成共识，推动思想观念的进步。对各种偏激声音、不当行为，只要不是出于恶意，没有违反法律法规，没有损害公序良俗，就应该以包容心态对待，而不能简单地斥之为"异端"。

一则媒体发布的社会调查报告应当引起普遍关注：当前，网络上及生活中存在一种动辄就"骂"的现象，这反映了怎样的公众情绪与社会心态？67%的受调查者选择"压抑"，位列第二位和第三位的是"功利"和"浮躁"。

媒体人梁文道说："这是一个急躁而喧嚣的时代，我们就像住在一个闹腾腾的房子里，每一个人都放大了喉咙喊叫……这是每个人都要说话但却没有人想听的年代。"

必须指出，不论以上哪种情绪，它的"引爆点"都很低，往往一件锱铢小事、一句微嫌小隙的话语、一个模棱两可的表情，都足以成其"引爆点"。这样一来，以小事、话语、表情为核心凝结而成的矛盾，承载和反映的不仅是超过矛盾的起点本身，而且是作为生活中各种压抑和负面情绪的宣泄出口而隐匿。进而，这些矛盾宣泄的不仅是当事人自身的压抑和负面情绪，还囊括了围观者的压抑和负面情绪，这种超负荷的负面情绪容量，足以让任何一个人、一件事在无意中便轻而易举地成为社会公众攻击的目标，个人情绪的"低引爆点"便转化为社会情绪的"低引爆点"。

《庄子·庚桑楚》里说："与物穷者，物入焉；与物且者，其身之不能容，焉能容人！不能容人者无亲，无亲者尽人。"意思是：与万物相通的人，万物都来依附他；与万物相隔的人，对自己都不能包容，怎么可能包容别人！不能包容别人的人无法与人亲近，无法与人亲近的人就自绝于人了。《尚书·君陈》里说"有容，德乃大"，这是国人自古以来的内在追求。对于一个健康和谐的社会来说，包容既是平稳运行的基础，也是必然具备的表征。而对于正处于转型期的中国社会来说，包容的重建不仅需要个人的努力，更需要社会保障机制的支撑。

淡泊名利

老子主张见素抱朴，少私寡欲，庄子提出："至人无己，神人无功，圣人无名。"庄子认为人如果有了名利之心，就像戴上桎梏一样，一定要去功与名，解心释神，达到自由逍遥的境界。

市南宜僚见鲁侯，鲁侯有忧色。市南子曰："君有忧色，何也？"鲁侯曰："吾学先王之道，修先君之业；吾敬鬼尊贤，亲而行之，无须臾离居。然不免于患。吾是以忧。"市南子曰："君之除患之术浅矣！夫丰狐文豹，栖于山林，伏于岩穴，静也；夜行昼居，戒也；虽饥渴隐约，犹且胥疏于江湖之上而求食焉，定也；然且不免于罔罗机辟之患。是何罪之有哉？其皮为之灾也。今鲁国独非君之皮邪？吾愿君刳形去皮，洒心去欲，而游于无人之野。南越有邑焉，名为建德之国。其民愚而朴，少私而寡欲，知作而不知藏，与而不求其报，不知义之所适，不知礼之所将，猖狂妄行，乃蹈乎大方。其生可乐，其死可葬。吾愿君去国捐俗，与道相辅而行。"（《庄子·山木》）

市南宜僚觐见鲁侯，鲁侯面色忧愁。市南子说："您面色忧愁，是什么缘故？"鲁侯说："我学习先王的理想，实践先君的作为；我敬奉鬼神，尊重贤人，认真这么做而没有片刻懈怠。但还是无法避免祸患，我因为这而担忧。"市南子说："您消除祸患的技术太差了！用大狐与花豹举例，它们栖息于山林中，隐藏在岩洞里，可以算是安静了；昼伏夜出，可以算是警惕了；即使饥渴难忍，还是要到远离江湖的地方去找食物，可以算是镇定了。尽管如此，还是无法避免罗网与机关的祸患。它们有什么过错吗？是那层皮招来的灾祸啊。现在鲁国难道不是您的皮吗？我希望您能挖空形体，抛弃外皮，洗涤心智，摒除欲望，进而遨游于杳无人迹的旷野中。南越地区有个城市，名叫建德之国。那儿的百姓愚昧而纯朴，少有私心与欲望，只知耕作而不知储存，给予而不求回报，不知义要如何安排，也不知礼要如何实施，无拘无束而随意行动，却合乎自然的大原则。他们生时可以过得快乐，死时可以平安下葬。我希望您能放下国事、抛弃流俗，与大道并肩而行。"

庄子主张"洒心去欲"，是出于对生命的重视，是为避免世俗伪君子"多危身弃生以殉物"的悲剧重演。为了外在利益而损伤生命，是不值得的。"以随侯之珠弹千仞之雀，世必笑之。是何也？则其所用者重而所要者轻也。夫生者，岂特随侯之重哉！"（《庄子·让王》）"以随侯之珠弹千仞之雀"，是一个遭人嘲笑的生动比喻，但世人却未必觉悟。结果是大家轮流钻进这个怪圈。

对庄子评价的最大不公，是对其处世态度的误解。许多人认为他追求无为，提倡安时处顺是消极的。其实庄子远离世俗官场的主要原因是追求和谨守"本真"。他热爱生命,叹息生命如白驹过隙似的短暂。他说:"达生之情者,不务生之所无以为;达命之情者,不务命之所无奈何。"(《庄子·达生》)重点在于"形全精复",操作则是"弃世遗生"。看似消极,其实是另有高识,就是要随顺自然。庄子反对对事物执着一念,主张用自然来对待人事,不用人事去干扰自然;强调适可而止,随顺外物。时机到了就上场,时机一过就隐退,不要妄图改变自然状态。

《世说新语·规箴》载:王夷甫一向崇尚深远微妙的哲理,总是憎恨妻子贪鄙卑劣,因此嘴里从不曾说过一个"钱"字。妻子想试试他,让婢女拿钱围绕床前,使他无法行走。王夷甫早晨起来,发现钱挡住了通路,就叫婢女:"去掉这些东西。"正如《元曲选·佚名·鸳鸯被剧四》所说:"钱可通神,法难纵你"。

《世说新语·文学》里有一段对话,有人问中尉将军殷浩:"为什么将要得到钱的时候梦见粪便?"殷浩说:"钱财本来像污秽不洁的东西,所以将要得到它时就梦见粪便。"

然而,人世间总有诸多贪饕多欲之人,漠睸于势利,诱慕于名位。据《西湖游览志余·委巷丛谈》载:南宋张俊,性好财货,高宗宴会时,一优伶自称能从钱眼中窥人,而知其星相。使窥高宗,说是帝星;窥秦桧,说是相星;窥张俊,说不见有星,只见张在钱眼里坐。

钱眼里坐的人,是要钱不要命的:

银行家

一天,一名银行家开着自己的轿车驶过纽约街头,他把车停在路边，打开车门下车。这时，一辆出租车从他身边飞驰而过，把银行家的车门撞掉了。

银行家向离出事地点最近的一位警察报案，这名警察目睹了事情的全部经过。警察说："你们银行家对自己的财物太在意了，你只顾自己的车门，你的胳膊被车撞断了，难道你没有感觉吗？"

银行家看着自己的断臂，不禁大叫起来："天啊，我的新劳力士表被撞坏了！"（郑红草　摘）

有些富豪是认钱不认人的：

富翁的心肠

一家慈善单位向一位富翁募捐。

"你们不了解我的情况"，富翁说，"我那可怜的老母亲已在医院里住了五年；我的妹妹寡居无助，还要抚养4个幼儿；两个兄弟又欠了别人一大笔债……"

募捐者一听，连连道歉："我真不知道你有这么多负担。"

"不"，富翁说，"我只是想告诉你，我一分钱都不给他们，又怎么会给你们呢？"（林如编　译）

富豪活着的时候尽欢朝夕，死后还要保健安体：

一个新贵在墓葬品商店看棺材，有人问他："最好买哪种？"他说："镀锌的棺材当然比较耐用，但木质棺材有益于健康。"（林如编　译）

当前，一种单一化的对人赤裸裸的物质衡量标准正堂而皇之地成为社会生活的公共价值。衣服一定要穿名牌，吃饭一定要进星级餐厅，娱乐一定要去豪华歌舞厅。尤其是一些靠政策的利益植入造就的"新富家族"，豪横盈极，财势夸矜。他们热衷于"豪宅藏娇""驾机扫墓"式的臭显摆。真是到了"类土金玉珍，犹嫌未奢侈"（罗隐《秦中富人》）的地步。武汉一商家用两百公斤、价值七千万元的纯黄金金砖铺成"金砖大道"，引来一些市民"踩金"。这种金灿灿的诱惑，恰是吸引众多没有见过大批量黄金为何物，看过的黄金都以克论的人们，以此来震撼他们的眼界和见识，达到吸引眼球的目的。的确，比起那些将黄金花出去打造各种东西，放在大庭广众之下且有防弹玻璃护卫的黄金，无非是换了个保管的地点而已，可谓固若金汤且惠而不费地做了广告。人们为什么踩在哪怕只是金子上面的玻璃上，就有奇异的"爽"感呢？这是因为在人们心目中，金子的位置太高、太压抑人了，无怪乎大家要跳上去，沾那么一点富贵之气。其实，这"一踩"离"一拜"，距离并不遥远。也许在踩的过程中，隐隐能让人感觉到的，是那求之不得恨恨然的怨怼之气。这就像一个穷人无意中得了一笔横财，硬要将钱装在鞋里，以报其平时的欺压之仇。无论被踩还是被拜，对黄金来说都是没有任何意义和价值的。真正的不淡定，是人们的爱财之心。

中国禅宗有一种大智慧，认为人的物质化欲望妨碍了人对生命本来应该享有的愉悦，把人引向了歧途，使人生变成了苦役；因而主张祛除欲望，体味真的生活。禅诗云："春有百花秋有月，夏有凉风冬有雪，若无闲事心头挂，便是人间好时节。"这说明不为物役就能获得幸福。

美国学者贝尔把人的物欲分为两种,一种是需要,一种是欲求。他认为需要是人的生理性的,是人为了生存对物质资料的本能要求;而欲求则是心理性的,是对奢侈的无限追逐。需要是应该满足的,欲求则应该予以节制。

很难说这种理论与老子的"为腹不为目"没有相似之处。

在一个心态浮躁的社会,总有一些市井无赖,专务诈诞,欺罔天听,他们惯常以捏饰新奇元素为癖好,而海畔逐臭之夫就会从中发现商机,枭视狼顾,蜂拥而至,种种欺三瞒四的"创造性"策划必定应时而生。有人因此及时行乐,有人巧取豪夺,从而造成社会裂痕,扩大贫富差距,埋下社会隐患。

贪婪竞进,欲无厌时,必然心劳日拙,怔营惶怖,靡知厝身。

放下名利,就不累了

一个富翁觉得生活中没有快乐,于是,他背上许多金银财宝,决定去寻找快乐。可是,他踏遍千山万水,到头来还是一无所获。他沮丧地问过路的樵夫,去哪儿才能找到快乐。樵夫放下沉甸甸的柴草,擦着汗水,笑着说:"快乐还用去找吗? 我一放下柴草就觉得快乐。"这位富人如醍醐灌顶,自己天天背着沉重的财宝,时时刻刻害怕遭到抢劫,当然就不会快乐。后来,他每到一地,就把财宝分一些给穷人,看到财物越来越少,他反而感觉心情越来越轻松,自己终于找到了快乐。

我们今天嘲笑这位富翁不知道如何得到快乐,其实,仔细琢磨,我们又何尝不是呢? 内心里背负着太多的尔虞我诈、追名逐利、你争我夺，怎么能真正获得快乐呢？

因此，学会放弃一些无谓的东西，功名利禄转眼可能就变作粪土，与其背着这些包袱生活，不如轻装上阵。这样，没有了负累，就不用再为它而心事重重、阴霾不开，就会挺起胸、抬起头，有充裕的时间欣赏人生的风景。此时你会发现，生活中真正滋润心田的不是权、钱、利，而是一份难得的心境——快乐。

从今天起，就从心头卸下沉重的担子吧，这将成为你的一味开心果、一道欢喜禅。没有物质所累的生活，将是一片鸟鸣莺啼、鲜花绽放的世界。（摘自《洛阳晚报》）

聪明的女人

一个聪明的女人在群山里旅行，她在一条小溪中发现了一枚宝石。第二天，她遇到了一个饥饿的旅行者，聪明的女人打开包，将自己的食物拿出来与他分享，饥饿的旅行者看到了那枚宝石，要求女人将宝石送给自己。聪明女人毫不犹豫地答应了。

旅行者碰到这样的好运气，欣喜地离开了。他知道那枚宝石非常值钱，足够他下半辈子生活的。

但是，几天后，他又带着那枚宝石回来找那个聪明女人。"我一直在想"，他说，"我知道这枚宝石非常值钱，但我还是想把它送还给你，我希望你能给我更珍贵的东西。把你拥有的那种让你将这枚宝石送给我的力量给我吧。"

有时，震慑别人的不是你的财富,而是你内在的力量。（摘自《环球时报》）

在一个和谐的社会里,"勤劳致富"应当是公众内心光彩夺目的强大精神支柱,这种理念要成为公众最尊敬的礼节的现实哲学,关键在努力实现发展机会的平等,打通平民百姓上升的阻塞,让更多底层公众能看到努力拼搏就能成功的希望。"一个公平缺失的社会,一个世袭成灾的社会,一个物欲膨胀的社会,一个以财取人的社会,'尊严'就会沦为奢谈,'奋斗'就会丧失昂扬感。"(毕诗成《当人脉成为"改变命运"的主导,人生如何坦然?》)

"这是一个夜莺不再歌唱的年代。物质的潮流淹没了追求,曼妙的精神之歌已经变成机械齿轮精确咬合的滴答作响。物质主义、消费主义激荡,手中握有再多,也永远渴望着货架上的那一个。这样一种面对物质的无限渴望,驱使着每个人前行。于是,从个人到社会,精神荒芜、意义萎谢、价值凋零。"(张铣《这些名字中有对人生的回答》)

人生都有美好的愿望,而世事却往往否泰裹挟而行。"天人一切大欢喜,花木四时皆吉祥"不过是祝贺语而已,没有谁对它进行过年终考评。在新与旧的交替过程,在好与坏的交叉地带,在崇高与低俗的交错分界,总存在搭搭缠缠的关系,需要沉虑而断,总有复杂的判断等待时机来回答。

在这个"拼"字当头的时代,如果本来在拼爹、拼血统方面失去了先天的优势,再在拼学历、拼技能方面欠缺实力,就更没有竞争的本钱了。

知识改变命运,奋斗成就人生,这样的励志名言鼓舞了无数贫家子弟不断与命运抗争。然而,眼下,这样的成功史越来越变成天方夜谭了。

一棵"草"有没有梦想？其中有的"草"的梦想是脱离旷野，来到城市，到花盆中，被放到客厅里——这是新时代的"登堂入室"。

"有一种毒药叫成功"，教育的急躁症，源于社会的"成功焦虑症"。罗雀掘鼠、殚精竭虑要让孩子将来"出人头地"的急功近利思想，势必贬抑了诸如谦虚、诚实、淡泊等品质，家长们大多迫不及待地鞭策孩子强、强、强，在孩子的教育上像打了鸡血似的狂飙突进。人们都认为自己无须努力，无须天生有才，就能当歌星、影后、主持人等，这是现代流行的社会乌托邦。

传统的"官本位"思想和现实世界的"行政化"趋势合流，形成了"唯官是尊"的社会价值观，决定了"当领导"才有尊严；加上"一夜成名"的诱惑，腐蚀了青少年的纯洁的灵魂，失掉了理性判断和人生方向。

这个社会已经形成了单一的价值观，人人都要做CEO。就好像所有的动物，牛、羊、鸡、鸭、兔子，全要变成狮子。然而只有狮子会变成狮子，其他动物却被逼成了疯子。

为了外在利益而损伤生命，是毫无意义的。然而，人们往往是在祸害出现之后才会觉醒。白眼观尘世，愚昧的俗人，一生都在盘算怎样趋吉避凶，而不知吉凶本来就是如情侣般成对并行。放烟花爆竹是喜庆事，如今却时时放，处处放，生子放，死人也放。有些地方的鞭炮声日夜不停，这让那些老人、住院治病的患者、吃奶的婴儿如何生存？放鞭炮已经演变成一部分人喜庆、一部分人惊恐的复杂局面，社会的和谐受到严重威胁。

有人天天盼好运，其实好运过了头也会掉脑袋的。

前不久，报纸上登出一条消息，一名 25 岁的年轻矿工在几内亚东南部的森林中挖矿时，真的挖出一颗 182 克拉的钻石，这颗新出土的钻石光芒四射，夺人眼球。它宽 3 厘米，最长一侧两个端点之间的距离是 10 厘米，形状和大小很像电脑鼠标，经专家认定，巨钻价值数百万美元。很显然，它还没有来得及和发现自己的"伯乐"多亲热一会儿，就被秘密送到首都科纳克里，躺到了中央银行的金库里。四周警卫重重，如临大敌。发现钻石的年轻人别无选择，如果他不将钻石上缴给政府，他可能早已经被人杀害了。当记者到发现钻石的地点采访时，已经找不到发掘者本人，其他矿工也许是因为害怕多嘴会惹来麻烦，都拒绝透露发掘者的去向。

可见，好运如果过了头，不但会失去好运，恐怕随之而来的还有噩运。年轻的发掘者是明智的，他选择了放弃，在危险到来之前，就把那炙手可热的宝物送了出去。俗语说得没错，多大的鱼掀多大的浪。滚滚而来的好运常常伴随着更大的危险，拿捏其中的分寸，是他们的拿手好戏，因为他们始终掌握一个原则：别让运气好过了头。

有许多小鸟很早就醒来，用美妙的歌声迎来黎明。有意思的是，小鸟的合唱并非同时开始，它们先后唱歌的时间间隔大约是 100 分钟。前不久，英国鸟类学家对 57 种鸟早晨唱歌的情况作了研究，结果表明，最早开始唱歌的是那些眼睛与身体的比例较大的鸟，科学家们这样解释其中的原因：在半明半暗的时刻，歌声可能引起夜间捕食的猛禽、猛兽的警觉，并向唱歌的鸟发起突袭。因此，敢冒险一大早开始唱歌的鸟，由于眼睛较大，且具有敏锐的视力，它们就可以化解唱歌带来的风险。

人也一样，当我们没有足够的资本时，就像那个年轻的发掘者一样，冷静地避开过了头的好运，那当然需要很大的决心，因为总有一些视财如命的人铤而走险。（摘自《中国青年》涤非　文）

在迅猛发展的处于大变革时代的中国，崇拜奇迹、渴望成功的浮躁和投机取巧的心态泛滥，物欲横流。一些时代的宠儿不仅急于成功和成名，而且急于立大功、出大名，盲目自信和自大。难遂其愿，则弄虚作假，招摇撞骗。正如美国第十六任总统林肯所说："你可以在某些时候欺骗所有人，也可以在所有时候欺骗某些人，但是你无法在所有时候欺骗所有人。"

教育之道

儒家教育思想总要

在中国,说到教育,理所当然离不开儒家。

孔子是中国古代最伟大的教育家,这是举世公认的。他不仅长期聚徒讲学,开私人讲学风气,积累了极其丰富的教学经验,并且将其升华为重要的理论。孔子的"爱人""泛爱众"的"仁"的观念,也体现在教学工作上。他的"有教无类"的主张,"学而不厌、诲人不倦"的师德,"因材施教"启发诱导的教学原则,都是"仁"的哲学思想的体现。

孔子的教育心理思想,是以"性相近,习相远"的"性习论",

"学而知之"的"学知论",教学对象的心理随着年龄的增长而不断变化的"发展观",关注个体特征的"差异观"为基础的。他科学地安排教学过程,把教学序列分为立志、闻见、博学、审问、慎思、明辨、时习、笃行等八个阶段,涉及感知、动机、兴趣、记忆和思维等几个方面的心理活动。这些,都是儒家教学论的基石。

孟子继承并发展了孔子的学说,提出了王道、仁政、民贵、君轻的理论,强调存心、养性功夫,主张"性善论",完全是阐发孔子论仁的精义。《孟子》七篇,处处强调这个"仁"字,因此《孟子》一书,又被戏称为"妈妈经"。母亲的伟大之处,就在于有一颗永恒的慈爱心:慈爱心,就是仁。

宋儒程明道赞扬了孟子有泰山岩岩的气象!这是因为孟子是刚毅的,属于阳刚之美,因此孟子平生最引以为自豪的,是见义勇为和独立不惧的精神。常持先觉之志,养浩然之气,辨义利,别王霸,辟邪说,放淫辞,主张民贵君轻之说,强调养民教民之政。这些都是与"性善论"有直接关系的。

在教育方面,孟子主张"收放心"(把放任了的本心收回来),教以人伦,通过"养浩然之气"塑造完美人格。

实现人的自我完善,培养全面发展的人,这是人的本性向社会提出的要求,是人类社会向教育提出的任务,孟子心敏而辞当。

先秦诸子最后一位大师荀子极为重视教育的作用。他给教育下的定义是"以善先人者为之教",即用良好的思想引导人们叫作教育。他强调"性恶论",认为人性是恶的,所以必须加强后天的努力，只有通过后天的努力，人才能成为善的。而在这个转化的过程中，教师起着关键的作用。

> 故枸木必将待櫽栝烝矫然后直，钝金必将待砻厉然后利。今人之性恶，必将待师法然后正，得礼义然后治。今人无师法，则偏险而不正；无礼义，则悖乱而不治。古者圣王以人之性恶，以为偏险而不正，悖乱而不治，是以为之起礼义、制法度，以矫饰人之情性而正之，以扰化人之情性而导之也。始皆出于治，合于道者也。今之人，化师法，积文学，道礼义者为君子；纵性情，安恣睢，而违礼义者为小人。用此观之，然则人之性恶明矣，其善者伪也。（《荀子·性恶》）

荀子认为弯曲的木料一定要依靠整形器进行熏蒸、矫正，然后才能挺直；不锋利的刀剑一定要依靠磨砺，然后才能锋利。人的本性邪恶，一定要依靠师长和法度的教化才能端正，要得到礼义的引导才能治理好。人们没有师长和法度，就会偏邪险恶而不端正；没有礼义，就会叛逆作乱而不守秩序。古代圣明的君王认为人的本性是邪恶的，认为人们是偏邪险恶而不端正、叛逆作乱而不守秩序的，因此给他们建立了礼义、制定了法度，用来强制整治人们的性情而端正他们，用来驯服感化人们的性情而引导他们。使他们都能成为从遵守秩序出发、合乎正确的道德原则的人。现在的人，能够被师长和法度所感化，积累文献经典方面的知识、遵行礼义的，就是君子；纵情任性、习惯于恣肆放荡而违反礼义的，就是小人。由此看来，那么人的本性是邪恶的就很明显了，他们那些善良的行为则是后天的作为。

孟子提出教育者要以教育为"乐趣",他说:

> 君子有三乐,而王天下不与存焉。父母俱存,兄弟无故,一乐也。仰不愧于天,俯不怍于人,二乐也。得天下英才而教育之,三乐也。君子有三乐,而王天下不与存焉。(《孟子·尽心上》)

孟子说:"君子有三件乐事,但称王天下不包括在内。父母都健在,兄弟没有灾病,是第一乐事;抬起头无愧于天,低下头无愧于人,是第二件乐事;得到天下的优秀人才,并能教育他,是第三件乐事。君子有这三件乐事,但称王天下不包括在内。"

《荀子·劝学》集中体现了荀子的教育思想。他提出,人们的知识、能力并非先天成就,而是后天教育、学习和环境影响的结果,从而肯定了教育和学习的重要性。还阐明了"青,取之于蓝,而青于蓝"的发展观,"积土成山,积水成渊"的循序渐进学习过程以及"锲而不舍,金石可镂"的持之以恒的学习精神。荀子还论述了博与专的关系,学习的最高要求等。

孔子的教学论,虽然具有深邃博通的思想、精奥高雅的意趣,但还是缺乏系统的理论阐述、完整的逻辑构架的"潜科学",有些范畴、命题是由后人经过研精覃思概括出来的。荀子虽有专章论述教学,但许多品评议论还是散见于其他篇章。

堪称古代最早的教育学论著的,当属《学记》。

《学记》是《礼记》中的一个篇名。成书年代大约在战国末年与汉初之间,作者难考。郭沫若推测为孟子的学生乐正尧。

《学记》为早期儒家学派的教育理论集与教育实践总结。它对教育的作用、教育的目的、教育原则、教学原则、教学方法、学校制度、视导制度以至教师问题等，都作了言约理畅的系统论述。虽然时代易改，世风逆顺，有些说法已成兔丝燕发、南箕北斗，但许多精思伟论，如教学相长、藏息相辅的道理，豫、时、孙、摩和重视启发的原则，以及提问和答问的方法等，对当今的教育工作都是有现实意义的。

我们在解读《学记》时，应该超越传统意义上训诂文字、诠解词语，即所谓传统朴学笺证方法，而跨入语义学与现代阐释学的领域。

按西方的"接受美学"理论，文学作品用的是"描写性语言"，一般文章（如学术论文、新闻报道）用的是"解释性语言"。描写性语言具有"艺术空白"，可以任人创造艺术境界，解释性语言虽不能创造艺术境界，但它却有一个"意义空白"，即所谓"召唤结构"，召唤人们去"解构"，否则理论就不能延伸和再创造了。

R·E.帕尔默在《诠释学》一书中就阐释方法作了如下论述：

> 解释学和符号学一样，是专门研究传递到书面文字中的语言符号的解释的。
>
> 不论解释学的定义多么广泛，解释学一方面不同于校勘，另一方面也不同于文学批评。校勘只是为了证实或确立原文，确认可靠的版本。文学批评只是根据美和善的定义，对原文的价值做出价值判断。

> 解释学注意的中心是理解原文——即理解用语言写成的"作品。"……不管原文是一个梦,一个神话,一条法律,一首诗,一篇散文或一份电报。人们只靠简单词或句子不能理解"作品",必须依靠构成作品的更大的单位作为理解的向导。

阐释《学记》时,既要看到语言文字和事物之间有形的直接联系,也要看到它们之间无形的间接联系。对语言文字所表达的有形的直接联系,作识解高超的"达诂";对无形的间接关系也要作深层结构的钩深取极。如在每一个章节,除了正面辨核《学记》,还要对当今教育领域里存在的一些问题和弊端,如:大学功利化何以是"要命的问题"?什么才算"成功人士"?学术界抄袭成风、造假屡现,给国家形象带来哪些负面影响?家长缘何成为应试教育的"帮凶"等,都要进行了探赜穷理的剖析。

教育是人类的一种实践活动,它的内涵是会不断改变的。例如关于教育目的,《学记》里提出的是"宵雅肄三,官其始也",学习是为了做官,管理国事。工业革命之前,教育培养的为数不多的人才是为工业革命作储备;工业革命兴起,教育成了大工业的产物,它所培养的人,是为大机器生产服务的。随着信息时代的到来,对人才的需求,不管是数量上和质量上,都达到了前所未有的程度。而且处在信息时代,知识的陈旧率和淘汰率非常高,这就决定了现代的人们必须终身接受教育。

以倡导做、学、教合一及小先生制闻名的陶行知先生指出:"教育是国家万年根本大计。"今天对教育的态度,决定了整个国家未来的前途与地位。未来所需要的人才,只有通过教育获得,这就是瑞士学者查尔斯·赫梅尔《今日的教育为了明日的世界》一书的出发点。拿我国来说,今日播种的是"15年免费义务教育"的种子,明日收获的可能是在经济、科学技术等各领域取之不尽的人才。

陈侠在《论教育规律及其他》里谈到,"教育工作是有规律可循的,应当按教育规律来办教育,这样才能事半功倍;否则必然事倍功半,甚至受到自然的惩罚。"他举例说,"全面发展是一条规律;愤悱启发是一条规律;好比扶孩子走路,该放手时坚决放手,是一条规律;养成良好习惯,直到终身由之的程度,是一条规律。"可见,陈侠已经明确地把终身教育作为一条规律提了出来。

在社会生产方式还十分落后,知识储量还远未"爆炸"的古代,儒家大师们就有了"终身教育"思想的萌芽。

《荀子·解蔽》里说,人的本性是有能力认识事物;可以被认识的,则是事物中的道理。人应该确定一个终极目标,尽其天年认识所有的事物,全面地处理万事万物的变化。"穷尽"可以成为普天下最高的原则。

不能说这种思想和终身教育没有关系。但它的现代含义,则是由迥然不同的时代背景赋予的。现代社会的文盲已非传统的概念,它包括以前的文盲,又新加入不会利用现代化通信工具的通信盲和电脑盲。这就逼着人们活到老学到老了。

《学记》尚未论及终身教育。《学记》所总结的儒家传统教育理论在现代有再生和创造性转化的可能。

儒家教育与教学基本原则的现代阐释

一、教学相长

教学相长原则,有两层意思:一是学习是一种实践活动,如荀子所说,"故不登高山,不知天之高也;不临深溪,不知地之厚也;不闻先王之遗言,不知学问之大也。"(《荀子·劝学》)二是教的过程就是学的过程。

教书是一种复杂的劳动。很难得心应手,游刃纯熟。我经常就处在"山重水复疑无路"的窘境之中,经过"比物丑类"(就是王充《论衡》里的"比方物类",即对客观事物进行观察、研究、分析、比类,然后才能获得正确的认识)的功夫,才"柳暗花明又一村"的。

例如,初读荀子对教师标准的要求:"教师的标准有四条,而传习知识这一条并不在其中。尊严而令人敬畏,可以做教师;年长而可信,可以做教师;诵读、解说经书时,不逾越师说也不违反师说,可以做教师;知识精微而有条理,可以做教师。所以教师的标准有四条,而传习知识并不在其中。"(《荀子·致士》)在这个语段里,前后都用了"传习知识并不在其中",的确令人费解。不传授知识,教师何为?后来在《荀子·劝学》里找到了答案:"学习时,没有什么做法能比接受良师益友更为便利。《礼》《乐》之讲有关的大法,并不详加解说;《诗》《书》所述的是久远之事，并不切近现实；《春秋》词语简约，不易一下领悟。效法良师益友并学习他的学说，就能养成尊贵的人格，而且学到广博的知识，全面理解世间之事了。所以说，学习时，没有什么做法能比接近良师益友更为便利。"原来"传习知识并不在其中"不是说教师不应该传授知识，而是说教师应该传授精微而有条理的知识。一般的知识父母、长辈、兄弟甚至路人都可以传授，这就对教师提出了更加严格的要求。

荀子为教师设定的崇高目标，正是我们的神圣追求。要想做一名合格的教师，教学一定要一丝不苟。孔子说过"凡事预则立，不预则废"。是说，做好任何一件事情，都要预先有准备，有了准备，就可以获得成功，否则，就会失败。教师上课更是如此，要想取得较好的教学效果，必须课前认真备好课。再优秀的教师，在上课之前都无一例外要做一番准备工作。教师先要储备某一领域的丰富的知识量，这就是"博"，偏于宏观；但是在课堂上传授知识的时候，又不能放在篮子里就是菜，还应把过去已经获得的多方面的知识经过筛选、改造，逐步升华为宝贵的知识和卓越的见解，然后纳入科学的教学轨道。这就是从浩瀚的知识中汲取精华，感觉其"趣"，做到"博而返约"。就是说，学者不但要广博地研究，并且要详细地说明，这就是将它反转来说明最精要的原理。

讲课的核心是对词语和教材内容的深入阐释。这就要注意分析方法的运用。如果把孔子、孟子、荀子的作品理解为一个负载着文化信息的"能指"（即符号结构），我们把这个作品放在一个生动的文化整体中进行分析和还原，从而揭示出这个结构在意义上和功能上的各个潜隐层面。

"诗无达诂",原作"《诗》无达诂",见于西汉董仲舒《春秋繁露·精华》。"达",明白、晓畅之意;"诂",以今言释古语。过去对此有一些误解。

"诗无达诂"与孟子"以意逆志"的说诗方法有自然的联系。《孟子·万章上》:"故说诗者,不以文害辞,不以辞害志。以意逆志,是为得之。"说明诗歌的阅读和欣赏,应超越单纯的文字训诂,词语诠释的范围而进入语义学与美学领域,要求用心灵去捕捉诗的意象和境界。"诗无达诂"是根据诗歌的艺术特征,提醒人们不能只看到语言文字和客观事物之间有形的直接联系,还要发现二者之间那种无形的间接联系。语言文字所表达的显性直接关系可以并且应该"达诂"(固定的解释);而隐性的间接联系则多是反映事物之间深层结构中的心灵震撼,好像捕影系风,很难说话间"了然于口与手"(苏轼《答谢民师书》)。要根据作品提供的意象,按照自己的生活体验去驰骋想象,从而获得美的享受。

时代的不断变迁,知识的不停创新,学生的不同需求,教师的知识储备应该像一眼水不枯竭的泉水,这种力量来自自觉地、持续地、深入地对专业知识的探求与研究。只有紧跟时代脚步,不断学习,不断充实自己,不断思考创新,不断改变教学方法,才能探索出新的教学方法与技巧。有的课程可能已经讲过许多遍,但每次重上时都要以新课程对待。时间充裕时写新讲稿,时间紧迫也要对旧讲稿作认真修改。

奥地利哲学家维特根斯坦以对科学的严肃而执着的态度对待讲稿的修改。维特根斯坦是位严肃而执着的思想家,他的两部代表作《逻辑哲学论》利《哲学研究》都对当代哲学产生了巨大影响，各具高度独创性的思想体系，而后一部著作的相当篇幅却是批评和驳斥第一部著作的，这种今日之我与昨日之我战的精神，"在哲学史上也许是独一无二的"。20世纪80年代，我国的哲学研究还存在"对号入座"的流毒。我写《老庄研读》讲稿在论述"道"的性质时，引用《老子·14章》"视之不见名曰夷，听之不闻名曰希，搏之不得名曰微"的论述，说"道"是唯心主义的。以后随着科学的发展和研究方法的实事求是，对讲稿作了如下修改：宇宙全息统一论认为，在宇宙中，部分与部分之间、部分与整体之间存在着广泛的对称性、相似性和重演性。我们发现，作为宇宙本原的"道"所具有的"视之不见，听之不闻，搏之不得"的特性，与基本粒子物理学的立场有惊人的相似之处。

谁见过电子？一般人不用说了，科学家也没见过。就是将来发明了新式显微镜也不可能看见电子。物理学家海森堡已经作出了结论：人类不可能看见电子。他是从光量子对电子运动的干扰来论证的。我们还可以从认识论的立场作一个根本性的论证：小于可见光波长的一切客体都是看不见的。X光也是看不见的。荧光屏上显示的淡绿色光，不是X光本身，而是它的宏观效应。（由于医生需要观察的是人的骨骼或器官之类的，也就没有必要计较荧光屏上的淡绿色光究竟为何物）电子和其他基本粒子除了在根本上没有任何颜色外，没有味道，没有温度，也没有软硬。总之，它们超越了人类的感觉。这就是"道"体特征与基本粒子物理学的共鸣之处。

不管讲授哪一门课，都要注意与现实生活紧密联系，讲课要注意深入浅出、循循善诱、启发引导，为学生答疑解惑，让学生愉快、轻松地掌握所学知识。要注意巧妙围绕主题，讲课时看似漫无边际，实为句句不离教学主题与内容，就像放飞的风筝，无论飞得多远，连接风筝的线始终紧握手中。

二、尊师爱生

师生关系如同引路人与接班人，应该是水乳交融、亲密无间的。师生之间，唯有亲密无间，才能并肩英彦，共同探赜索隐，收获学问的宝藏。所以《学记》强调"亲其师""严师为难"。

孔子与学生的感情，堪称师生关系的典范。

孔子一行出新蔡抵达负函见到了叶公。叶公向子路询问孔子究竟是什么样的人，子路一时回答不上来。孔子得知后，对子路说，你为什么不这样回答呢："其为人也，发愤忘食，乐以忘忧，不知老之将至。"（《论语·述而》）

这是孔子的"自我接纳"。孔子的魅力就在于：他对人类的热爱，对正义事业所倾注的激情，对拯救人们于苦境的执着意志。这个发愤的"愤"，不仅是怨恨、愤怒，应该是对背离为人之道的义愤，这乐以忘忧的"乐"，应该是使人安宁平静、温暖舒畅的。而且悠闲自得，不知老之将至。

这些词语的成功运用，凸显出孔子及其弟子们历经艰辛、不屈不挠为之奋斗的最终目标是：要培养和造就一批杰出人才，他们能为一种使人活在世间富有价值的理想社会而不懈地努力。

对孔子的伟大人格，达巷党人曰："大哉孔子！博学而无所成名。"（《论语·子罕》）语言允当，评价客观，无多波澜。而颜回评价孔子则是："仰之弥高，钻之弥坚，瞻之在前，忽焉在后。

夫子循循然善诱人,博我以文,约我以礼,欲罢不能,既竭吾才。如有所立卓尔。虽欲从之,末由也已。"(《论语·子罕》)

这段话尽其深致地体现了颜回对孔子的无比恭敬热爱以及他们之间的笃厚亲密的师生之情。"仰之弥高",越抬头看,越觉得高。比喻道德学问高不可及。这自然使我们想起《诗经》里"高山仰止,景行行止"的诗句和《曹丕与钟大理书》"高山景行,思索仰慕"的赞誉。"钻之弥坚"与"仰之弥高"结合,言孔子之道,高坚不可穷尽,恍惚不可为形象,故仰而求之则益高,钻研求之则益坚。两句凝固为"钻仰"一词,指探求力索,钻研仰望。用以表示深入研究的意思。"瞻之在前,忽焉在后":往前看是在前面,转眼间又像在后面,真不容易把握。这很像《老子·14章》描述"道"体时说的"迎之不见其首,随之不见其后",令人不可思议。正因为老师善于一步一步地引导,用文化典籍来丰富我的知识素养,用礼仪制度来约束我,使我"欲罢不能":兴之所至,无法中途断然停止。孔子的名声在天地之间显扬,具有日月雷霆一样的威力;而颜回像巨石那样稳定地保持内心的方向,并且像这石头一样坚固不变!

孔子的学生跟随孔子在中原游移,离开陈国的国都前往楚国负函。那天晚上,学生们围着老师,伫眙璀璨生辉的北极星。孔子凝神遥思:"北辰居其所,而众星……"孔子反复吟哦,他在推敲词语。

穿越历史长河,遥想当时情景,凝视师生"吟安"奥赜:

北辰居其所,而众星围之。

一个学生用了"围"字,倒也符合情景:北极星居其所。繁星各遂其意地围绕着它。

北辰居其所，而众星迎之。

一个学生用了"迎"字，倒也词义甚恭，但北极星常居其所而不移，众星为何迎它？

北辰居其所，而众星捧之。

一个学生用了"捧"字，"捧"有拥戴的意思：北极星居其所，数不清的星星敬仰它，常倾捧日之心。几及细微。

北辰居其所，而众星共之。

孔子悉意其辞。共，同"拱"。吟安一"拱"字。众生悦服。"北辰居其所，而众星拱之。"意味着宇宙在"未始有始"以来，这天体、这时空就按照人类难以想象的宏轨在周而复始地运行。把形上之意落实到人生，那就是孔子是北极星，学生们是众星，学生们一直以孔子为中心，景仰他、拱卫他，今后更要紧密地围绕着老师，要把老师的教导普及到中原各地。

孔子在匡地突遭暴徒袭击，与学生走散，等了好久，孔子才与学生会合。孔子对颜回说："吾以汝为死矣。"颜回答道："子在回何敢死。"这个"敢"字，含蓄地凸显出孔门逸才颜回和孔子之间的淳厚笃实的师生之情。他们既是师生，又是父子。这个"敢"字，又将这个简短对话中神超形越的美好刻画出来。如果把这个"敢"换成"能""当""会""言"中的任何一字，情感动因就会大为削弱。

颜回对孔子无比崇敬，孔子对颜回的评价超越众生。鲁哀公十四年（公元前481年），颜回去世，孔子哀恸怨悯，呼天抢地："噫，天丧予！天丧予！"用这几个字哀悼一个人的不幸逝去，比任何长吁短叹都震天骇地。他凝噎交集了孔子对颜回的无比信任和真诚的感情只矣尽矣，其孰与焉！

孔子原来打算把身后之事委托给子贡、子路、颜回三人，如果他们手足肱支，同心协力就可实现自己的愿望和理想，兴周礼之绝业，未料颜回竟先期而去，这岂不令孔子感慨心酸，悲号仰天：天难道要抛弃我吗？

古时有五尊："天地君亲师"。老师被列入与天、地、君、父等同之列，所以旧时拜师都要行跪拜之礼，对老师极为尊崇。目前有人提出，在传统教育背景下，师生关系是主从型的，体现着师道尊严。教师的形象总是可敬可畏、不可侵犯、不易亲近的。但现代教育的目标是培养创新和思考型人才，必然需要构建亦师亦友的师生关系。让师生们打成一片，拉近彼此的距离。这应该是教育思想的现代化理念。

老师有可能被尊敬，也并非不可能被怨恨。这就要看教师对学生的思想、学习是否有真正的帮助。不从学生的实际出发，不给学生解决疑难，对学生的成长漠然视之，学生能不怨恨老师吗？

自古以来，教师在社会上都具有崇高的地位。然而，在市场经济冲击下，随着商业化意识的增强和各种潜规则的横行，一些教师师德下滑成为可怕的事实。于是，教师的社会形象不断被损毁，而社会地位也是每况愈下。

这里就有一例：河南省信阳市某中学一女学生课堂违纪，突发声响，男老师规训，女生回骂，进而引发男老师和女学生互殴。

在理想的图景里，师生关系是在权利平等、地位均等的基础上教学相长。然而，在人际关系干燥化的转型时期，师生之间的摩擦、纠纷和冲突频繁。作为社会互动失衡的产物，"师生互殴"不仅是一个教育问题，也是当下不良社会心态的一个缩影。从以往的经验来看，对学生动辄愤咤，是教师情绪失控的表现。一个对本身引导能力自信的人，不会声色俱厉地开展"激情教育"。"师生互殴"的冷峭与冰檗，并不是师生在体力上的较量，而是双方在权利上的失衡。

在"一切为了学生"的口号下，少数教师采取简单、粗暴的方式对学生进行训斥与惩罚。不论是将教育暴力的性质模糊化，还是将"严师出高徒"的行为崇高化，都难以遮蔽强蛮管理的客观事实。

作为当下一种不良的社会心态，暴力在本质上是为了炫耀武力。暴戾情绪的弥漫，让人们仿佛置身于原始的丛林社会，每个人都可能成为暴力的受害者。当老师和学生都对彼此失去了基本的尊重、信任和认同，当双方都对规则意识缺乏应有的敬畏，"用拳头说话"就成了一种意气之争、利益博弈的手段。

法国作家司汤达曾说："只要一轻率，人就会变得糊涂"。这名男老师的轻率与糊涂，就在于缺乏坚定的教育信仰和人生追求。从工具理性上讲，高高在上、简单粗暴、强力控制的"暴力育人"，固然吓眉唬眼，对学生进行了惩罚，还能起到"杀鸡儆猴"的示范作用。可是，从价值理性上讲，"师生互殴"背离了"没有爱，就没有教育"的初衷，起不到"培养人，就是培养他对未来的希望"的作用。

三、因材施教

针对受教者材质的不同，要施以不同的教育。程颐、朱熹都说：

"孔子教人，因材施教。"

有人说孔子的教育方针是"学而优则仕"。读好了书就可以做官。因而指责孔子宣扬"读书做官论"。他经常向学生灌输读书做官的思想，鼓励、推荐他们去做官。这是由于忽视词义的时代色彩而造成的误解。在《论语》的写作年代，"优"的基本词义是"有余"，不是"优良"，"仕"的古义是"做事"，不是"做官"。因此"仕而优则学，学而优则仕"的正确解释是："做事了，有余力要去学习；学习了，有余力要去做事。"

其实，直接提出学习是为了做官的，是《学记》："宵雅肄三，官其始也"，在开学时就提醒学生，学习是为了做官，管理国事。

孔子的教学原则是：因材施教，各从其志，做官只是一个重要选项。孔子以"礼、乐、射、御、书、数"六艺设教。孔门弟子分四科：德行、言语、政事、文学。言语和政事实是同一事。所谓言语，是指使于四方，不辱君命的外交活动。文学殿四科之末，侧重在书本方面的学问。可见孔子教学生，注重在德行、言语、政事三科。德行一科，并不排斥言语、政事，只是强调不急求获得职位，不苟且依附，被权贵者所收容接纳。虽然本身抱有从政才能，但没有施展抱负的正当机会与环境，便不轻求从政。

孔子门下人才聚集，他们来自各个不同的地区，年龄、出身和性格也各不相同。《史记·仲尼弟子列传》记载孔子曾认为"受业身通者，七十有七人，皆异能之士也。"关于这七十余人的事迹。《史记·仲尼弟子列传》中虽有记载，但颇为简略，有的仅存姓名。《论语》中关于这些孔门弟子的言行虽也有一些，却大抵也只集中于少数人物。因此七十子中有根有苗的不过二十人左右。从前人谈到孔门弟子，常称"十哲"。孔子对这"十哲"也是根据他们的特点进行培养教育的。德行：颜渊（回）、闵子骞（损）、冉伯牛（耕）、仲弓（冉雍）。言语：宰我（予）、子贡（端木赐）。政事：冉有（求）、季路（仲由）。文学：子游（言偃）、子夏（卜商）。

孟子也是主张因材施教的，他说："君子之所以教者五：有如时雨化之者，有成德者，有达财者，有答问者，有私淑艾者。此五者，君子之所以教也。"（《孟子·尽心上》）

三位欧美科学家，以发现人脑定位系统细胞而获2014年诺贝尔生理学或医学奖。其实，这个成果所涉现象，人们早已察觉，即人的方向感和识路能力有明显的强弱区别。即使同一人，住同一区域内，夜间的识路能力往往不及白天。还有不少人认为，似乎男性的方向感往往比女性强。但是，没有规范的统计、没有足够数量的样本肯定或否定这种说法。现在，三位诺奖得主的研究成果在细胞水平上解释了人（不论男女）的辨别方向和识路能力差别的根由。当然，这个差别是否可以通过后天的努力有所改变，可以在多大程度上得到改变，又当别论。

由方向感和识路能力引喻开来，有的人擅长抽象思维，有的人语言文思能力敏锐过人，富赡辞藻。甚至幼童之间也有明显的区别，有的幼童玩起机械类的拼装玩具，可以半天不舍，有的幼童不碰分毫。现在，人脑定位细胞的发现，启发我们联想或类推：除了定向细胞，人类的其他能力的强弱，很可能也有相应的细胞在"各司其职"！诺贝尔奖评选委员会说,对人脑定位系统的认知，可能帮助我们进一步了解人类大脑空间记忆的中枢机制，开启人类对记忆、思考等认知过程理解的新篇章。

人的个性或个性差异，或者是兴趣爱好的区别，可以从细胞水平得到解释，至少对教育有很大的启示意义。孔子的因材施教之说，现代教育强调尊重并发展学生个性，都是符合人的生理状态的，或者说是有其"物质"基础的。明确了这一点，教育改革往哪里改，从何处着手，方向就更明确，决心也可以更坚定。同时，也应该更具体地落实到教学这个层次上，无论是教学内容的选择，还是教学方法的设计，都应该更具操作性、可行性。

以前，教育个性化的改革，受制于教育评价体系的制约，文理分科，应试教育，这些都阻碍了教育个性化。现在，浙江、上海率先试点高考改革，废除文理分科，就是为学生个性发展提供一个大环境，解除原有高考评价体系这个"紧箍咒"，给了学校层面、教学层面实施各种改革、实验方案的空间。教学层面表现主动性的空间比过去扩大了一些，宽松了一些。体制的松绑，脑科学研究的进展，两者相遇，能否产生一加一大于二的效果，取决于是否用实践来把握机会。当我们的教育改革在寻找自己的位置和方向的时候，"定位细胞"的研究成果也许能从非专业的角度为我们提供一点借鉴和启迪。

2000多年前，我国大教育家孔子提出"因材施教"的教育思想，如今，因材施教仍是广大教育工作者遵循的教育原则。可在经济利益驱动下，有些学校却置教育公平于不顾，巧立名目，大行因"财"施教。近年来，"贵族小班""贵族学校"之所以不断滋生，其根本原因就是一个"利"字，所谓的"贵族班"，就贵在学费上。

学校在硬件设施和师资力量方面向"贵族班"倾斜，势必使得"普通班"学生的教育资源和教学效果打折扣。而因"财"施教，还会对一些学生的心理产生不良影响,"贵族班"的学生容易产生优越感,而"普通班"的学生可能因此产生自卑感。

以办"贵族班"的名义借机敛财,属违规办学行为。这种做法既违背了教育规律,又有悖于教育公平。希望相关部门加大督查力度,撤销"贵族班"。同时,希望政府部门进一步加大教育投入,打造公平的教育环境,让教育不再为"财"所困,彻底摒弃因"财"施教的功利教育思想。

四、禁于未发

禁于未发就是未雨绸缪,防患于未然,这是教育的预防性原则。《学记》要求教育要"禁于未发",因为"发然后禁,则扞格而不胜矣。"

教育工作不外乎两个方面:积极方面培养好品质,消极方面消除坏品质。为了培养好品质也需要消除或防止坏品质,因为要立就得有破。然而习非胜是,除比防要难得多。所以不论为了培养好品质,还是为了消除坏品质,都应采取预防为主的办法。坏品质跟疾病一样,得了病再治疗就困难,没得病先预防就容易。修德讲学皆然。比如撒谎是一种坏品质,如果当孩子没有养成撒谎的习惯以前,就防芽遏萌,孩子是不容易沾染它的。倘若平时不注意教育,一旦孩子习以为常再去消除,就繁难了。傅任敢先生举了一个生动的例子:教一个从来没有弹过琴的人,比教一个乱弹过一通琴的人要容易得多。因为对于一个从来没有弹过琴的人,怎么教都可以;而对于一个乱弹过一通、养成了坏手法的人,教起来还得先花一分力气消除他的坏手法,才能重新教起。

哪些东西可以列入"禁于未发"?

（一）虚应成果

敷衍塞责，循例应付的数字、文章等。教科书里、课堂上，我们都教育孩子要诚实、不撒谎，并编写了"狼来了"的故事来吓唬孩子，证明说假话会给自己带来多么凄惨的下场。当孩子还沉浸在劝善故事的震撼与恐惧中时，老师在课外却亲自当起了那个撒谎的孩子，还给学生们留了撒谎的家庭作业。

武昌某中学八年级女生小齐每天要为学校应对"规范用字"的检查准备材料，到网上搜集相关资料拼凑成篇。由于学校要应付的检查太多，老师难以应付，就转嫁到学生头上。小齐告诉记者，这样的活儿接了多次，已能从容应对。不谙世事的学生们学会了在材料中作假，校方也感慨连连，说这是教育的疏忽，同样也是学校的无奈。

是听课堂上的还是课堂下的？两个都要听！冰火两重天，左右手互搏，那是传说中武林至尊的武功，小小年纪便要虚应故事、逢场作戏。

（二）撒谎作文

中国青年报社会调查中心通过民意中国网进行的一项调查发现，83.3%的人承认自己在上学期间曾编过作文。另据《成都商报》报道，成都某小学四年级学生的作文中，班上40多个孩子有30多个写的是自己如何智斗人贩或小偷，其中26个同学承认是瞎编乱造。究诘根源，矛头指向当代中小学的作文教育。韩寒说："中国人第一次被教会说谎是在作文中。"的确，当前我国作文教育的症结，是不把修身与为文统一起来，把作文教育变成一种单纯的行文技巧训练，而不是培养情趣、开拓心灵的教育活动。

对于学生，从小树立的作文观就是视作文为应对考试、获取分数的手段，而不是自己心灵的表达和升华，因此，为了得高分，学生就不惜利用"撒谎作文"。但是，我们还应当看到，"撒谎作文"撒诈捣虚，撒脸窝心，并不单纯是学校教育模式的问题。

当今整个社会环境（包括家庭环境）都存在严重的诚信危机，孩子们缺少一个诚实做人的环境，这是"撒谎作文"存在的社会土壤。社会的主流观念过分强调个人竞争和成功，片面"以成败论英雄"，而忽视甚至放弃了对人类社会具有普遍意义的人格意识、社会责任、历史信念等人文精神的培养。虚华盛而忠信微，刻薄稠而纯笃稀。反映在学生作文里面，就是既没有自我意识又没有社会责任感的添枝接叶，偷梁换柱，朱紫难别！如果不能成功地培养学生做一个现代文明的真人，又怎么期待他写出胸怀所及的真文？

"撒谎作文"不仅造就了虚假造作的文风，更会对孩子们的心灵成长产生严重的影响，让孩子从小注重包装，不问真假，只求得利。在一个普遍习惯于"撒谎作文"的社会，诚实、诚信、诚意所包含的价值观和人生观就会被"强拆"。《易经》讲"修辞立其诚"，没有诚意，不仅写不出好文章，而且会放弃对人生真实和真理的追求。为什么现在中国学术和文化创作中调嘴弄舌，假誉驰声，暴露出严重的诚信危机，剽窃造假之风难以遏制？根本原因是那些以剽窃造假为能事、以耻为荣的学者，就是从当年习惯于"撒谎作文"的学生中成长起来的。

对于当前作文教育中普遍流行的"撒谎作文"现象，我们不仅要修正学校作文教育的应试指向，而且要努力消除"撒谎作文"

产生的社会基础、文化土壤，给孩子一个说真话的生活环境。我们要反思、批评在社会层面充斥的虚假现象，为孩子建设一个健康文明、重诚信讲真话的社会环境。只有社会重诚信，孩子才会写真文。

（三）偏差语文

著名教育家王森然先生在20世纪20年代末曾经说过："其他各科的教材教法，内容工具，似乎还有可借镜于他国先例的地方，特有国文，非有我们自己来探索不可。"（《中学作文教学概要》）确实，汉字、汉语在漫长的历史中虽也产生一些变化、发展，但毕竟根深蒂固，基础皆万古。学习汉字、汉语的基本规律当然也不会变。所以，还是中国人最懂得教中国语文，还是中国母语教学的传统经验最值得我们阅读和研究。

中国语文教学若从有文字算起，已有5000年历史；若从孔子设坛授业为始，也有2500多年的传统。但在近百年前，语文都不独立设科。在如此漫长的年代里，形成了古代语文教学的传统经验。传统是无法改变的历史，是川流不息的时光之河，可以生生不息地一直流淌下去。因此，无论今天的语文教学有了多少现代化的发展，都无法抛开古代语文教学的传统经验，另辟一个全新的文化生存空间。如果我们不重视在批判中继承，在继承中发展，中国语文教学许多宝贵的传统经验，也会在时代新潮的冲刷下，分散逐风转，飘如陌上尘。

在堪称"传统经验"的这笔巨大财富中，最应当引起我们阅读和思索的便是深刻地体现了汉字、汉语特征，反映了汉字、汉语基本学习规律的经验。择其要者而言，如：

1. 识字为本。

自从汉字产生以后，我国的学校教育都是以教儿童识字开始的。但到了20世纪五六十年代，因为推广拉丁化的拼音字母，有人提出，"从教拉丁化的拼音字母入手，待拼音熟练后，再据以进行识字和读写的教学"，于是"诱发"了多种识字教学法"井喷"。经过拨乱反正，批判了"汉字落后、难，拉丁化拼音文字先进、易""汉字必亡，拼音文字比兴"等谬论，汉字教学又走上了正轨。

学习汉语要以识字为基础，必须掌握足够的识字量。这就关系到我国语文教学最基本的传统经验，就是"注重识字"。汉字从每一个字的创造到整个体系的形成和发展，深层地承载了华夏5000年的灿烂文化，体现着中华民族的大智慧。读读清朝王筠的《教童子法》，便有"蒙养之时，识字为先，不必遽读书"之论，确实有其道理。中国语文教学传统经验之所以如此重视识字教学，原因在于学生在识字的过程中，得到的是全方位的形象思维和抽象思维同步获得和谐的发展。例如楷书的"人"，"撇捺互撑，站立为人"，不仅指生理上站起来，而且指经济上、思想上、文化上的站起来，要自立立人，讲仁爱，相互帮助，这是人性之本。

汉字是中国的主要文字，汉字没有演变为单一的表意文字或表音文字，而是把表意和表音融为一体，成为象形、会意的艺术化的方块字。汉字虽然由图式演化而成，但并不局限于简单的图形化，而是体现出组合考究、寓意深刻的特点。人们甚至认为，从汉字中可以看出中华民族注重整体、综合、含蓄的思维特征和民族性格。汉字从表面上看是符号、图像，但从中可以发现诸多的哲理。美国学者认为：中国的汉字区别于世界上其他民族的文字的最大特点，是字形呈方块。方块字不仅有书法性的节奏、线性美，而且方块汉字的"形"能传达丰富的理性信息，既有猜读的可能性，又有联想的余地。我们以《世说新语·捷悟》中的三个故事为例：

> 杨德祖为魏武主簿，时作相国门，始构榱桷，魏武自出看，使人题门作"活"字，便去。
> 杨见，即令坏之。既竟，曰："门中'活'，'阔'字。王正嫌门大也。"

杨德祖任魏武帝曹操的主簿，当时正建相国府的大门，刚架椽子，曹操亲自出来看，并且叫人在门上写个"活"字，就走了。杨德祖看见了，立刻叫人把门拆了。拆完后，他说："门里加个'活'字，是'阔'字。魏王正是嫌门大了。"

> 人饷魏武一杯酪，魏武啖少许，盖头上题"合"字以示众，众莫能解。次至杨修，修便啖，曰："公教人啖一口也，复何疑！"

有人送给魏武帝曹操一杯奶酪，曹操吃了一点，就在盖头上写了一个"合"字给大家看，没有谁能看懂是什么意思。轮到杨修去看，他便吃了一口，说："曹公让每人吃一口呀，还犹豫什么！"

> 魏武尝过曹娥碑下，杨修从。碑背上见题作"黄绢幼妇，外

孙齑臼"八字。魏武谓修曰："解不？"答曰："解"。魏武曰："卿未可言，待我思之。"行三十里，魏武乃曰："吾已得。"令修别记所知。修曰："黄绢，色丝也，于字为绝；幼妇，少女也，于字为妙；外孙，女子也，于字为好； 臼，受辛也，于字为辞：所谓绝妙好辞也。"魏武亦记之，与修同，乃叹曰："我才不及卿，乃觉三十里。"

魏武帝曹操曾经从曹娥碑旁路过，杨修跟随着他。看见碑的背面写着"黄绢幼妇，外孙齑臼"八个字。曹操就问杨修："懂吗？"杨修回答说："懂。"曹操说："你不要说出来，等我想一想。"走了三十里路，曹操才说："我已经想出来了。"他叫杨修把自己的理解另外写下来。杨修写道："黄绢，是有颜色的丝，色丝合成绝字；幼妇，是少女的意思，少女合成妙字；外孙，是女儿的儿子，女子合成好字；齑臼，是承受辛辣东西的，受辛合成辞字；这就是绝妙好辞。"曹操也把自己的理解写下了，结果和杨修的一样，于是感叹地说："我的才力赶不上你，竟然相差三十里。"

这不仅是智商的开窍，也是德育的熏陶和美育的陶冶，是全面提高学生素质的一个重要途径。所以，汉字的文化品格决定了它具有丰富的教育价值和育人功能。

2. 诵读居先。

有一副对联：

无狂放气，无道学气，无名士风流气，方称儒者
有诵读声，有纺织声，有小儿啼哭声，才算人家

可见,"诵读"已由学校延伸到家庭,成为一种社会文化现象。在中国古代语文教学的传统经验之中,就方法而言,"读"是第一大法。《栾城遗言》中有"读书百遍,经义自见"之说;东坡送安惇诗云:"故书不厌百回读,熟读深思子自知。"这种读,不仅仅是默读,而是清清楚楚地高声朗读,其声情之高下,随诗文情意而变化,使诗文语气连贯而见神韵。今人所谓朗诵,包括诵读和吟唱。中国语文教学方法以诵读为本是由汉字、汉语的特点决定的,汉语是以汉字为基础,汉字一字一音、一形一义,独立性很强,其具体含义,得从上下文中体味。这种文字又具有声韵之美,只有读之于口,方能"声与心通,声可求气,亦可传情",从而形成强烈的语感:"言皆若出于吾之口,意皆若出于吾之心"。因此,"眼观其文,口诵其声,心唯其意"的"诵读法"对汉语学习何等重要!

3. 细味涵泳。

涵泳,意为在水中潜行,即游泳。引申为体会、品味、陶冶。

王力先生曾说:"西洋语言是法治的,中国语言是人治的。"所谓"法治",讲究的是规律和逻辑;所谓"人治",讲究的就是直觉感悟,追求韵味和精神。这是因为以汉字为基础的汉语,同样具有极大的意合性而富于意蕴之美,超然远览,渊然深识。涵泳也就成了与此相关的语文教学重要的传统经验。朱熹说:"学者读书,须要敛身正坐,缓视微吟,虚心涵泳,切己省察",就把"涵泳"作为语文教学的一种重要方法提出。曾国藩在给儿子的家书中更是把这一传统教学经验解释得十分透彻:"涵泳者如春雨之润花,如清渠之溉稻……泳者,如鱼之游水,如人之濯足……善读书者,须视书如水,而视此心如花、如稻、如鱼、如濯足,庶可得之于意之表。"(《谕纪泽》)这番话,也就是强调读诗文必须全身心地沉浸在诗文的语言环境中去口诵心唯,方能知其意、得其趣、悟其神。因此,强调"涵泳"这种学习方法,也完全符合汉语文教学的本质特征和传统经验。《朱子语类·性理二》:"且涵泳玩索,久之当自有见。"这对于当下克服语文教学单纯注重讲解分析,而忽略学生自主涵泳体悟的老毛病,是很有针对性的。

4. 着意习练。

着意习练是中国语文教学的传统经验之一。清代的颜元在《颜李遗书》中说得好,"讲之功有限,习之功无已。"教学要"垂意于'习'之一字,使为学为教,用力于讲读者一二,加工于习行者八九,则生民幸甚,吾道幸甚!"从《论语》中的"学而时习之",到朱熹的"读书百遍,其义自见";从堪称古谚的"熟读唐诗三百首,不会作诗也会吟",到杜甫的"读书破万卷,下笔如有神"等,都传递着"多读多写"这一着意习练的朴实的语文传统教学经验。孤立地看,"多读多写"似乎已不合"追求效率"的时代精神,其实却非常符合中国语文的学习规律,即不苟细于从学习语法修辞等这些相关语言规律的知识入手,而从频触直接的言语作品去熏陶渐染逐步感悟。尤其是中小学的语文教学,更不是要教孩子关于语言的知识,让他们去谈论和研究语言,而是要帮助他们形成实际运用语言的能力。能力不可能只从听讲中获得,必须通过习练和实践。教学实践表明:培养学生的语文能力,全面提高语文素养,也只有在多读多写的语文实践中方能实现，不可能捷径邪至。

国学大师南怀瑾先生在接受一次访谈时曾说道："现在一般的人们，太过年轻现代化了，根本不知道过去传统的教育方法是多么的轻松愉快，使儿童们在歌唱舞蹈的气氛中，达到文化教育的水平。古人所说'弦歌不绝'，就是这种境界。"这说明传统的教学经验并非都是过时落后的。对此，著名语文教育专家李伯棠先生在其所著的《小学语文教材简史》中也一针见血地指出，"我们进行语文教学，教学生识字、读书、作文，必须掌握两条原则：一是要符合本国语言文字的特点，二是要符合学生学习本国语言文字的规律。……我们的前人，在长期的语文教学实践中，在这两方面，已经摸索出一些门径，积累了不少经验。这是我们语文教学中的一份宝贵的遗产，必须有分析、有批判地加以继承。"我们应当清醒地认识，尽管时过境迁，岁月如流，但汉字、汉语根生土长，对于我国语文教学的传统经验，仍切倚于当今。

舍弃能够最深刻地体现汉字、汉语特征，反映汉字、汉语基本学习规律的经验，只是一窝蜂地赶新潮，或者半懂不懂地照搬，被当作一种时尚而风行一时的所谓语文教学改革，就会产生"偏差语文"。

（1）精华缺失。

过去一段时间，上海语文课本曾删掉了旧版本中全部8首古诗，篇幅总量减少了30%，识字量和写字量分别比原来减少了16%和45%。

此事最具争议的是8首古诗被删。其实小学生们非常喜欢古诗课。第一，因为篇幅短，朗诵、背诵、抄写的难度小。第二，不少孩子从学说话时便生吞活剥背诵古诗,到了课堂里经老师一点化,多少能有点开悟的意思。另外,中国孩子背古诗,乃天经地义。慢慢从背到通,所谓熟读唐诗三百首,不会作诗也会吟。只要不选过于佶屈聱牙的诗句,只要不非得会写太过复杂的生字,古诗学习是中国孩子传承民族文化血脉的绝好途径。真不知沪教版语文教材小学一年级删除所有古诗的用意何在。

接触过各出版社语文课本里的"伪文章"的人,无不对之斥谬。现在语文课本中有四大缺失:经典的缺失、儿童视角的缺失、快乐的缺失和事实的缺失。胡编滥造的"童话"故事、不具备科学精神的科普文章、干瘪乏味的思想灌输、大量主题先行且行文做作的所谓写景写人记事的范例,让孩子觉得索然无味、疲于应付,有些文章甚至会困扰孩子们对世界的认知和对人性的了解。朗朗上口的古诗,应该是小学课本里的精华。现在,去其精华,留下的,究诘何物?这样的课本,薄也许更意味着文化积累的浅薄,意味着知识基础的薄弱!

语文课改,不是一个对课本简单删减的过程,而是一个改变观念、实事求是、求真求善求美的过程。至少,目前的课改不能去精取粗,去真存伪,再次倒退。

(2)过度拔高。

当今的语文教育"怪象",引发了人们对"假语文"的广泛关注。从《斑羚飞渡》到《荷塘月色》,从《火烧云》到《少年闰土》,语文课堂里的那些故事经过了教材编写者的删改与语文老师们的阐释,以全新的面目呈现在学生面前。

但有些教育工作者在改写和阐释的过程中,不惜编造扭曲,甚至违背历史事实和自然规律，让教育失去了应有之义，变成教育的"毒鸡汤"。这不禁让人反思，我们到底需要什么样的语文教育？从1949年到现在，语文课本又经历了怎样的演变过程？

教育部前新闻发言人、语文出版社社长王旭明多次提出，当前语文教育需回归"语"和"文"。当前的"假语文"错将语文当作思想品德课、表演课，对文章思想内涵过度挖掘，偏离了语言运用的目标。王旭明概括"真语文"为：真教、真学和真评。他认为，现在的语文教育存在很多的"假语文"。"《再别康桥》是诗人徐志摩对友人和情人的怀念，有些老师非得说它表达了诗人热爱祖国、热爱故土的情感。这就是明显的'假语文'。"

五、教育适时

教育适时就是教育的及时性原则。《学记》提出：进行教育要及时。所谓及时有两层意思，一是从学生的年龄方面说，一是从学生的心理能量说。及时就是抓住时机，既反对过时，也反对跨时。

从学生的年龄方面说，既不可以过早地进行教育，更不可以过晚才进行教育。过早地进行教育，让儿童超越了身心发展的条件学习，他们势必接受不了，而且势必损害儿童的身心健康。如果过晚才进行教育，那时儿童年岁已大，分心的事已多，跟着年幼儿童学习内容粗浅的教材，势必格格不入。《学记》引"兑命""敬孙务时敏，厥修乃来"句中的"时"字，也是说明这层道理的。从这方面，《学记》作者是很重视教育学生的时机的。

从学生的心理能量说，教育最好在儿童自觉要求的基础上进行。这就是孔子所说的"不愤不启，不悱不发"，也是《学记》

全文的中心思想。如果学生对于求知并无自觉的要求，他们心里并没有什么问题想求得解决，那么，教师想以灌输的方式把知识注入儿童心里，必然是劳而无功的。同时，如果学生有了自觉的要求，教师不抓住机会及时指导，等到学生的自觉要求烟消云散之后再去进行教育，也是一样地费力不讨好。唯有不先不后，不迟不早，看准儿童心情，及时进行教育，才是好办法。在这方面，《学记》重视启发，重视自觉，反对"使人不由其诚"，都是对的。但是不能把它绝对化，绝对化就会成为兴趣主义。

所以，《学记》要求"当其可"，因为"时过而后学，则勤苦而难成。"

（一）"起跑线"前移

"不让孩子输在起跑线上"已成为许多望子成龙的家长不可动摇的信仰，孩子刚牙牙学语，就要背唐诗、学外语，要上好幼儿园、重点小学，再多的赞助费、学费也不吝惜。更加荒唐的是，一名妈妈抱一岁女儿做双眼皮，也是不想让孩子"输在起跑线上"。妈妈的这一行为遭到医生的断然拒绝和批评。整形手术是本人审美认知意愿，即使是家长，也无权将自己的审美观念强加给孩子。

兴趣是趣味、情趣，指个体对特定事物或者活动所具有的持久性的注意与喜好，它的特点是自如性。兴趣班，顾名思义，是小孩对这方面有兴趣，去加以培养。俗话说，兴趣是最好的老师，强加于人的兴趣，那可叫人怎么提得起兴趣？

暑假到了，5岁的萱萱被妈妈安排学钢琴、围棋、英语、画画……一天要上四五个兴趣班把萱萱惹怒了，嚷着要打110，找警察叔叔"解救"她："我要让警察叔叔把妈妈带走，我不想学围棋!"

眼下,如要问最难根治、危害最烈的老毛病是什么,人们立刻会想到官员腐败、有毒食品、暴力拆迁、教育乱收费等,然而,还有一件关乎民族未来和千家万户的顽疾,常常被忽视:中小学生睡眠严重不足。在全国城乡,每天黎明,身负辎重、揉着惺忪睡眼慌忙赶路的人群中,多数是最需要睡眠的孩子。成年人可以享受"朝九晚五",而相当多中小学生都是"早七晚五",夜里作业成山,清晨闹钟惊魂,孩子们自嘲"睡得比狗晚,起得比鸡早,干得比牛多"。

新学期开学,广东佛山南海狮山树本小学要求小学生午休时不能上床睡觉,而是在教室原地盘腿打坐,搞得学生个个大喊"受不了"。

打坐本是一种僧道修行之法,闭目盘膝而坐,调整气息出入,不想任何事情,在佛教中又叫"禅坐"或"禅定"。现在,打坐也成为人们的一种养生健身之法,用以排除杂念、静心养身、振奋精神。有专家说,要让打坐实现排除杂念、静心养身、振奋精神的目的,必先调息,再调心,最后调身。某些成人尚且做不到以打坐达到"心神合一",而小学生生性好动,注意力不易集中,如何理解打坐的本质,收获打坐的好处?

(二)"神题"摧残

央视报道,广东某学校今年小升初的题目:要求猜出五个成语,第一道题是20除以3,第二道题是1除以100或者叫作百分之一,第三道题是9寸加1寸等于1尺,第四道题是12345609,第五道题是1、3、5、7、9,您能猜出来这到底对应的都是什么成语吗？20除以3，因为它的答案接近于6.6666，所以这道题的答案是陆续不断，或者是六六大顺；百分之一就是百里挑一；9寸加1寸等于一尺即是得寸进尺；12345609，七零八落；1、3、5、7、9无双数所以叫作举世无双……

近来从小学到大学，考试中神题屡现，引发人们反感。对本则新闻中的"神题"，就有人骂"玷污科学，耍小聪明"……

一些教育专家曾发出警告，小升初"神题"所宣称的"思维训练"，非但与真正意义上的"增加学生知识面"相去甚远，若不有效加以制约，还有可能使学生的厌学情绪与日俱增。而且，就像一些网友所质疑的，既然这些"神题"都打着"拓展思维"的幌子，那它就不应只有一个"标准答案"，否则的话，岂不成了愚人的东西？要是再拿这种没有标准的"标准答案"来作为录取依据，其"胜败由我"的操作空间，则更是令人担忧。

"20除以3猜成语"之类的小升初"神题"，未必明显有助于甄别学生的"思维潜质"，但却极其容易催生"培训经济"的旺盛虚火。在局部地区和一定范围，小学生已成为各种培训机构的重点目标消费者，以"一对一辅导"等争夺培训市场的某些教育机构，甚至都在招生广告中将"小升初"培训放在了醒目位置。这种无视义务教育阶段的学生尚未完全定型，一味推崇"拔苗助长"的行为，无疑是对学生成长的一种"教育摧残"。

六、藏息相辅

藏，专心为学。息，休息闲暇。藏息相辅就是课内课外相结合，劳逸相结合的原则。课内是在规定的时间内传授正课，就是"时教必有正业"；课外就是在正课以外的休息时间进行课外作业和游戏活动,就是"退息必有居学"。正课学的是"弦"(即乐)、"诗""礼",总之是"学";课外做的是"操缦"(拨弄弦琴)、"博依"(可歌咏的杂曲)、"杂服"(各种服制),总之是"艺"。课内课外是相辅相成的。为什么呢?课外可以帮助课内,课外是课内的准备,又是课内的延伸。比如:如果不在课外学习各种不同的乐器,练习手指,仅靠课内来学琴瑟,就很难学好;如果不在课外唱唱歌曲,练练嗓子,课内的"诗"就不容易学好;如果不在课外经常练习洒扫、应对、进退等礼节,课内的"礼"也是空话。可见课外的时间应当好好利用。

课外不仅有作业,而且有游戏活动。演奏多种乐器,练习唱歌当然都是游戏。所以"息焉游焉"的"游"字有两重含义:一层含义是游于课外作业的意思,另一层含义是游戏之意。

《学记》的作者由此得出了结论:学习的时候要尽心学习,休息的时候要尽心游乐,"藏焉修焉,息焉游焉"。其原因就在于两者是相辅相成的,不是相反的、对立的。唯有把两者结合起来,学生才会喜爱学习,搞好学习,"安其学",才会感到师友切磋之乐,"亲其师""乐其友"。这样,学来的知识才是牢固可靠的,"信其道""虽离师辅而不反"。

我国自古就重视以音乐为中心的教育。古代学者认为,艺术是人生重要修养手段之一,而艺术最高境界的实现,却又依赖人格自身不断地完善。因而道德充实了艺术的内容,艺术助长、稳定了道德的力量。所以,孔子认为,乐的艺术有助于政治上的教化,可以作为人格修养的一种功夫。

从《论语》的记载看,孔子对音乐的重视,超出一般人的想象。

《史记·孔子世家》称"孔子学鼓琴于师襄",有很高的演奏技巧,对音乐痴迷到极点。即使在危难之际,还不忘用音乐来鼓舞意志。这一方面是来自对古代乐教的传承,一方面也来自他对乐的艺术精神的深层发掘。

孔子不仅欣赏音乐,而且对音乐做过一番重要的整理工作,使得诗与乐的配合,达到了更完美的境界。

西方学者也承认艺术的"教化"作用,他们认为"教化"是一种特殊的审美训练,作为一种心灵的机能来说,它是指趣味的教育,或"美的意识"。这是一种辨认什么是美的能力,以及欣赏美的感觉性。"教化"可以使人获得一种广博的精神,任何特殊门类的价值都无与伦比,因为它能使人们的精神高尚起来,足以激起心灵中的一切潜在的精力,足以使一切精神空间具有活力,并不断扩充这个空间,最终成为有教化的人或民族。

现在是网络时代,虽然提倡百花齐放,但有一点不能忘记,网络音乐作品作为精神产品,也应该"正声感人""乐行而志清""美善相乐",总会传播和透出一种价值气息,影响人们的生活习惯、审美品位,进而成为社会风气、公共道德的熏陶和感染者。所以,网络歌手在"发声"和"制造"声音的同时,也应该将或优美、或壮阔、或优雅、或"乐俗"的艺术气象,融入曲中,给消费者、社会风气,带来清新健朗的引领。

"通俗歌曲"的"俗",是"通俗易懂""简单好懂",是充满了群众气派、口语风格的"大白话",让群众听得懂,易传唱,"不低俗""不媚俗""不恶俗"。让艺术品位始终固定在和谐、情趣化的格调上,"乐而不淫,哀而不伤"。

交友之道

交友就是结交朋友,什么叫朋友?《礼记》说:"同门曰朋,同志曰友。""同门"是指在同一个老师门下学习的人,所以那时的"朋"就是我们现在所说的同学。"同志"是指志趣相投的人。所以,"友"才是我们现在所说的朋友。也就是说,古人说的"朋友",相当于现在"同学"和"朋友"的综合或相加。

交友的重要性

曾子曰:"君子以文会友,以友辅仁。"(《论语·颜渊》)曾子主张以礼、乐、《诗》《书》作为交朋友的手段,以互相帮助培养"仁德"作为交朋友的目的。《学记》很重视同学、朋友之间的相互影响,所以视学的时候要考查"论学取友",讲到藏息相辅的作用时说它可以使人"乐其友",并把"师""辅(友)"并称。为什么同学、朋友对于一个人的学习影响如此之大,关系如此密切呢?那是因为同学、朋友之间可以"相观而善",相互学习,相互切磋之故。人人都有优点,"三人行,必有我师焉",只要善于"择其善者而从之",自己在进德修业上就可以得到好处。一个人"独学而无友",冥思独行,有问题无处可以商量,优缺点没有人帮助指出,久而久之,必致不知天地之大,学问之广及他人的长处,成为"孤陋而寡闻"的井底蛙。

交友的标准

孔子提出了一个非常具体的交友"距离":"毋友不如己者。"两千多年来,一直被奉为交友的"原则"。贾岛"君子忌苟合,择友如求师",是对此语最明确的注释。

"友",动词,交朋友。"毋友不如己者",就是不要结交不如自己的朋友。这样会产生一个问题:那些"不如己者"又去和谁交朋友?杨伯峻先生说:古今人对这一句话发生不少怀疑,译文加"主动地"三字来说明它,即不要(主动地)向不及自己的人去交朋友。

对这句话的解释,不能离开语言环境。它在《论语·学而》和《论语·子罕》里两次出现,原文是:"主忠信,毋友不如己者,过则勿惮改。"显然是说,为人要注重忠诚守信,不要和道德品质不如自己的人交朋友,有了过错就不要害怕改正。如果把此语理解成"交友只能选择才能、地位、名望等与自己相等或高于己者",那就失去多少值得交往的"主忠信"和有趣的朋友?如果真像贾岛所言,选择朋友如同求师,岂不太累?

孔子曰:"益者三友,损者三友。友直,友谅,友多闻,益矣。友便辟,友善柔,友便佞,损矣。"(《论语·季氏》)有益的朋友三种,有害的朋友有三种。结交正直的朋友,诚信的朋友,知识广博的朋友,是有益的。结交谄媚逢迎的人,结交表面奉承而背后诽谤人的人,结交善于花言巧语的人,是有害的。后面说的有害的三种朋友也许就是上面说到的"不如己者"。

有人认为应交"与己有用者"。俗话说:"一个好汉三个帮""多个朋友多条路",能和对自己有用的人结为朋友,当然是好事。但是,交友以"有用"为目的,只盯着朋友能给自己带来什么利益,那就成了势利之交。

中国的传统文化里有一个经典的交友原则就是"君子之交淡若水,小人之交甘若醴。君子淡以亲,小人甘以绝。"(《庄子·山木》)

在《庄子·山木》里,庄子论淡化名利,主张建立一种以"天属"而不以"利合"的正常的人际关系。"天属"指本性相连,"利合"指因某种利害关系而结合的。他指出:因为某种利害关系结合在一起的,遇到艰难处境就会互相离弃;从天性出发而结合在一起的,在危难时刻能互相关照。"君子之交淡若水",是说君子之间的交往纯净得像水一样；"小人之交甘若醴"比喻一种利害相关的甜蜜亲热的感情。不讲利害,故显得纯净;天性相属,故变得亲。一切计较利害,故有利则甘甜,无利就绝交。

水,尤其是质地纯净的淡水,在当今世界已经成为令人瞩目的宝贵资源了,而地球上淡水的来源是海洋受太阳热能的作用而蒸发的水汽,这些水汽在空中凝聚,并以雨、雪等形态降下。在庄子生活的年代,人们对水的物理性能、化学成分等尚缺乏科学的了解,那时未必有必要把水分成原水、再制水、再生水等来加以研究。但是至少古人已按水质清浊来分别水的用场。渔父歌云:"沧浪之水清兮,可以濯吾缨,沧浪之水浊兮,可以濯吾足"。庄子观赏淡水"纯净"这一特征,用它来象征或隐喻那种没有私欲、不计名利的高尚品德和人格。

与"君子之交淡若水"相对的一个语文表词是"礼尚往来"。"礼尚往来"出自《礼记》:"礼尚往来,往而不来,非礼也；来而不往,亦非礼也。"所谓"礼尚往来",指待人的礼仪贵在有来有往,也指收人礼物应当回礼。这个成语所体现的礼节仪式、交往原理、社会秩序、和谐文化,自有其合理之处。本着"取其精华,去其糟粕"的精神学习、运用、实践它,对于擢升道德修养,协调人际关系,丰富人生旅程,减少成长遗憾应该是十分有益的。至少从知恩图报的常情来说,送礼也不失为一种感情交流。

礼尚往来是表达情意的一种形式。形式与情意互相协调,人际关系就得以正常维持和顺利发展。而互赠礼物则是礼尚往来的一种载体。礼物的轻重、多少、贵贱与情意的忠诚、笃厚、敬重等并不成比例。

然而，在现实语境里，"礼尚往来"有明显的逆向转移的趋势，已经被歪曲和异化为"谋取不正当利益"的手段，即行贿受贿。

第一，由双向转变为单向。不是你来我往的互动，而是一方送给另一方：学生（家长）要给老师送，下级要给上级送，企业要给相关单位关键人物送，方方面面要给官员送……

第二，形式上仍是互动，但已经不是"你对我怎么样，我就对你怎么样"了，天平两端小盘中的物品已发生变化：一端是送者送出的钱物，一端是受者（利用手中的权）回敬的非法利益。

综观时下万窍怒唱的送礼风，古代的礼学大家也会羞惭退掩。送礼的码子越垒越高。无论是年节之礼，还是人情往来之礼，正在从一种必要的人情调节剂变成沉重的负担。送礼的动机则越来越陋。"君子之交淡若水，小人之交甘若醴。君子淡以亲，小人甘以绝。"这曾经作为礼仪之邦的精华早已式微。如今送礼的大多并非发自内心，更多的是有所求而送，有所利而礼，其间的情状确是说不尽的钻营之术、谄媚之态。纯洁人际关系的芳馨，已被以"礼"取人的恶臭所熏灼。送礼越来越成为腐败的代名词。送礼的钱袋，已经大步跨越了公民私人的腰包，而企业的公关费用、政府的招待开支之类正大唱主角。不仅使市场秩序、官场清仪大受冲击，而且正在成为腐败的渊薮。最具讽刺意义的是，不论有关方面出台多少规定，也不论腐败的典型案例中有多么深刻的警示教训，都挡不住送礼者的脚步，更挡不住大小贪官的虎饱鸱咽。

送礼成风，不仅大大有违建立文明国家的祖训，也与公平公正的现代社会的诉求背道而驰。对此项盛事的观察中，我们能得出的结论只能是："送礼中国"越红火,理性社会越遥远。因此,中央"八项规定"中关于严禁过节送礼的内容,堪称精准思维的体现。

一些官员在利益驱使下,在交往中失去了底线,不讲原则,将朋友关系变成了"礼尚往来",为权钱交易等腐败行为埋下了隐患。官商朋友往往并不只是"好朋友"那么简单。很多官商"朋友"实质上是"利益共同体"和权钱交易,官员需要的是商人的钱,商人则认准官员手里的权。住这样的"朋友圈"中,官员和商人更像是拴在一根利益绳上的蚂蚱,有福同享、有钱同贪。

酒肉朋友的危害

在官员蜕变落马过程中,酒肉朋友起了"打坠咕噜儿"的作用。人处于繁华热闹中极易被喧嚣红尘蒙蔽心灵,在落魄时候才能看清世态炎凉、体会人情冷暖。落马贪官称"往日结交均是酒肉朋友"实乃肺腑之言,也是迟来的醒悟。假如他们在落马前、在位时能够远酒朋,或许不至于一步步滑入深渊。

"酒肉朋友",有酒有肉才是朋友,一旦无酒无肉时就会树倒猢狲散。权力就像一个强大磁场,能把酒肉朋友吸附到一起。酒肉朋友多半是些趋炎附势者,"大树底下好乘凉",他们特别喜好攀附权力,是想仰仗权力觊觎并谋取非分利益,分得"权力福利"一杯羹。

对于拥有权力者来说，权力容易让人膨胀，甚至产生错觉、幻觉。许多官员享受出入前呼后拥状态，甚至将此作为人生成功的标志。更加值得警惕的是，不少掌权者并没有清醒意识到，别人众星拱月般簇拥着自己是权力光环效应使然，而以为源于个人魅力。还有些官员利用手中权力为他人办了事，进而把收受贿赂看成是理所当然。殊不知，他在潜意识中已将公权力变成谋取私利的工具。这种"权力错觉"导致官员将那些整天围绕其团团转者视为心腹或者自己人，而对那些与之保持适度距离人士没有好感甚至排挤打击。实际上，越容易臣服于权力的人越容易伤害别人，包括伤害失去权力的人。贪官入狱后，那些曾经的"朋友"，现在都躲着你就是无情证明。

"往日结交均是酒肉朋友"给所有官员都提个了醒，要远离酒肉朋友，结君子之交。"君子之交淡若水，小人之交甘若醴。"唯君子之交可让官员"入芝兰之室，久而不闻其香，则与之化矣"，从而可保仕途和一生平安。

下篇

"技进乎道"与世情

《庄子·养生主》里,以五个寓言为喻,说明养生之道。这些寓言,以《庖丁解牛》最为生动、形象,确是脍炙人口的名篇。在自然语言里,本指梁惠王时厨夫善宰牛。后用来比喻技术神奇或做事利落爽快。然而他的哲理含义超然远览,渊然深识。潜神留思,研味玄赜,幽关洞开。

"技进乎道"对艺术实践的启示

《庖丁解牛》这则寓言虽然是用来阐明养生之道的,但它给人的启示却远远超出了这个范围。庖丁向文惠君传授养生的秘诀："臣之所好者，道也，近乎技矣。"这是说养生应该抓住根本，不要在枝节之处耗费精力。如果只注意养其形骸，追逐物欲，形反而不得养；相反，如果重其精神，与道相通，则无不全矣。庖丁所好之道，有人认为指"事物的规律"，"规律"当然超乎一般技术。掌握了规律，依靠熟练的技巧，自然可以"动刀甚微，謋然已解，如土委地"。

道家强调应在掌握一般的技艺、技术和技巧的基础上，进一步把握内在的规律（道），通过对内在规律的理解和领会来指导技术的操作。这就是先秦时期庄子所提倡并为历代道家所称许的"技进乎道"的思想方法。

如中国画与西洋画，在运思动笔、位置剪裁、线条色彩等方面都有明显差别。这不单纯是个绘画技巧的问题。中西艺术是两个不同的体系，有不同的时空意识、人生观念和审美思想。一方认为是不可逾越的艺术规范，对另一方来说可能正是需要突破的框框；一方刻意追求的审美思想，也许正为另一方所不取。关于绘画中的透视问题就是如此。长期以来，西方在艺术创作上恪守亚里士多德的"模仿说"，把准确地再现客观事物作为艺术的最高追求，他们用的是以分析和相对确定性为主的焦点透视法则（19世纪末现代派艺术崛起后，原来的艺术观念和审美思想才发生了根本的变化），而中国绘画是运用经典的散点透视法则。焦点透视表现的是理性空间，散点透视表现的是感性空间。散点透视不关心物体在空间的精确位置，而采用展现宏观视野的模糊透视法则，用流动的目光驰骋于天地之间，通过虚实、大小、远近对比衬托出空间的邈远,形成绘画空间的真实感。中国绘画既不受焦点束缚,也不受地平线限制,而在漠漠空间内任意表达画家想要表达的一切。董棨《画学钩元》:"画故所以象形,然不可以求之于形象之中,而当求之于形象之外,如庖丁解牛,以神遇而不以目视,官知止而神欲行;殆此意也。"以神遇而不以目视,在灵府不在耳目;肉眼闭而心眼开,官知止而神欲行。"恍若尘区之外,另有一世界,灵境奔会……使人神襟湛然,游赏无穷。"(《恽格瓯香画跋》)掌握了中国画的空间观和造型法的模糊性规律,具体的技法就可以迎刃而解了。

在世界众多的文字中,为什么别的文字只能是实用的工具,唯独汉字能成为艺术?

由于汉字本身具有造型美的因素,汉字书法才成为一种线条造型艺术。书法家笔下的点画,或粗或细,或枯或润,有点有面,有藏有露,八面出锋,随心所欲,变化万端。人们常用细长圆柱形动物如蛇、蚓等以状其势,多用来表现草书之美。拿"惊蛇入草"喻草书收放快捷之势,自然让人想起陆游"明窗栏碧聊挥洒,飒飒惊蛇又数行"的诗句,真有如急弦希声之妙!书者潜心翰墨,奇逸翩翩之状,宛若当于临时,观其所为。这里描写了执手运笔神情,乃典型的动态相似。

蛇与龙配合,组成"笔走龙蛇""龙蛇飞动"等,形容书法极为雄健灵活。其中,"蛇"的意象仍是笔势灵活流畅。李白诗"怳怳如闻神鬼惊,时时只见龙蛇走",仅用"龙蛇"比喻草书遒劲纵逸的笔势,没有出现逻辑上的谓词或语法上的谓语,这是诗歌音节韵律使然。

也可以用动植物的细长尖锐的器官，如鱼鬣、鸟翅、蝶芒、花须等形容草书之美。《春雨杂述·书学详说》："昔右军之叙兰亭，字既精美，尤善布置，所谓增一分太长，亏一分太短，鱼鬣鸟翅、花须蝶芒，油然粲然，各止其所，纵横曲折，无不如意，毫发之间直无遗憾。"这是一种"诗罢春风荣草木，书成快剑斫龙蛇"的境界，属静态相似。

书法既然是一种线条艺术，那么任何一条延展的线条都是一条运动路线。其间理所当然有心理因素、性格缓急、行为方式的影响。董其昌对苏轼"天真烂漫是吾师"一语极为推崇，自谓作字不宜太工，只求一种自然闲适之趣。这种书法性格同个人气质、体质、腕力、涵养以及关照世界的方式血肉相连，也说明书法技巧的高超进入了"自然无为"的境界。《世说新语》说王右军"风骨清举""高爽有风气"，他的书法亦如此。大书法家的作品总是他们的人格精神和生命情调的升华。

线条凝聚了人的情愫意趣，笔画的流走变化与性格、心理、爱好、喜悦、悲伤、愤怒、憎恨等，有着千丝万缕的联系。这样，就可以"以我之自然，合其物之自然"。

晋人风神潇洒，不滞于物，这优美的自由的心灵能否找到一种最适宜于表现他们的艺术呢？有的，那就是书法中的行草。行书有一个广大的范围，其工整平稳的接近楷书，叫行楷；其流走飞动的接近草书，叫行草。"行草艺术纯系一片神机，无法而有法，全在下笔时点画自如，一点一拂皆有情趣，从头至尾，一气呵成，如天马行空，游行自在。又如庖丁之中肯綮，神行于灵。这种超妙的艺术，只有晋人萧散超脱的心灵，才能心手相应，登峰造极。

魏晋书法的特色，是能尽各字的真态。'钟繇每点多异，羲之万字不同''晋人结字用理，用理则从心所欲不逾矩'。唐张怀瓘《书议》评王献之书云：'子敬之法，非草非行，流便于行草；又行于其间，无藉因循，宁拘制则，挺然秀出，务于简易。情驰纵横，超逸优游，临事制宜，从意适便。有若风行雨散，润色开花，笔法体势之中，最为风流者也！逸少秉真行之要，子敬执行草之权，父之灵和，子之神俊，皆古今之独绝也。'他这一段话不但传出行草艺术的真精神，且将晋人这自由潇洒的艺术人格形容尽致。"（《西南联大语体之示范》）

行草的魅力真"行"，狂草如何？狂草更"狂"。韩愈《送高闲上人序》说："往时张旭善草书，不治他伎，喜怒窘穷，忧悲愉佚，怨恨思慕，酣醉无聊不平，有动于心，必于草书焉发之。观于物，见山水崖谷，鸟兽虫鱼，草木之花实，日月列星，风雨水火，雷霆霹雳，歌舞战斗，天地事物之变，可喜可愕，一寓于书；故旭之书，变动犹鬼神，不可端倪，以此终其身而名后世。"张旭被尊奉为"草圣"，韩愈明确指出"为旭有道"，而对高闲上人的评价只是"浮屠人善行，多技能"。

就书法而言，有人写字潦草、孟浪、委琐、卑猥，叫人横看竖瞧，东猜西想，都难吃准；有的拉杂一团，宛若泼翻豆箩，乱撒一地；有的歪斜模棱，含混暧昧，字与字纠缠不清；有的肥胖臃肿，残丑兔缺；有的瘦腰硕头，伸臂弹腿；凡此种种，皆因对汉字形体到笔画抑扬收放的规律，一无所知，不识肯綮。

技术和艺术的关系

如果进一步思考,这里还提出了一个"道"和"技"的关系问题。庖丁说他所好乃较"技"更进一层的道。这个"道",显然不是老子所预设的那个宇宙本体,而是一种艺术精神。

西方有人把艺术分为"自由的"和"实用的"(或"应用的"),后者所谓实用的艺术,有时也称为"机械的"或"工业的"艺术。持论者认为,这类艺术应用上所需知识限于某一特定的艺术领域,例如建筑、造船、纺织或雕刻。它们是各自独立的,可以经过专门训练而圆熟神妙。由此可知,"应用艺术"的范围或境界比较狭窄,并且抱着专一和实用的目的。

"自由艺术"之所以称为"自由",是因为它包括人类知识的各个部门,从业者必须先有一种多方面的准备和修养。文学、书法、绘画等即属此类。作家、书画家应该具有广博的学识,受过多方面的综合训练,他所掌握的知识理应远远超过事业本身。

明代作家魏学洢的《核舟记》一文,介绍一个出奇的巧人王叔远用核桃刻舟之事,上有微雕文字"清风徐来,水波不兴"。那是工艺品,属"应用艺术"。书法界有些人酷爱所谓的"微型书法",步王叔远之后尘。然而,即使创造吉尼斯小字的记录,也仍属工艺范畴,而不入书法之列。

如今有了电脑,用手写字,特别是用毛笔写字的人越来越少了，可各种类型的书法家却与日俱增。笔者探究其中奥秘："巧偷豪夺古来有，一笑谁似痴虎头；东涂西抹窃时望，美名厚利双丰收。"一些人"立异义于众贤之外，皆是名贤寻味之所不得"，把许多根本不属于中国传统书法艺术的技巧手法，以"书法"之名得以附骥攀鸿。常见的有以下四种：

一、巨型书法

据载，我国大字的代表作是《泰山金刚经》的刻石，行文约九百字，每字不超过四十厘米见方。而山海关"天下第一关"五个字，则是手写大字之冠。其实，字的大小本来是跟书法艺术的优劣无关的，但眼下有人写字一味"以大取胜"，甚至为了创造某种"记录"，不惜耗费数百斤墨汁和几百张宣纸，挥动如椽巨笔，以横推倒拽的驾势拖出几百米长的字。这种表演着意于写的过程，至于写出的字的质量，那就"鼻子上挂鲞鱼——休想了"。

二、滴墨书法

用毛笔写字通过手腕的提按顿挫，使得点画线条变幻无穷，这是书法艺术的魅力之一。有人直接滴墨于纸，虽也能积点成线，牵合成字，然而线条运动的潇洒出尘的风韵，变幻无穷的形态，以致个性与书法情调丧失殆尽，风流云散矣。

三、指掌书法

传统书法之所以以毛笔为工具，是因为毛笔的技巧表现力最丰富。舍此而用指涂、拳抹、掌擦来创作书法，那也只不过是一种技巧表演。这种涂抹"书法"，是无法与毛笔书写的效果相比的。

四、全身书法

以往有左右开弓、左右手与嘴并用。现在有人可以用左右手、左右脚加上嘴同时写字,称得上特技表演,但其作品就难规矩了。

古代所谓"百工",指各种工匠,也就是技(伎)巧之人。那时对这个阶层的人有偏见。《老子·57章》就说过"人多伎巧,奇物滋起"。他把艺术技巧看作社会动乱的原因,主张废除之。《商君书·外内》也主张限制技巧之人。其实按西方人的观念,技巧之精华者是可以列入实用艺术的。庄子对待技巧的态度比较公允。《庄子·徐无鬼》说:"庶人有旦暮之业则劝,百工有器械之巧则壮。"不仅如此,他还使技归于道,认为这些人是悟出了"道",而不是掌握了"技"。因此,像屠人杀六畜之术这种百工之末也登上了艺术的宝座。在《庄子·养生主》里,庖丁为解牛成功而欢欣鼓舞,从容自得;文惠君不仅从中悟出了养生之道,而且获得了一种如赏乐观画般的精神享受。这种能使人油然而生精神享受的"道",不就是以上所说的"自由艺术"吗?

自古技、艺并用,可见二者关系密切。谁都知道,艺术创作离不开技术、技巧。那么,技术和艺术究竟"异"在何处,技术又如何转化为艺术?

二者的"异"主要表现在:

一、价值取向的不同

同样是技术,如果只从实用出发,为了满足生活中的某种需要,那么解牛的动作就是纯技术性的,它给人们带来的影响是物质享受,操作上只求避开骨骼经络,省力省刀省时就行了。而庖丁解牛,手、肩、足、膝的动作以及奏刀时发出的各种声响,都"合于《桑林》之舞,乃中《经首》之会",简直就像月舞歌管,生动梁尘,人们不禁为其美妙的歌舞表演击节赞赏。可这并非技本身的价值取向,而是由技术转化而来的艺术性效用。"提刀而立,为之四顾,为之踌躇满志",如此怡然自乐、神痴心醉,正是艺术欣赏带来的精神享受。

二、审美与功利的区别

技术娴熟的建筑工人干起活来,那些砖头真像自己跳上去的,砌出的墙板既净且光;体育明星在赛场上常常做出高翔腾举、鱼跃兔起的令人大饱眼福的高难度动作……当人们在从事某项劳动或进行某种非艺术性活动中表现出超群的技巧时,观众会情不自禁地赞叹:"这简直是艺术!"这就是说,砌墙或体育竞赛除了自身的功利目的(如居住舒适、美观耐用;夺取名次、获得奖金等)外,还能使人产生超越功利的审美愉悦。文惠君并非想到有肉食美味可餐才对庖丁大加赞赏而心花怒放。他们的审美感受都是以超功利为前提的。

中国传统绘画追求艺术境界的"空灵"与"静穆",就是道家意识的表现。为了实现这种审美理想,道家强调在创作之前,艺术家应将心理调节为"虚"与"静"的情态。保持心灵虚静,就能了解万物运行的规律;只有内心凝静,才能产生超人的技艺,发挥创造境界的功能。正如老子所说:"静胜躁,寒胜热,清静为天下正。"

孙过庭针对临池之际的心理状态,在《书谱》里提出了"五乖五合"的主客体关系论:"又一时而书,有乖有合,合则流媚,乖则雕疏。略言其由,各有其五;神怡务闲,一合也;感惠徇知,二合也;时合气润,三合也;纸墨相发,四合也;偶然欲书,五合也。心遽体留,一乖也;意违势屈,二乖也;风燥日炎,三乖也;

纸墨不称，四乖也；情怠手阑，五乖也。乖合之际，优劣互差。"

"五乖五合"讲的是：哪些情况于书写有利，哪些情况于书写不利。重要的是在临书之时，要有一个正常的心态。书写的技术能力，是书写的物质条件，而心念则是使书写技能得以正常甚至超常发挥的精神保证。"五乖"正是躁求、躁进的表现，是一种影响书法创造的消极心理因素，应及早除之。

百计经营，天下最富诱惑的是利禄；外物纷纭，世人最珍视的是名誉。在道家看来，财货的贪图，名位的争逐，不仅是导致社会动荡不安的主要原因，而且会给艺术家带来心理上的忧惧和痛苦怅惘。怎样通过精神上的自我调节来稀释这种异想天开悁惶怅惘？庄子在两则寓言里提供了灵丹妙药：

一则出自《庄子·达生》：有位名叫庆的木工刨削木头做𫏐（一种乐器），𫏐做成了，看见的人都认为是鬼斧神工。鲁侯见了问他用什么技巧做成的？庆回答说："我是个木匠，哪里有什么技巧？不过，有一点还是值得提出的。我要做𫏐的时候，不敢耗费精神，一定要斋戒静心。斋戒三天，不敢怀着邀功请赏的心态；斋戒五天，不敢思索非议、赞誉、灵巧、笨拙这些东西；斋戒七日，忽然忘掉我有四肢形体。这时心中忘记了宫室朝廷，技巧专一而外部的纷攘都消失了。于是进入山林，观察树木的性质，看到形态很合适的，一只成形的𫏐就呈现在眼前，然后加工制作。不如此则不做。这就是用我的自然之状去契合树木的自然之状，乐器被怀疑为神工，大概就是这个原因吧！"这个巨匠（应该说是雕塑家），分三步按顺序淡忘了利、名、我，摈弃了缠绕心灵的琐细外务，形成内心的恬静虚旷，然后观察与选择上等坯型，胸有成"镲"地开始雕琢,虽加人工而能符合木材自然之本性,此即"以我之自然,合其物之自然"。所谓"鬼斧神工",乃形容制作、技艺的精巧,非人工所能为也。

其二出自《庄子·田子方》:宋元君要画画,许多画师都来到跟前,受命拜揖而站着,准备笔的准备笔,调墨的调墨,还有一半人在外面等着。有一个画师来得较晚,神态安闲并不急于挤上去。受命拜揖却不站在一旁,随即回到住所。元君派人去探视,只见他解衣露身叉腿而坐。宋元君说:"行啦,他才是真正的画师。"这位旷达的艺人忘利、名与己,胸有真能,不显于外。内足者,神闲而意定,只有这样才能与被画对象融洽无间,从而达到艺术的顶峰,进入一种"万物静观皆自得,四时佳兴与人同"的和谐境界。

把技术转化为艺术

弄丸,本是古时的一种杂技。把许多弹丸投空,以手相接,使不坠地。楚国勇士宜僚,善弄瓦。楚与宋战,宜僚披胸受刃,于阵前弄丸,宋军停战观之,遂败,庄王免于战而霸。这难道不是艺术的魅力?养叔善射,扁鹊治病,秋之于弈,皆为技术转化为艺术的范例。

如果说,巴西的"桑巴足球"已经把球类竞技升华为艺术欣赏,恐怕很少有人表示异议。巴西人"同行雅会清茶话,共赏桑巴球艺精"。足球成为他们的生活方式，是全民的重大责任。日积月累，气势益涨，自然渗透了足球的艺术。

要是说，有些普普通通的行业，例如商业售货，也可以把他们的技术转化为艺术，您是否认为不可思议？这还正如《拍案惊奇》所说："宁可信其有，不可信其无。"

北京百货大楼前矗立的那位普通售货员塑像，名叫张秉贵的便是。

20世纪50年代，北京百货大楼是全国顶级商业中心，客流量大。当时物资匮乏，顾客购物要排成长龙。张秉贵苦练售货技术和心算法，掌握了"一抓准"和"一口清"的过硬本领。继而又琢磨出"接一问二联系三"的售后程式：在接待第一个顾客时，便问第二个顾客买什么，同时和第三个顾客打好招呼，做好准备。他在问、拿、称、包、算、收六个环节上不断探索，接待一个顾客的时间由三四分钟缩短为一分钟。

在那时，参观张秉贵的工作，成为许多人的一种享受。有一位老者，经常拄着拐杖来欣赏他售货。这位老人对他说："我是因病休息的人，每天来看看您站柜台的精神劲儿，为人民服务的热情劲儿，我的病也仿佛好了许多。"一位音乐家看了他售货后说："你的动作优美，富有节奏感，如果配上音乐，是非常动人的旋律。"北京传统的"燕京八景"名扬天下，而张秉贵的售货艺术被誉为"燕京第九景"。

一个售货员售货，只要态度和蔼、语言文明、不缺斤短两、不坑害顾客，这就符合技术规范了。而张秉贵售货，动作优美，富有节奏感，具备动人的旋律，这自然已跃升为艺术了。当人们在从事某项劳动或在某种非艺术性活动中表现出超群逸众的技巧时，这就具备了转化为艺术的条件，而要真正实现这种转化，还需从两方面创造条件：

一、凝神守静

内心凝静，神情专注，才能产生超人的技艺，发挥创造境界的功能。《庄子·达生》里描写一个弯腰驼背的老人黏蝉，好像在地上捡东西一样。他在总结黏蝉的诀窍时说："经过五六个月的练习，我在竹竿顶上放两颗弹丸而不会落掉，这样黏蝉就很少失手了；接着，放三颗弹丸而不会跌落，这样失手的机会只有十分之一；等到放五颗弹丸而不会跌落，那么黏蝉就好像在地上捡东西一样了。我站稳身体，像直立的枯树干，万物虽多，我只全神贯注在蝉翼上面。我不会东想西想，连万物都不能用来交换蝉翼，这样怎么会黏不上呢！"

非艺术性的活动除了自身的功利目的外，还能使人产生超越功利目的的审美愉悦。文惠君并非想到有肉食美味可餐而对庖丁大加赞扬，庖丁也不是为即将获得丰厚犒赏而心花怒放；拄杖老人和音乐家并不是要观看张秉贵怎样快速挣钱，张秉贵也不是为争得高额奖金（那时根本没有）而练就"燕京第九景"的。他们的审美感受是以超越功利为前提的。

全世界不同种族、不同肤色的运动员在同一旗帜下平等参与奥林匹克竞技，有其功利目的：争夺金牌、赢得荣誉。但更重要的是为了追求高水平的、梦幻般完美的艺术享受，还包括切磋技艺、交流友谊、增进相互间的理解和信任。

二、绝艺天成

只有内心凝静，而无技巧修养，也不能实现由技术向艺术的转化。

"得之于手而应于心"，是技巧修养成功的标志。得之于手，是指任何奇特技巧，都可以出自手中；应之于心，是说手中之技与心之所思完全契合，进入从心所欲的妙境。要使技巧"出神入化""出入无间"，开始不免"循途守辙""循规蹈矩"，等到技精能巧，就可以超越规矩，跨过途辙，让心灵、手指和对象三者毫无隔阂，可以不必用心去设计、构思对象，而这个对象一旦构成，必然胜过规矩，达到"巧若天成""鬼斧神工"的境界。《庄子·知北游》里有一个制作腰带带钩的人，已经八十岁了，所做的带钩没有丝毫差错。他说："我二十岁就喜欢做带钩，对别的东西根本不看，不是带钩就不仔细观察。我用心于此，是因为我不执着于别的东西，才能专用于此。"心无旁骛，专于一技，几十年下来必有神效。锤钩者得心应手，除凝眸专注、唯钩是视、神不他移外，还靠六十年的锲而不舍、千锤百炼。

处在巅峰时期的巴西足球队的球艺用"技进乎道、游刃有余"来形容至为恰当，因为那时巴西人毫无愧色地把足球铸炼成了一种艺术。世界球王贝利超轶绝尘的球艺不仅令千百万观众心旷神怡，而且常常使竞争对手拍手称叹。像罗纳尔多、小罗纳尔多把足球摆弄得出神入化、鬼斧神工，以致2002年世界杯中国队和巴西队比赛之后，一名中国后卫惊服地说："罗纳尔多过我时，我都不知道他用的是什么动作，理解不了。"这是长期修炼的结果。

阿根廷足球对艺术的追求是紧追巴西的,"探戈足球"也像探戈舞蹈一样,讲求艺术韵味。遗憾的是他们过早受到自己足球理念的限制,所以很难达到巴西足球那种"随心所欲不逾矩""无招胜有招"的境界。只有足球天才马拉多纳才能突破那些藩篱羁绊,阿根廷足球也因此获得了解放。

一个人的一生,无论长短,都可能接触到一门或几门技术。这些技术,也许正是为实现老子"为腹"目的的手段,是人的生存保障。而如果能把这些技术转化为艺术,并且出于一颗真诚之心,把这种艺术献给别人和社会,那就会使人生的意义得以呈现,生命的价值能够彰显。艺术赋予的人生终极追求,是一种最崇高的快乐,应该成为人们的精神坐标。

净化艺术精神

西方有的学者早就批评他们那里某些人把文学弄到了工业的地步,指出他们动笔写作的时候,竟仿佛是从事一种行业,或做一种苦工一般。英国作家当中,不少人从理论上将文学化作了一种纯然实用的和经济的艺术。眼下,在拜金主义的诱惑下,有的"艺术家"滑泥扬波,把艺术当作谋取暴利的手段。他们"倒白为黑,变苦为甘,移角成羽,佩茹蒜当薰"(《刘子集释·殊好》),拼凑一些嗜痂怪论,捏饰出不少审美价值不高,或者根本没有审美价值的作品,有的甚至把艺术变成了"夜壶合着油瓶盖,酸酒也勘充醋卖"的"丑术"。

现今流行的那种语无伦次的歌词，千部一腔的令人惶骇的旋律，以及歌手的天生破嗓杀猪般地号叫的低级歌曲，不仅对一部分青年的艺术情趣、审美需求、精神面貌、生活向往等，产生了极坏的影响，而且实际上已经把能使我们的生活充满新鲜活力，而以欢畅的心情来创造理想生活的具有极高教育价值的音乐变成了毫无乐感的狂吼怒叫和颓废情绪的发泄渠道。听这种稚劣而又庸俗的蹩脚叫唱，实在不如庖丁解牛时的"砉然响然，奏刀騞然"之声悦耳。

如今的"星""腕""秀"虽然被追星族、发烧友、粉丝们"捧"得天花乱坠，被经营者"包装"得瑰丽璀璨，但实在难以入"家"。别看他们唱得多投入，伴奏带一撤，整个流行歌手大走调！甭管得过奖金的，还是上过龙虎榜的，帅哥甜妹统统脱不了干连。不仅缺乏底气，没功底，艺品艺德也很差。许多歌手把唱歌当作一种谋生或出名的手段，索价假唱风行；恶语伤人，大打出手者不乏其人。如果进行职称套改，充其量是个"族庖"！

在美术界，现在有不少奇谈怪论和虚幻渺茫的作品招摇过市，眩惑众人。在"创新""突破""多元""多级""多元化价值取向"等幌子下，有的"新潮"画家创作了阴森恐怖、幽昧黑暗、丑头鬼脸、人妖不辨的画面，群众和多数画家说"不好""不像画"，而有的评论家却把这种毫无审美价值可言的作品视为楷模，甚至夸诩为艺术发展的里程碑，实在令人惊心吊胆！

美术创作理所当然地鼓励大胆探索，勇于创新，在探索创新的道路上出现某些偏差也在所难免，但背本趋末地乱贴诸如"古典""新古典""现代""后现代"等洋标签,揣歪捏怪地宣扬西方某些人提倡的"艺术与审美无关"或"艺术常常是一件不美的东西"等嗜痂之癖,岂不是为把美术变成丑术的蠢动呐喊开道吗?

"文学在它的主要的本质上和目的上,都应该藏蓄和表现真实和纯洁,应该以伦理的精神为精神和终极效果,所以凡从事文学的人,都应该一方面和专门的道德家态度一致,而他方面又不应该以作家的身份明白对人说教。"(Theodore W.Hunt 著,傅东华译,《文学概论》)这些严重误导人的低俗、恶俗的东西在社会上广为流传,尤其是被缺少辨别力的孩子们当作另类"幽默"吸收、传播,势必给正处于世界观、人生观、价值观成长塑造期的学生以方向性偏差。正处在成长叛逆期的孩子们,个性鲜明、独立,这些恶搞文化一旦被其误读,再传播乃至再创造,不仅会颠覆民族优秀传统文化,也必然会导致社会人文精神的沦丧。

为什么对同一类人和同一种事的评论如此云泥之异,天壤之别?《刘子·殊好》的回答切中肯綮:"嗜好有殊绝者,则偏其反矣……阳春白雪,嗷楚采菱,众耳之所乐也,而汉顺听山鸟之音,云胜丝竹之响;魏文侯好槌凿之声,不贵金石之和。郁金玄憺,春兰秋蕙,众鼻之所芳也,海人悦至臭之味,不爱芬馨之气。若斯人者,皆性有所偏也。执其所好与众人相反,则倒白为黑,变苦成甘,移角成羽,佩茨蒜当薰,美丑无定形,爱憎无正分也。"

我们再举两个相关的例证来论理:

《南史·刘穆之传》:"邕性嗜食疮痂,以为味似鳆鱼;尝诣孟灵休,灵休先患灸疮,痂落在床,邕取食之。"

辜鸿铭,中国最早留学英国的学生。又游学法、德,曾任张之洞幕僚。民国后，执教北京大学。他精通英、法、德等国的语言文学，又长于希腊语、拉丁语，曾译介《春秋大义》《中庸》《论语》等书，但思想守旧，偏向传统旧说。更令人不解的是，据说这位大学者有一个惊人的嗜好：酷爱女人小脚，成了长期性封闭社会的变态性心理所造的"恋鞋癖"的代表人物。当年有人盛赞三寸金莲美妙动人，缠脚女人的裹脚布芳气若兰，并且把这类顶级审丑观鼓吹提倡，使众人一窝蜂地对丑陋事物趋之若鹜，那就比丑陋事物本身更令人窒息难忍。

我们把两种看起来联系并不紧密的事物作形象的比较，以比物此志来揭示比物丑类。

把丑陋的东西美化，不是没有社会存在的基础和大众的心理根据的。《荀子·王霸》里说："无国而不有美俗，无国而不有恶俗。"社会本来就不是一个晶莹剔透的纯洁体，人类历史上也常常在不同水平上重复着一些违背常理的愚昧，因为愚昧最容易被愚众所接受。虽然在社会新流行的风习中，愚昧和退化都有时髦的装潢，但都是同低级趣味、同人类的动物本能相联系，同时又是低劣情趣的发泄渠道。

丑陋的事物很容易通过有一定影响力的群体或平台大众化，进而煽起大众精神的愚昧。当愚昧进入大众以后，它就由落后、不正常而化为"新潮"和正常，像荀子说的"不效法流行的习俗"的人倒成顽固和不正常了。

法国批评家微内说得十分深刻："当思想不过是物质的奴隶时，就无所谓文学这东西。"这话与英国经验主义哲学家培根"诗歌有个神圣性搀入在里面"的警句同样适用于一切艺术领域。要创作出无愧于时代的文学艺术作品，创作者必须自觉地进行心理调整。而在进行这项工作的时候，回味梓庆和那个真画者驱除精神污垢的"美意识"绝非牛不喝水强按头的事。要像歌德在《浮士德》里所说的那样："在晨光中荡涤你的尘怀。"

当今社会，重物质轻精神、重经济轻文化的现象十分严重，正如《庄子·盗跖》里的无足所说："夫富之于人，无所不利，穷美究势，至人之所不得逮，贤人之所不能及，侠人之勇力而以为威强，秉人之知谋以为明察，因人之德以为贤良，非享国而严若君父。且夫声色滋味权势之于人，心不待学而乐之，体不待象而安之。夫欲恶避就，固不待师，此人之性也。天下虽非我，孰能辞之！"眼下，物质欲望的狂潮冲击着精神的堤坝。人们追逐金钱、利润，丢弃文化、审美。意义萎谢，价值凋零。在物质生活与精神生活失衡的同时，人的内心生活也失去了平衡。急功近利成了一种久治不愈的社会顽症。在有些人那里，现今技术成了牟取暴利甚至犯罪的手段，神圣的艺术殿堂也丛生出卑劣鄙陋的污种。在功利心的驱使下，物累人非，缺乏诗意。利害得失挠塞了人的心胸，使趋利者"犹疑在波涛，怵惕梦成魇"。

科技的发展本应使人们生活得更美好，可如今某些"高科技"带给人们的是恐惧和不安！"高科技"大大提高了养殖、种植效率，但果蔬蔬菜却味同嚼蜡：吃西瓜不甜，吃鸡肉不鲜，吃腩不嫩，吃醋不酸……更有甚者，世界范围内食品安全事故频发，科技成了"引的狼来屋里窝，寻的蚰蜒钻耳朵"。

童话里，丑小鸭能变成白天鹅，尽管神奇，还属禽类内部转换，如《论衡·讲瑞》所说"亦或时政平气和，众物变化，犹春则鹰变为鸠，秋则鸠化为鹰"；现实则更酷，丑小鸭竟由卵生动物眨眼进化成了哺乳动物，岂必有常类哉？

科技的发展是否会带来道德水平的提升？欧洲18世纪的人就在沉思，卢梭断然曰："否"。其实我们的哲学古贤庄子早就担心"有机械者必有机事，有机事者必有机心"（《庄子·天地》）。但是我们不能走回头路，只有努力在使用机械时减少机心，或者下决心不让机心无限泛滥。

道德波动问题并非某一国家所独有，工业时代以来，全球都在反思物资进步与道德滑坡的裂变。在强调从物质的、功利的统治下拯救精神之时，重提庖丁和文惠君无目的、超功利的价值取向，对于开阔人们的审美心胸和审美眼光，帮助人们发现和欣赏自然之美和生活之美，使人们从枯燥乏味的生活中摆脱出来，保持一种和谐、悦乐的精神状态，不是很有启发意义吗？

庄子"外化而内不化"的处事原则

春秋战国时代,"五霸强,七雄出,逞干戈,尚游说",一般文人学士绞尽脑汁,以势利去说服诸侯,求得一官半职,唯恐不得。而庄子却连现成的漆园吏和送上门来的楚国宰相都不做,宁愿苦心孤诣著录十余万字,为万世众生策划出一个地上天国——无何有之乡;其人格何等伟大,其精神何等光辉!

然而,这毕竟是伟大哲人的崇高理想!庄子又是一个有血有肉的普通人,他有妻儿,挣扎在乱世中苟全性命。尽管人间的荣华富贵对他来说有如鸟雀、蚊虻从眼前飞过去一样,但毕竟要饮冰茹蘖。所不同的是,庄子统观宇宙、遍察社会、联系人生,他不仅竭力寻找一个可以让自己心灵放松的精神空间,一个不被人事所羁的个人天地,即追求精神的绝对自由,而且他领悟高明智慧，精通人情世故，自有一套人生哲学。

《庄子·山木》里说："鸟莫知于鹢鹢，目之所不宜处，不给视，虽落其实，弃之而走。其畏人也，而袭诸人间，社稷存焉尔！"用燕子比喻君子对世间"若即若离"的态度，引人深思。庄子的个性，同那时的现实社会格格不入。他所说的话，知音者稀，真赏殆绝。他只好用寓言、重言、卮言以广人之意，所谓籍外论之也。他希望独与天地精神往来，不与世俗处，但又不得不处。如何解决这个矛盾？庄子揣摩出一条策略：外化而内不化。具体操作规程是：先区分内与外，再重内而轻外，然后有内无外。内指自我心理能力，外指变态百出、不可穷极的外在世界。外在言行与世俗同化，内心保持对道的体认得真。"内不化"就是不放弃真我。既要治其内，也要治其外。通俗地说，既要注重内在修养又要顺应外在变化。按《庄子·田子方》里子方所说：为人真诚，外貌与常人无异而内心与自然契合，顺应世俗而能保持真实，洁身守静而能包容外物。对于无道的人，就以庄重态度来开导，使他打消邪念。

身外之物：来不喜，去不忧

老子主张见素抱朴，少思寡欲；庄子提出："至人无己，神人无功，圣人无名。"庄子认为人如果有了名利之心，就像带上桎梏一样，一定要去功与名，解心释神，达到自由逍遥的境界。

《世说新语·文学》中,有人问中军将军殷浩:"为什么将要得到官位的时候就梦见棺材?将要得到钱财的时候就梦到粪污?"殷浩说:"官本来就是腐臭的,所以将要得到它的时候,就梦见棺材尸体。钱财本来就是污秽不洁的东西,所以将要得到它的时候就梦见粪便。"当时的人认为这是阐述义理的精妙言论。

> 市南宜僚见鲁侯,鲁侯有忧色。市南子曰:"君有忧色,何也?"鲁侯曰:"吾学先王之道,修先君之业;吾敬鬼尊贤,亲而行之,无须臾离居;然不免于患,吾是以忧。"市南子曰:"君之除患之术浅矣!夫丰狐文豹,栖于山林,伏于岩穴,静也;夜行昼居,戒也;虽饥渴隐约,犹且胥疏于江湖之上而求食焉,定也;然且不免于网罗机辟之患。是何罪之有哉?其皮为之灾也。今鲁国非君之皮邪?吾愿君刳形去皮,洒心去欲,而游于无人之野。"(《庄子·山木》)

庄子主张"洒心去欲",是出于对生命的重视,是为避免世俗君子"多危身弃生以殉物"(多半为了追逐外物而危害身体放弃生命)的悲剧重演。为了外在利益而损伤生命,是不值得的。"以随侯之珠弹千仞之雀,世必笑之。是何也?则其所用者重而所要者轻也。夫生者,岂特随侯之重哉!""以随侯之珠弹千仞之雀",是一个遭人嘲笑的生动比喻,但世人却未必觉悟,结果是大家轮流钻进这个怪圈。

对庄子评价的最大不公,是对其处世态度的误解。许多人认为他追求无为,提倡安时处顺是消极的。其实庄子远离世俗官场的主要原因是追求和谨守"本真"。他热爱生命,叹息生命如白驹过隙似的短暂。他说:"达生之情者,不务生之所无以为;达命之情者,不务命之所无奈何。"(《庄子·达生》)重点在于"形全精复",操作则是"弃事遗生"。看似消极,其实是另有高识,就是要随顺自然。庄子反对对事物执着一念,主张用自然来对待人事,不用人事去干扰自然;强调适可而止,随顺外物。时机到了就上场,时机一过就隐退,不要企图改变自然状态。《庄子·庚桑楚》又说:"欲静则平气,欲神则顺心,有为也欲当,则缘于不得已,不得已之类,圣人之道。"圣人之道要由"外非誉"(不在乎毁誉),"遗死生"(超越了死生),"忘人"(忘记别人),再到"同乎天和"(与自然的韵律完全配合)。可见,庄子并非完全否定"有为",而是说有所作为要顺着"不得已"。这里的"不得已",不是"无可奈何,不能不如此"的意思。"不得已"是庄子的常用语,有特殊的哲理意义,指在客观条件成熟之后所形成的自然趋势,不得不这样。这是顺应着已形成的情势行事,是高明的行为,即顺应自然之意。《庄子·人间世》"托不得已以养中,至矣"更能显示它的含义。在主观方面,不仅要去除成见、还要培养把握"不得已"的智慧。

庄子因为重视生命而不看重荣华富贵,而当荣华富贵不因我们对它的冷眼而降临时,对生命的重视就成为人生的要归。

> 乐全之谓得志。古之所谓得志者,非轩冕之谓也,谓其无以益其乐而已矣。今之所谓得志者,轩冕之谓也。轩冕在身,非性命也,物之傥来,寄者也。寄之,其来不可圉,其去不可止。故不为轩冕肆志,不为穷约趋俗,其乐彼与此同,故无忧而已矣。今寄去

则不乐、由是观之，虽乐，未尝不荒也。故曰：丧己于物，失性于俗者，谓之倒置之民。(《庄子·缮性》)

"乐全"指乐于保全自己，也可以指快乐无以复加。

《荀子·非相》载：楚国的孙叔敖，原来是期思的乡下人，秃顶，左腿比右腿长，身高不到车子的车耳高，可是却使得楚国称霸。孙叔敖曾辅助楚庄王大败晋军，为相，施教导民，吏无奸邪，盗贼不起。三得相而不喜，三去相而不愠。《庄子·田子方》载：

肩吾问于孙叔敖曰："子三为令尹而不荣华，三去之而无忧色。吾始也疑子，今视子之鼻间栩栩然，子之用心独奈何？"孙叔敖曰："吾何以过人哉！吾以其来不可却也，其去不可止也，吾以为得失之非我也，而无忧色而已矣。我何以过人哉！且不知其在彼乎，其在我乎？其在彼邪？亡乎我；在我邪？亡乎彼。方将踌躇，方将四顾，何暇至乎人贵人贱哉！"

孙叔敖三上三下，并未因之喜与因之忧，因为他深知可贵的是自己。他人品高洁，清通条畅；思想情趣深邃高远，超群出众；衡量时势需要，全面把握时局；不把世俗之事萦系在心，常托情于超越世俗的境界。而且他把"令尹"与"我"分开叙述，更显出对名利的淡泊，非常幽默。庄子用"踌躇""四顾"来描写的，还有庖丁。不过二者境界仍有不同。难怪孔子称孙叔敖为"真人"。

庄子乐于享受生命，为此他拒绝一切有损于形和精的劳动。"形劳而不休则弊，精用而不已则竭。"(《庄子·刻意》)

鲁有单豹者，岩居而水饮，不与民共利，行年七十而犹有婴儿之色，不幸遇饿虎，饿虎杀而食之。有张毅者，高门悬薄，无不趋也，行年四十而有内热之病以死。豹养其内而虎食其外，毅养其外而病攻其内，此二子者，皆不鞭其后者也。（《庄子·达生》）

放羊的时候，"视其后者而鞭之"，群羊才不会走失。用在养生上，就要根据自身情况，矫正极端的行为。单豹可以归隐，但不应远离人群；张毅可以钻头觅缝，但不宜弄得内外失调。

不囿于物：技归于"道"

《庄子·徐无鬼》里说：得过且过的人，像猪身上的虱子，专找猪鬃稀疏的地方，自认为是宽广的宫廷园林，寄居在蹄边胯下，乳旁股脚，自认为是安居便利的处所，殊不知屠夫一旦举起手臂，铺上柴草，生起烟火，自己就和猪一起烧焦了。像这样随着环境而生存，也随着环境而消亡，就是所谓得过且过的人。由此可见，敷衍了事、苟且度日绝非道家所说的顺应自然。不仅如此，庄子还把那些只学到一位老师的言论就心悦诚服、自鸣得意的人称为沾沾自喜的人。

就此可以得出结论：庄子肯定的是在不违背人的本性前提下的劳作与学习。

> 知士无思虑之变则不乐,辩士无谈说之序则不乐,察士无淩谇之事则不乐,皆囿于物者也。招世之士兴朝,中民之士荣官,筋力之士务难,勇敢之士奋患,兵革之士乐战,枯槁之士宿名,法律之士广治,礼教之士敬容,仁义之士贵际。农夫无草莱之事则不比,商贾无市井之事则不比。庶人有旦暮之业则劝,百工有器械之巧则壮。钱财不积则贪者忧,权势不尤则夸者悲。势物之徒乐变,遭时有所用,不能无为也。此皆顺比于岁,不物于易者也。驰其形性,潜之万物,终身不反,悲夫!(《庄子·徐无鬼》)

这些各行各业的人都各有所长,都希望在某一方面实现自我,但还不是庄子的理想人物。因为他们"囿于物"或"不物于易",所以不能"无为"。然而什么事情都不做又如何谋生呢?其实,庄子本意可能是告诫人们,不要执着于一己之长,往而不返。就像《庄子·养生主》里庖丁的游刃有余与踌躇满志启示我们:任何一种技术的从业人员都有可能甚至应该提升到类似"道"的层面。

在"庖丁解牛"这则寓言里,庖丁为解牛成功而欢欣鼓舞,从容自得;文惠君不仅从中悟出了养生之道,而且获得了一种如赏乐观画般的精神享受。所以庖丁向文惠君传授养生的秘诀:"臣之所好者,道也,进乎技矣。"《庄子·天道》中轮扁对斫轮的论述,《庄子·达生》里游泳高手关于"始乎故,长乎性,成乎命"的阐释,均属接近"道"的层面。这些实际上都是一种"艺术欣赏"。这就是主张人们要艺术地生活。

从以上所述可以得出结论:庄子并不否定知识的价值,但他深知"生也有涯而知也无涯",所以不主张用有限的生命去追求无限的知识,而是主张"知止其所不知",他认为一个人不懂得知识范围的广大无垠,而整天争论你是他非,那就是"朝三暮四"的猴子。

抱德炀和：与物相通

明白天地的真实状态,就是理解了大根本、大宗主,可以与自然和谐相处;以此协调天下,可以与人们和谐相处。与人们和谐相处,就是人间之乐;与自然和谐相处,就是自然之乐。持守天赋,培养和气来顺应天下,这才称为真人。

一、对宇宙的至爱深情

庄子的情感,不限制在个人私情,而是对天地间的情至意尽。他看整个宇宙,都充满天趣、生趣和别趣。对天地间的一草一木一山一石,都满怀深情。

> 生而美者,人与之鉴,不告则不知其美于人也。若知之,若不知之,若闻之,若不闻之,其可喜也终无已,人之好之亦无已,性也。圣人之爱人也,人与之名,不告则不知其爱人也。若知之,若不知之,若闻之,若不闻之,其爱人也终无已,人之安之亦无已,性也。旧国旧都,望之畅然;虽使丘陵草木之缗,入之者十九,犹之畅然。况见见闻闻者也?以十仞之台县众间者也!(《庄子·则阳》)

引文两次提及"性也",是要强调:出于本性的表现,不一定要自己知道;一旦知道了,可能会陷入智巧的困境。对于自己的祖国与故乡,能看到十分之一就心里舒畅,这是何等一往情深!不过,这里的旧国旧都,还有其深层含义,就是比喻"本性":能看到十分之一的本性就已经很开心了,何况是看到完整的本性呢!回归本性,快乐将源源不绝。

甚至一副骷髅,也被庄子看作有生命的东西,对它们能够产生情感。如《庄子·至乐》载:庄子来到楚国,看见路边有一副骷髅,形骸已经枯槁。庄子用马鞭敲击它,然后问道:"你是因为贪图生存、违背常理,才变成这样的吗?还是因为国家败亡、惨遭杀戮,才变成这样的呢?还是因为作恶多端,羞愧自己为父母妻子带来耻辱而活不下去,才变成这样的?还是因为挨饿受冻的灾难,才变成这样的?还是因为你的寿命已经到了期限,才变成这样的?"说完这些话,就拉过骷髅头以它为枕头,睡起觉来。到了半夜,庄子梦见骷髅头对他说:"你说话的方式像个辩士,你说的那些都是活人的麻烦,死了就没有这些忧虑了。你想听听死人的情况吗?"庄子说:"好。"骷髅头说:"人死了,上无国君,下无臣子,也没有四季要料理的事情,自由自在地与天地并生共存;即使是南面称王的快乐,也不能超过它啊!"庄子不相信,他说:"我叫司命官恢复你的形体,给你加上骨肉肌肤,把父母妻子与乡亲故旧都交还给你,你愿意吗?"骷髅头皱起眉头,忧愁地说:"我怎能放弃南面称王的快乐,再回人间去受苦呢?"

庄子用与骷髅对话的形式,企图解除人们对死亡的恐惧。他质疑骷髅的五个问题,反映了乱世之中致人死亡的五种理由。即使一个人好生恶死，也没有办法逃避最后的宿命。不过，过分渲染死者之乐超过"南面称王"会不会矫枉过正，使人好死恶生呢？

正因为庄子对万物都有感情，当然对万物都没有是非、厌恶、爱憎的观念，对任何形态都一视同仁，物我之间不存在什么差别，既然没有差别，哪还有什么必要在感情上加以区分，因此也就变成"无情"。其实庄子的无情，正是对宇宙的大感情。

二、对论辩对象的宽容大度

> 与物穷者，物入焉；与物且者，其身之不能容，焉能容人！不能容人者无亲，无亲者尽人。(《庄子·庚桑楚》)

春秋战国时代，王官失职，诸子百家杂出。正如《荀子·解蔽》所指出的：当今诸侯的政令各不相同，百家的学说各自相异，那就一定有的对有的错，有的导致条理，有的导致混乱。自家学说混乱的人，他们的本意也是要寻求正道，而又认为自己是唯一正确的，实际的效应是他们嫉恨正道并与正道相背离，又有人用他们所偏爱的道理去诱导人们。于是，他们更加偏爱自己所熟悉的学说，唯恐听到它错误的一面；听任自己的偏见去观察与自己不同的学说，生怕听到其他学说中美好的一面。

各学派之间攻讦讪谤，高抬身价。如孟子距杨墨，壁垒森严，直眉瞪眼：

> 圣王不作，诸侯放姿，处士横议。杨朱墨翟之言盈天下，天下之言，不归杨则归墨。杨氏为我，是无君也；墨氏兼爱，是无父

也。无父无君，是禽兽也。(《孟子·滕文公》)

孟子认为杨墨为邪说诬民，仁义充塞，人将相食。荀子与孟子略有不同。他对诸子有所非，也未尝不有所取，不过也是冰炭扦格，水火不容。如荀子批判惠施：

> 若夫充虚之相施易也，坚白同异之分隔也，是聪耳之所不能听也，明目之所不能见也，辩士之所不能言也……王公好之则乱法，百姓好之则乱事。(《荀子·儒效》)

庄子则不同于以上二子。庄子的论辩，不只是为了辨明是非，不只是为了是其所非，非其所是。它除了辨明是非，还产生了艺术效果。如《庄子·秋水》里"鲦鱼出游"一段：

> 庄子与惠子游于濠梁之上。庄子曰："鲦鱼出游从容，是鱼之乐也。"惠子曰："子非鱼，安知鱼之乐？"庄子曰："子非我，安知我不知鱼之乐？"惠子曰："我非子，固不知子矣；子固非鱼也，子之不知鱼之乐，全矣。"庄子曰："请循其本。子曰：'汝安知鱼乐'云者，既已知吾知之而问我，我知之濠上也。"(《庄子·秋水》)

在哲学史家眼里，这是庄子搞诡辩论的铁证。其实这段对话表现出两种不同的认知心理。惠子所持是唯我论的观点，只肯定或只能肯定自我的存在，其他的一切都成了自我内心的表象。也就是说，惠子坚持某种生物本身才能感受心中的乐趣。他只承认经验的知，不承认玄知或洞察。庄子所代表的是美学上的观赏，对外界的认识往往带着移情同感的态度。所以凭借直觉，判断鲦鱼快乐，而不需自化鱼身而后知之。庄子的玄理是：我虽非鱼，却能知鱼之乐，因为我的精神已经同万物化为一体。万物之乐，即我之乐，何止一鱼？

更引人注意的是，庄子常与惠施辩论，可惜二人志业异辙，终难达到"相视而笑，莫逆于心"的境界。惠施为了梁国宰相之位而怀疑庄子，接连三天三夜在全国各地搜索庄子。即便如此，惠施死后，庄子仍然悲伤叹息，思念无比。

庄子通过寓言记述匠石挥斧擦灰的绝技，赞扬高超的工匠与泥水匠配合得浑然天成，可惜泥水匠死后，匠石无计可施。以此深表自己对失掉思辨对手的沉痛悼念，痛切之情，溢于言表！庄子的宽容，至德纯渥！

建立一种"天属"的人际关系

对人际关系的亲疏程度，庄子不主张众人来归附，众人来归附就无法照顾周全，无法照顾周全则不能和睦相处。所以，对人不特别亲近也不特别疏远。

宋国的太宰荡向庄子请教什么是至仁。庄子说："至仁无所亲近。"太宰说："我听说，没有亲近，就不关爱，不关爱就不孝顺。说至仁不孝顺，可以吗？"庄子说："不是这样的。至仁是最高境界，孝顺实在不足以用来说明它。你听说的亲爱并没有超过孝顺,而且还算不上孝顺。比如,向南走的人,到达郢都之后,就看不见北方的冥山了,为什么这样?因为离得太远了。所以说:'用有形的恭敬来行孝容易,用无形的爱心来行孝困难;用勉强的爱心来行孝容易,孝心出于自然而忘掉是亲情困难;行孝时使双亲顺应忘掉是亲情容易,行孝时使双亲忘掉我困难;行孝时使双亲忘记我容易,与天地合德,无亲无疏,同时忘记天下人困难;我同时忘记天下人容易,使天下人同时忘记我困难。'不在意尧舜那样的德行,任随自然而无为,利益恩泽施惠于万世之后,天下却无人知晓,这样的德行难道只是赞叹仁与孝的人所能赶得上吗?所谓孝、悌、仁、义、忠、信、贞、廉,都是人们勉强用来奴役本性天赋的,并不值得赞美。所以说:'最高贵的人,抛弃了国家的爵位;最富有的人,抛弃了国家的俸禄;最显荣的人,抛弃了名声与赞誉。'所以大道永恒不变。"

这里,从"亲近"出发论述"孝"的六个层次:敬,爱,忘亲,使亲忘我,兼忘天下,使天下兼忘我。其中,前四步已经超越了一般人的孝顺观念;后两步则是道家特色的至仁或至孝了。现代人有可能根据源自《庄子》的用语"莫逆之交"和"相濡以沫"而误释庄子主张"亲密无间""形影不离",其实这两个用语在被吸收进入现代汉语语汇库时,它的初始含义已发生变异。

"莫逆之交"出自《庄子·大宗师》:"子祀、子舆、子犁、子来四人相与语曰:'孰能以无为首,以生为脊,以死为尻;孰知生死存亡之一体者,吾与之友矣!'四人相视而笑,莫逆于心,遂相与为友。"此"相视而笑",是一种顿悟于心、心领神会之后的微笑，是一种知心、心意相投合的甜蜜的笑。"莫逆"指心意相通，毫无阻逆，也就是心意相投的意思。这里强调的是"心印"，并不计较交往的频繁与否。后世用来表示友谊的深厚，"莫逆之交"表示情投意合，非常相好的朋友。

"相濡以沫"出自《庄子·大宗师》："泉涸，鱼相与处于陆，相呴以湿，相濡以沫，不如相忘于江湖。"这里指的是无水的鱼，彼此以口沫相润以苟延生命，只表示一生存状况，并无褒扬之意。

庄子主张建立一种以"天属"而不以"利合"的正常的人际关系。

"天属"指本性相连，"利合"指因某种利害关系而结合的。《庄子·山木》里以假国人逃亡的故事论证：以利害关系相结合的，碰到穷困祸患就会互相抛弃；以本性相连的，遇到穷困祸患就会互相收容。互相收容和互相抛弃，两者相差太远了。再说，"君子之交淡若水，小人之交甘若醴。君子淡以亲，小人甘以绝。"不因利害关系而结合的，就不会因利害关系而分离。

镂月裁云话"炼字"

《文心雕龙·构思》指出：构思的奥妙，就在使作家的精神与物象融会贯通。精神蕴藏于内，却被人的特点和气质所支配；外在事物触兴致情，主要靠优美的语言来表达。语言运用得好，事物的形貌就可以刻画无遗。文意出自想象，容易显出特殊的色彩；语言较为实在，所以很难耍弄灵巧。因此，文章的内容出自作者的思想，而语言又受内容的支配。如果搭配得当，就天衣无缝，反之则远隔千里。所以要控制好自己的心灵，掌握好写作的方法。

作品的内容纷繁复杂，风格各式各样。《文心雕龙·体性》把风格分成典雅、远奥、精约、显附、繁缛、壮丽、新奇、轻靡八类。各人按照自己的本性来写作，作品的风格如面相一样互异。而且，一个人的风格也不囿于一种，常常存在错综参差或前后不同的发展演变。

在文学领域，"少许的学问是一件危险的事情"。正如培根所说，要做一个真正的作家，"必须走进博学的境界"。而首要的和基础的工作是加强语言的训练，养成一种语言的天赋和能力。

文学必须以语言为媒介来表现，作家要熟悉他的母语的历史，它的语法和逻辑组织。在从事创作的时候，要掌握斯尉夫特所谓"正当的字在正当的地位"的方法。这位英国近代作家给风格下的定义竟然如此简单："适当的字在适当的地方。"

萨丕尔在《语言论》里指出："艺术家必须利用自己本土语言的美的资源。"所谓"本土语言的美的资源"，指的是一种语言的自然美，即自然语言所具有的美感因素。这是创造种种形态的语言美的源泉。各个民族所拥有的美的资源是各具特色的。

古人说的"炼字""炼句"现在统称词语的锤炼。这是我国文人历代相传的用词艺术。锤炼的目的，在于寻求那些既生动贴切而又新鲜活泼的词语来抒情状物，要求做到情文相生，情至意尽。

锤炼词语，是一种艰苦的劳动，绝不能信手拈来，马虎从事。唐代皮日休说："百炼为字，千炼成句。"杜甫说："新诗改罢自长吟。""改"完后又"吟"，"吟"完后又"改"。他又说，"为人性僻耽佳句，语不惊人死不休。"他绝不因循陈套，妄自满足，总要写出独特的东西来。"推敲"故事的主角贾岛，更是感情深沉地说："两句三年得，一吟双泪流。"方干也说："吟成五个字，用破一生心。"这些论述对我们今天研究词语的锤炼,很有启发。

刘勰《文心雕龙》有《练字》篇,但与我们这里所讲的"炼字"不可相提并论。前者所论比较宽泛,一共讲了四个问题:第一部分讲文字的起源、发展,以及汉魏以来的使用概况。第二部分强调要善于用字,须兼通古今兴废之变。第三部分讲用字应该注意的问题。第四部分强调要调配好笔画繁简的字,择善而取。不过,《练字》篇在谈这些内容的同时,也提出了有关文字的选择和运用的问题。这同我们所论意旨也不无联系。

词语锤炼的定位

一、词的形象义和词语的锤炼

语言中的词义现象是非常复杂的。概念义和附属义(或称"附属色彩")可说是词义的两大内容。概念义可以分析为表示对象特征和适用对象两个方面;附属义是黏附在概念义之上的,它又包含语体义、风格义、感情义和形象义。什么叫作形象义呢?比方说,听到山茶花、松柏这些词,脑子里都会出现山茶花、松柏的形貌,自己阅读或听到别人娓娓动听地朗诵小说里的生动描写,人物的音容笑貌和自然界的瑰丽景物仿佛就在眼前。前者是表象,是过去感知的形象的复活;后者是想象,是感知所留下的表象重新组合得到的形象。借助于表象、想象的心理活动,词能在人脑中引出所反映对象的形貌,这就是词的形象义。

随着人们对客观事物认识的不断深化，语言中某一部分词的形象义会更加丰富，更加深刻。例如，人们开始可能只注意到白山茶花和松柏外形上的特征，后来发现，白山茶花的洁白无瑕与高尚人格的纯洁无瑕有类似之处，所以它能对象化为表现纯洁无瑕的人格。歌词中经常出现山茶花的形象，这是作者借赞美山茶花来歌颂英雄的高尚人格和崇高品质。在风雪中傲然挺立的松柏，与社会生活中那种不畏恶势力的威压、坚毅勇敢的英雄性格有某种类似之处，所以松柏能形象地显现英雄性格的某些特征。因此，像《论语》里"岁寒，然后知松柏之后凋也"这句话就不仅是赞美松柏，而是运用比喻的手法，借松柏不畏严寒的特点来颂扬坚贞不屈的性格。"天寒既至，霜雪既降，吾是以知松柏之茂也"（《庄子》），"岁不寒无以知松柏，事不难无以知君子"（《荀子》），"岁寒然后知松柏之后凋，举世混浊，清士乃见"（《史记》）等，都是这种富有深刻哲理性和蕴含着可贵生活经验的语句。后来许多诗人都喜欢借松柏的形象来寄托自己的理想和情操。如陶渊明《饮酒》："青松在东园，众草没其姿；凝霜殄异类，卓然见高枝。"这些优美的散文句子和热情洋溢的诗句，都充分地说明了：词的形象义在人类精神活动和文学创作中，起着重要的作用。词如果没有形象义，文学创作、科学幻想都成为不可能，人的精神生活将会是贫乏无味的。

词的概念义有简单的，有复杂的。即使是复杂的，也可以根据不同语境中概念义的异同，即根据指示对象的异同所表示的对象特征来确定义项。而词的形象义却无法归纳义项，在词典里也是不能注释的。客观事物的特征多种多样，人们可以从不同角度、不同方面赋予词以形象义。形象义是作者在特定语境中所赋予的意义，离开特定的语境，这种含义就不一定存在。

例如"乱"这个词，《辞海》归并为八个义项，《现代汉语词典》归并为六个义项。可是它的形象义却异常灵活，不能形成固定的义项。"乱"用来形容事物，常给人以荒凉、旷荡或参差、纷扰的形象义，"梁园日暮乱飞鸦"（岑参），这是从群鸦扰乱显出废园冷落、阒然无人的景象。"石乱知泉咽，苔荒任径斜"（李商隐），也给人以荒凉、寂寞的印象。"乱"字用来形容群山，能表示一种肃穆、静谧的形象义，如："乱山高下入商州"（李涉）。"湖上春来似画图，乱峰围绕水平铺"（白居易）却现出西湖的青青簇簇。"竹影当窗乱月明"（戎昱），"萤影侵阶乱"（李嘉祐）的"乱"字则给人以纷扰的感觉，借以烘托幽境。还有用"乱"字状动景的，如"惊风乱飐芙蓉水"（柳宗元），"白雨跳珠乱入船"（苏轼），闭目思索，其状若隐若现。在词里，"乱"字常给人以闹感。如"入破舞腰红乱旋""蒙蒙乱扑行人面"（晏殊）。

词的形象义虽然纷繁复杂，但绝非主观任意的或盲目随意的，而是具有客观基础的。这客观基础就是形象义与描写对象之间的"神似"。

根据创作的需要，仔细体味和充分运用词的形象义，使用词达到艺术化的境界，这就是词语的锤炼。

布拉格学派从分析语言的各种功能入手，提出文学语言的特点是最大限度地偏离日常实用语言的指称功能，而把表现功能提到首位。这种理论有助于我们掌握文学语言的特点，发掘话语的深层含义。当然，我们不能把文学语言和实用语言截然分开，因为二者只是强调重点不同。

过去讲"炼字",强调个别词语的表现功能,尤其是在诗词之中。例如说一个字可以写活一种意境,一个字可以成为一首诗的诗眼,等等。我们并不否认关键字词在句中的作用,但也要强调配合。在修辞研究中应用系统论的观点和方法,就要重视结构和关系。20世纪初德国心理学家创建的格式塔心理学认为,孤立的成分往往表现不出它在整体中所显示出的特性,需要从动态中的结构的程序见出其中的"力"。我们还是以大家习惯引用的"春风又绿江南岸"的"绿"字为例。

人们经常谈到的"绿"字动用,并非王安石的发明。为什么王安石的"绿"字意蕴远超前人?这不能单从"绿"字本身,即不能只从概念义和传统的语法、修辞学里去寻找答案,必须从"绿"所开拓的广阔的意境上去考虑。而在发掘一个字的意境美时,不能不注意它与邻近意象的结合关系。"春风又绿江南岸"表现的是一种春草如茵,万物一派生机的境界,这是一种整体的美。这种境界是由"春风""江南岸"两个自然意象和"绿"这个动作意象构成的。这句诗和丘为《题农夫庐舍》"东风何时至,已绿湖上山",李白《侍从宜春苑赋柳色听新莺百啭歌》"东风已绿瀛洲草"相比时,"东风""春风"两意象相近,动作意象的"绿"的含义和用法基本相同。不同的是"湖上山""瀛洲草"和"江南岸"这些空间意象的差异。"正是这种对象的差异造成了诗的意境差异,使'绿'字的色彩在各个意境中显示出不同的亮度。我们看到,丘为诗所绿的只是'湖上山',李白所绿的只是'瀛洲草',这些被绿的对象都比较单一、具体;王安石所绿的是'江南岸',不仅在意境上显示气势恢宏,而且还实中带虚给读者留下了相当广阔的想象空间。诗人眼中的江南岸,不是一片荒寒邈无人迹的原始大地,其间还生活着、劳动着江南人。在春风的抚慰下,江南的原野、山水绿了;江南岸上的江南人,也显示出充满'绿'意的生气。在这个'绿'字交织着物象的绿色和人情的绿意,这种虚实结合的立体的色彩描绘,无论是从广度还是从深度上来说,都是其他的'绿'字不能比拟的。"(甘歌《说"绿"》)

句子的表层意义完成实用交际功能,深层意义担负表现功能,而具备表现功能则是文学语言的关键职能。为论述方便,我们暂且把具备表现功能的深层意义叫作"形象义"。

评论语言在作品里的作用,最终的衡量尺度要看语言在表达作家的意图时是否曲尽其妙。而"曲尽其妙"的语言往往有两层含义:第一层是字面义,第二层是形象义。如王之涣《登鹳雀楼》"欲穷千里目,更上一层楼"的直接思想含义是登高望远,它的形象义则是:"要使自己的人生变得有意义,就必须不断发挥自己的主观能动性,积极进取,朝着真、善、美的极境追求不息,最大限度地获取事业的成就。"(林兴宅《古诗探秘三题》)没有这第二层意义,就不成其为诗,当然也不可能产生艺术魅力。

形象义也常常包含一定的哲理意蕴,但作为艺术,它已经超越了某种哲学观念而升华为艺术美的典型。

二、词的一般用法和修辞用法

词语的锤炼,有一个选择和淘汰的过程。"春风又绿江南岸"句,王安石先后淘汰了"到""过""入""满"等字,最后选定"绿"。这些被淘汰了的字,绝非天生的"次品"。字无优劣,视其所在;

安排得当，必尽其能。张继《枫桥夜泊》：

>月落乌啼霜满天，江枫渔火对愁眠。
>姑苏城外寒山寺，夜半钟声到客船。

"夜半钟声到客船"，用极简练的笔法描绘出最幽远的意境，在静谧的深夜里画出了一幅活动着的世界，这个"到"字，就用得恰到好处。夜半钟声，长空传响，何处不到，何处不闻，为何单说"到"客船？因为"万籁俱寂"，大地入梦乡，而江边枫树和舟中渔火陪伴着的一位愁思满腔的漂泊者却尚未交睫。似乎这钟声正是为他而鸣，唯他倾听。明写钟声，暗写愁人，此即诗人用意所在，如果用"入"，用"过"，就收不到这样的效果。

再看杜甫《望岳》：

>岱宗夫如何？齐鲁青未了。
>造化钟神秀，阴阳割昏晓。
>荡胸生层云，决眦入归鸟。
>会当凌绝顶，一览众山小。

"决眦入归鸟"，是说眼眶都快睁裂开了，才能看见飞还山林的鸟。"入"字用得传神，因为凝神远望，山中飞鸟，又远又小；鸟向山飞，目随鸟去，出神至极，所以说是把飞鸟"收入"眼帘。如果换成别的动词，张目凝视之状，将难以绘出。不是望得出神，又何以引出"会当凌绝顶，一览众山小"的强烈愿望呢？

由此可见，同一个词，在此句中缺少形象义，是一般的用法；在彼句中可能有形象义，是修辞用法。再比较下面三组诗句：

第一组

A 会挽雕弓如满月，西北望，射天狼。（苏轼《江城子·密州出猎》）
B 狂风挽断最长条。（杜甫《绝句漫兴九首》）

第二组

A 旧时王谢，堂前双燕过谁家？（贺铸《水调歌头》）
B 身轻一鸟过，枪急万人呼。（杜甫《送蔡希鲁都尉》）

第三组

A 旧时王谢堂前燕，飞入寻常百姓家。（刘禹锡《金陵·乌衣巷》）
B 荡胸生层云，决眦入归鸟。（杜甫《望岳》）

第一组 A 句"挽"字属动词一般用法，B 句写春天的急风把柳条吹断，作者没有用"吹""刮""折"等词，而用"挽"，"挽"字柔中带劲，描写急风折柳，形象义鲜明。从对比中可以看出：二、三组的 A 句"过""入"是动词的一般用法；B 句中的"过"和"入"有形象义，是诗眼。下面诗歌——胡安良《咏海北胜景杂句四组》里的"入"字也颇具"罄澄心以凝思，眇众虑而为言"之意趣：

潋滟苍波翠盖凝，龙驹飞潜相与亲。

崇峻清幽皆仙侣，水光山色是故人。
　　旭日深渊出游鲤，夕阳老树聆禽音。
　　千里烟霞收画卷，满湖风月入诗情。

　　三、词语的锤炼和同义词的选用

　　词语的锤炼和同义词的选用，既有联系，又有区别。后者属于同一意义范畴，而前者有时超出同一意义范畴，用描写甲事物的词来描写乙事物。因此，词语的锤炼似乎可以看作一种词语的"移用"现象。

　　请看下面这首诗——胡安良《咏海北胜景杂句四组》：

　　渠边敲诗鹤随步，湖岸鼓瑟鱼侧身。
　　候鸟歌来非有约，白鹿戏归本无心。
　　芳林有葩难辨种，险崖无数不知名。
　　山川灵妙万缘净，至乐娱怀无俗尘。

　　用"敲诗"，而不用"吟诗""作诗"。因为在姚合《喜览裴中丞诗卷》"新诗盈道路，清韵似敲金"里的"敲金"，已经用来比喻声音铿锵响亮如敲金属。"敲金击石"更是明确比喻诗文的声调铿锵。韩愈《代张籍与李浙东书》"籍又善于古诗……阁下凭几而听之，未必不如听吹竹弹丝，敲金击石也。"刘禹锡《秋词》有"晴空一鹤排云上，便引诗情到碧霄"句，这是"一鹤排云上青天"图和那烟波浩渺的太空引发了诗人作诗的情思兴味。而此诗则是湖畔铿锵响亮的诗韵引来鹤的聆听和随步，真有"巴姬弹弦，汉女击节"之谐趣。

要经常从生活的无穷源泉中汲取营养，不断丰富和发展用词技巧。不断创新，否则就会导致前人艺术语言的重复，形成简单的公式套用，使用词技巧失去表现力，这样就不可能达到推陈出新的要求。

锤炼词语，一般从内容（意义）和形式（声音）两方面着手。二者紧密联系，相辅相成。意义确切，声音和谐，才能加深理解，引起联想，才能收到较高的表达效果，达到深厚的含蓄，高远的意境。

意义的锤炼

古人认为：要写好文章，就要下一番"溶裁"[①]之功。"溶"就是炼意，"裁"是炼字。或者叫内容的精炼和形式的精炼。锤炼词语，必须从内容着眼，"系于意而不系于文"（白居易）。确切的意义，是作者对客观事物深入观察揣摩，积累了鲜明深刻的印象，经过认真的提炼和细致的剪裁，用高度概括凝炼的词语表现出来的。意义的锤炼，内容十分复杂，很难简单地用几条规则来概括它的全部规律。下面只介绍几种常见的锤炼方法。

[①]《溶裁》也是《文心雕龙》的篇名。在该篇里，"溶"是指溶炼文章所要表达的情意；"裁"指裁剪文章的文辞。

一、寓繁于简

所谓寓繁于简，是指用词要有高度概括性与联想性。如同绘画一样，作者要善于将纷繁的客观事物作概括的艺术处理。要删繁为简，做到用词简练而有创造力。

1. 发现最富于特征的言语要素或非言语行为，用最准确的词语，集中突出地揭示人物的外部特征和内心世界。

唐代李翱在《复性书上》里指出："喜怒哀惧爱恶欲，七者皆情之所为也。"感情是内在的东西，必须通过外在的形式表现出来。喜则笑，哀则泣，怒则挥舞拳头……任何感情都要通过动作流露出来。根据这一生活体验，人们便运用有形的动作来揭示无形的感情。描写要扣人心弦，关键在于变内在为外在，化主观为客观，把思想感情生动鲜明地呈现出来，让人们得以具体感知。

宋元丰四年，苏轼得知取胜西夏，写了《闻洮西捷报》："似闻指挥筑上郡，已觉谈笑无西戎。""谈笑"二字，是诗人欣喜之情的自然流露。一片爱国之心，跃然纸上。

也有一些看来"反常"的现象：悲极狂笑，乐极流泪。善于抓住特征的作家往往利用这种情势把感情表现得更为深挚。杜甫《闻官军收河南河北》："剑外忽传收蓟北，初闻涕泪满衣裳。"诗人饱尝战乱之苦，流落他乡，突然闻此喜讯，终于可以携眷还乡，其无限欢乐甚至超过苏轼"谈笑无西戎"时的心情。而诗人却偏说"涕泪满衣裳"！如果不这样写，而照一般常情说成"欢笑喜欲狂"，反倒难以表达内心不能自禁的喜悦！诗人的《羌村三曲》第一首"妻孥怪我在，惊定还拭泪"句，也是这种心情的自然流露。这里用"怪"而不用"见""看"，因为"怪"字能把长期离乱和不意相见的万分惊讶、悲喜交集的情状表现得更为突出。

《红楼梦》里，当林黛玉惊悉木石前盟破灭的噩耗时，作者没有去写多愁善感的黛玉如何悲不欲生，痛哭不已，而是写她一反常态地"瞅着宝玉笑""微微一笑"。这令人寒噤的"一笑"，使多少读者禁不住洒下同情之泪！

描写要抓住重点。孟子早就说过："存乎人者，莫良于眸子；眸子不能掩其恶。胸中正，则眸子瞭焉；胸中不正，则眸子眊焉。听其言也，观其眸子，人焉廋哉？"眼睛是非言语行为的主要工具，人们经常通过眼睛来传递信息。"不但是身体的形状、面容、姿态和姿势，就是行动和事迹，语言和声音以及它们在不同生活情况中的千变万化，全都由艺术化成眼睛，人们从这眼睛里就可以认识到内在的无限的自由的心灵。"（黑格尔《美学》）

请看下例：

尝射家圃，有卖油翁释担而睨之，久而不去。（欧阳修《卖油翁》）

卖油翁视射技如酌油，认为没有什么可以值得炫耀的地方。作者描写卖油翁观看陈尧咨射箭时的神态是"立睨"。这一"睨"字用得极传神，它准确地表现出卖油翁的神态和性格特征。"睨"是斜着眼睛看，在这里含有漫不经心的情味，这正是卖油翁并不十分看重善射这件事的内在思想的自然流露。

在人物画中，画家很重视手的描写和刻画。法国画家德拉克罗瓦说："手应该像脸一样地富有表情。"人的脸有喜怒哀乐等表情，手也有各种各样的表情：热情的、轻松的、紧张的、粗暴的、无力的,等等。作者细心刻画人物的双手,对于揭示人物的内心世界起着重要的作用。手的表情之丰富,有时甚至连语言也难以表达。

《庄子·外物》中"儒以诗礼发冢"一段:

> 儒以诗礼发冢。大儒胪传曰:"东方作矣,事之何如?"小儒曰:"未解群襦,口中有珠。"《诗》固有之曰:"青青之麦,生于陵陂。生不布施,死何含珠为?接其鬓,压其颥,而以金椎控其颐,徐别其颊,无伤口中珠!"

儒家"礼法"是不允许盗墓的。但这大小两个儒生竟然口颂诗书,手掘坟墓。这把儒家礼法的虚伪揭露得淋漓尽致,入木三分。句中一连用了"接""压""控""别"四个动词,准确地描绘了二儒配合默契,盗出尸体口中珠的紧张过程,语言辛辣精警,显示了作者高超的揶揄本领和讽刺技巧。

2. 抓住客观事物的准确态势,仔细比较,反复斟酌,选定最恰当的词语,言以称物,起到"藏颖词间""露锋文外"的表达效果。

《红楼梦》里写宝玉、黛玉放风筝,兴味正浓,为了放走"晦气",紫鹃剪断风筝线,"那风筝飘飘摇摇只管后退了去。一时只有鸡蛋大小,展眼只剩了一点黑星,再展眼便不见了。"这个"退"字,如实地指示了风筝断线后的去向:风筝升到高空,总是头部迎风,要是拉紧线,风筝就迎风向前;线一放松,风筝就后退。如果不是对生活各种现象进行过仔细地观察,是不可能写出这样精确的文字的。

《庄子·徐无鬼》里"吴王射狙"的故事：

> 吴王浮于江，登乎狙之山。众狙见之，恂然弃而走，逃于深蓁。有一狙焉，委蛇攫搔，见巧乎王。王射之，敏给搏捷矢。王命相者趋射之，狙执死。

作者紧紧抓住对象敏捷灵活的特征，用"委蛇攫搔"简洁明快地描写了敢于在吴王面前从容腾越显示自己本领的狙，动作生动细致，涉笔成趣，并借此狙的有恃无恐，比喻当时社会里恃才傲物、不服王法、敢于反抗的人，以及他们的悲惨结局。

臧克家《难民》一诗，为了寻求意境，进行过反复地推敲，诗的第二句原作"黄昏里扇动着归鸦的翅膀"，觉得不好，改成"黄昏里还辨得出归鸦的翅膀"，仍不满意，又改成"黄昏还没溶尽归鸦的翅膀"，最后这句才表现出黄昏归鸦的艺术境界。正像作者本人所分析的，"请闭上眼睛想一想这样一个景象：黄昏朦胧，归鸦满天，黄昏的颜色一霎一霎的浓，乌鸦的翅膀一霎一霎的淡，最后两者渐不可分，好像乌鸦翅膀的黑色被黄昏溶化了。"（《写诗过程中的点滴经验》）

杜甫《春夜喜雨》中"随风潜入夜，润物细无声"句，春雨"潜"入，点明来势不猛；"润"物无声，衬出细雨和风。"潜"字刻画出了雨的态势，"润"字极写雨的功能；"入夜"更见"潜"的机密，"无声"尤显"润"的谨细。无知之雨竟然随人意按时前来，着意滋养万物，这不正是诗人观察深刻的反映吗？

二、寓静于动

不仅动态事物要选用最贴切最传神的动词来表现它,就是静态的东西,也可以通过联想,用动态的词语去烘托它,渲染它,使之栩栩如生。宋祁名句"红杏枝头春意闹"中,"闹"字的妙处,也正在这里。春意盎然,特点在于大自然的活力。"春意闹",使静中显动。鸟语花香,跃然纸上。

杜甫《咏怀古迹五首》"千山万壑赴荆门"句的"赴"字是一个动态的词,这里用来描写三峡的山连山,在奔腾直泻的长江两岸,其势亦如奔赴。这不仅写出了"形",而且写出了"力"。李白《望天门山》"两岸青山相对出"句,写细观山景,用一"出"字,静山顿显动态,突现了天门山的奇特。

唐代诗人李颀《送魏万之京》中有一联句:"关城树色催寒近,御苑砧声向晚多。"这一"催"字,使绿树和寒霜这些静态之物变成了动态之物,让人感到新颖可喜。霜冷无情,本是我国古代诗词的传统命意。李颀巧妙地改变了这种命意,经过点化,经过融会贯通,铸造出新的境界。人们虽然惋叹二者的接近所引起的绿色的凋零,却也并不埋怨渴望找寻一个赖以寄生之处的寒霜,因为它也一个是值得怜悯的飘零者。李颀以这样的诗意融汇在送别挚友的诗里,起到了增添离别怅惘情调的作用,这就是诗人的用意所在。

"笑笑饭店",三间青瓦红砖房,门前用树枝搭了一个凉棚。春天里,成群的野花"唧唧喳喳"地围上来,蒲公英就开在门槛外,而牵牛花则能攀上门前的招牌,竖起一串喇叭替小店招揽生意;深秋里,霜风如刀似鞭,四野落花残叶,却每每有几株眷恋的小草钻进小店的门槛里,青灵灵,娇嫩嫩,一直绿到腊月八。(李春雷《笑笑饭店》)

"成群的野花'唧唧喳喳'地围上来"是"红杏枝头春意'闹'"的通俗版;"竖起""钻进"也是静物动写,生意盎然。

他凝望着王公伯。……忽然,一种已经淡漠了的记忆闯进了小陈的心里,并且如此强烈地震动着他的心。(王亚平《神圣的使命》)

不说"……记忆浮现在……脑海里",而用"……记忆闯进了……心里"。因为"闯"这个动作性甚强的动词更能显示记忆"闪现"之快,印象之深。

那天,我刚踏进长城饭店,在大厅里,迎面扑来的是气势磅礴的万里长城的巨幅刺绣。(张蜀君《彩锦绣》)

没采用静态的"映入眼帘的是雄伟壮观的万里长城的巨幅刺绣"的话语形式,而着一"扑"字,突显出如"千山万壑赴荆门"的动态美。

三、寓抽象于具体

抽象的生活、抽象的情景是不存在的。无论什么事物,总有它的具体内容,有一定的客观联系,例如,提到"青春",人们就想到朝气蓬勃、勇往直前;赞扬一种突兀峥嵘、坚忍不拔的傲霜精神，人们就会想到那俏丽坚贞、形象俊逸的梅花……等。事物之间的这种关系，便于我们把抽象事物和概念具体化。

寓抽象于具体，就是把难以直言表达的抽象感情，寄寓在具体的可以感知的事物和行为之中，使抽象的感情具体化、形象化。

"言近而指远者，善言也；守约而施博者，善道也。"（《孟子·尽心下》）抽象程度很高的词不易引起形象感，缺乏形象义；只有反映具体事物形貌状态的词，才可以引起联想。杨朔在《雪浪花》里描写深沟浅窝、坑坑坎坎的礁石，"是叫浪花咬的"；在《茶花赋》里说自己从海外归来，"一脚踏进昆明，心都醉了"。"咬""醉"都是表示具体动作情态的词，贴切传神，有形象义：前者把雪浪花写活了；后者恰切地揭示了作者由异国踏入国土昆明后情景交融所特有的感受。

选用意义比较具体、色彩比较鲜明的词语，不仅能使人有所知，而且能叫人有所感，使人见文生情，犹如身临其境。

谢树《小酒店》（载1983年1月29日《光明日报》第三版）写作者去新富大队采访，途中遇雨，衣服浸湿，寒气沁肺腑，渴望喝杯烧酒暖暖身子。刚好公路东南面，有一家新开业的小酒店，作者高兴地走了进去。

> 随着一声亲热的苍劲的呼唤，走过来一位老师傅，六十开外的年纪，敦实个儿，大脸盘，厚嘴唇。两只眼睛盛满了好意的微笑。呵。好面善的面庞！

一般只说"现出……微笑""露出……微笑"等,句中却用了一个表示具体动作的"盛满"来称说"微笑",这不仅让人闻到扑鼻的酒香沁人心脾,更使人感受到老师傅的热情温暖着人心。

> 后来,我从姐姐一个最要好的同学嘴里,费了很多周折,才抠出几句话来。(关庚寅《"不称心"的姐夫》)

不用"套""哄""诱""逼"等词,而用一个表示具体动作的"抠"字,这就更能说明"姐姐在农村找对象了"这个消息是多么来之不易!

万紫千红的大千世界给人以视觉上美的享受。赤橙黄绿青蓝紫,色彩缤纷。自然界的景物,人们的日常生活,都跟色彩结下了不解之缘。因此,色彩渲染或者色彩夸张,不仅为画家作画时所高度重视,作家在描写人物和景物时也很注意色彩的配合。如:

> 晓看红湿处,花重锦官城。(杜甫《春夜喜雨》)

这两句写想象中的雨后晓晴之景。"红湿"状花色,"重"字状花姿。满城花卉,颜色鲜润,这正是好雨当春的效果。

人对自然的反映是能动的。强烈的感情会给景物蒙上一层特定的气氛和情调。这种主观感情与客观景物高度统一和谐的艺术境界就是意境。上例对景物的描写之所以沁人心脾,色彩的渲染是十分关键的。作者把全部感情都融到景色中去了。景中反映着人的情,情的色彩又反过来染浓了景的色彩。情景交融,浑然一体,读者也被深深地吸引进去,感到心旷神怡,如痴如醉。

韩愈《山石》写到山中雨后的晨景时有句:

> 天明独去无道路,出入高下穷烟霏。
> 山红涧碧纷烂漫,时见松枥皆十围。

作者先用"天明独去无道路"一句,总括山里雨止,地面潮湿,破晓之时,浓雾弥漫的特点;次以"出入高下穷烟霏"句,勾勒出一幅雾中早行图。"烟霏"既"穷",阳光照射即见涧水经雨而更深更碧,山花沐雨而更亮更红。作者敏锐地掌握住雨后天晴,秋阳照耀下的山花、涧水所特有的色调,用"山红涧碧"加以概括,红碧辉映,色彩明丽。进一步又用"纷烂漫"加以渲染,把"山红涧碧"的美景表现得更加鲜艳夺目。

在描写中,恰当运用声音形象感,也是寓抽象于具体的一种表现手法。

李白《望庐山瀑布》:

> 日照香炉生紫烟,遥看瀑布挂前川。
> 飞流直下三千尺,疑是银河落九天。

徐凝《庐山瀑布》:

> 虚空落泉千仞直,雷奔入江不暂息。

今古长如白练飞,一条界破青山色。

这两首诗,同是描写庐山奇景瀑布的。从总体上来看,李诗当比徐诗更胜一筹。但在表现手法上,徐诗却有其独到之处:它不仅绘出了瀑布的形,而且写出了瀑布的声。一个"雷"字,使读者仿佛身临其境,耳闻了从天而降的大瀑布发出的轰鸣。而这个"声"的描绘,刚好是李诗中所缺少的。徐诗除了妙在显示了瀑布的"声",还成功地再现了瀑布的"色"——如同"白练"那样直飞而下,把青青的山从中隔开了。一"雷",一"白",一"青",声色俱显,使瀑布也富有立体感了。

四、化平实为妙辞

这有点像书法上的"平正"和"险绝"的关系:把不带修辞色彩的寻常词语,经过精心选择,组织在一定上下文里,凸显平中见奇、常中见新的艺术效果。化平实为妙辞的条件是"把有关部分暗中加以喻义化",使人们体悟出词语的艺术美。

随笔是笔尖儿上滴下的哲学。不是正儿八经的说教,不是起承转合的八股,更不是系统思辨。

你想到什么,就写下来。等积累多了,尽量努力把别人已经说过的话删去。人们最大的弱点就是老以为自己在创作。其实通常说的都是别人早已说过的话。把别人的话删掉,剩下自己的,如果那些话真是你自己的,那就是随笔。(朱小丰《关于随笔的随笔》)

不用"写、记、录、积、流、垂"等动词,而用了一个水点下落的"滴"字,形容这些"哲学"如水滴欲落,色泽晶莹美好。象征删去赘语,留下真言,熠烁思想的火花。

泰山的雨,下得突然、干脆、利落。峨眉山上的雨不是这个样子。峨眉的雨很有些韵味。云先在天空布满,布厚,锁住山头,沉沉地,寂寂地,就像在慢慢酿造雨水似的。等它酝酿成熟了,就嗖嗖地抽下细丝来,下着雾状的雨。雨如果变大一点,它也是渐渐地加大。这时,起了小风,将雨丝扯弯了,扯斜了。雨洒在竹子上,沙沙沙。竹子就欢乐起来。雨落在人身上,没有声响,凉凉的,痒痒的,带着几分诱惑,就像一只软软的手抚摸着似的。如果说雨是手,那么峨眉的雨是温柔的女性的手,泰山的雨是带有些粗野的男性的手。如果说雨是诗,那么峨眉雨属于婉约派,泰山雨属于豪放派……

不说"下起了毛毛细雨",而说"抽下细丝来","抽丝",抽取茧丝。《文选注》"言水下之微妙如茧抽丝",比喻缓慢。"丝"极言雨之细。这样,"抽"这个寻常词就具有了形象义。不说"将雨丝挽断了,挽斜了",因为"挽"虽然有"拉扯,牵引"的意思,但那是强力所致,如杜甫《绝句漫兴九首》"狂风挽断最长条"。这里是"起了小风",它没有把雨丝"挽断",而是"扯弯""扯斜",柔中带韧,表现极为细密精致。

意义锤炼的四种方法,在实际运用中有交叉或重叠之处。如"寓抽象于具体"就可看作"化平实为妙辞"的一项具体内容。

声音的锤炼

词是声音和意义的结合体，说话、写文章必须情声并重。声音协调是锤炼词语的一个重要方面。词语的声音配合得好，念起来顺口，听起来悦耳，就能给人以美感，可以有效地表达思想，抒发情感，烘托意境。

刘勰所处时代正是四声始创时期，当时的音韵学者虽凭借古代的五音来论四声，但四声的特点已基本显露。因此《文心雕龙·声律》十分重视声律在文学创作中的作用，并着重从理论上来阐述写作中的声律问题。篇中虽未明确称谓"平上去入"，但平仄错综配合基本条畅洞达。其中还涉及双声、叠韵、和声和押韵等，都是构成文学作品声律的关键元素。我们将参酌《声律》所论来展开对"声音的锤炼"的阐释。

在内容与形式统一，形式为内容服务的原则下，讲求词语的音韵美是必要的。词语的声音美体现在：音节整齐匀称，声调平仄相调，韵脚和谐自然以及叠音与双声的恰当运用等方面。

一、音节整齐匀称

古人写诗作文，喜欢用偶句，讲究对称句法。

例如庄子在《逍遥游》中，创造了肩吾与连叔的对话，用整齐匀称的音节，描绘了藐姑射之山的神人："肌肤若冰雪，绰约如处子。不食五谷，吸风饮露。乘云气，御飞龙，而游乎四海之外。"

这是写一个缥缈超脱、可望而不可及的神仙形象。庄子假托陆通描绘遥远的世外圣人，暗示具备圣王最崇高道德行为的人不一定总在庙堂之上，即使隐居山林，仍可保持圣洁的德行。庄子笔下的圣人，远比老子所谓圣人艺术化，因此这里把他描绘成一个肌肉皮肤白皙似冰雪，轻盈柔弱像窈窕少女的形象。

那时，天桥拥挤着各式各样的人物，卖艺说书，算命打卦，摊贩行商，穷汉乞丐，妓女鸨儿，流氓游民，小偷骗子，道会行帮，恶霸强梁，走狗打手，总之，应有尽有。从这儿可以看到吸血鬼的贪婪，寄生虫的肆虐，牛头马面的嘴脸，夜叉无常的狞笑。当然，从这儿可以听到求生者的呼号，受难者的呻吟，反抗者的怒吼。（白夜、沈颖《一次天桥历史的旅行》）

此例话语结构的主干都是由四个音节、六个音节排列下来的，如云之行，水之流，随兴自然，淋漓尽致地透析了旧天桥荒唐游乐、凄惨邪恶、饥饿愚昧的光怪陆离的景象。

现代汉语双音词占优势。古代许多单音词在现代汉语里都变成了双音词。词的单双音节并存现象为我们合理安排音节提供了物质基础。可以交错运用单音词和双音词，也可以让同一个词的单、双音节形式分别出现在不同结构的句子里。

去明孝陵路上，沿途一派青葱，有梅树成千上万，蔚然成林，虽时序深秋，梅未着花，却有清幽绝俗的淡淡流馨，飘漾于山间，令人耳聪目明，心神俱爽。当地朋友说，每到清明节后，满山梅花盛开，艳若明霞，灿如彤锦，芳香氤氲数里，数月不散。一城红男绿女，尽来踏青赏梅，车水马龙。摩肩接踵，其盛况，绝不亚于上野樱花怒放时节。（陈惠瑛《剪剪春雨话金陵》）

例中单音词"梅"和双音词"梅花"分别用在不同的位置上。由于单双配合得当，音节匀称自然。如果一律用双音节形式，或者一律用单音节形式，音节配合就不协调。

春、夏、秋、冬；雨、阴、晴、雪；平地、高山看玄武，景随地改，景因时易，各有无穷妙趣。我正咀嚼此语，忽浮云蔽日，天色转阴，小雨淅沥；步行至樱洲，远眺湖上，只见烟雨空蒙，山容水色，尽如泼墨，浓作青山淡作湖。好一个玄武湖，登时化作一纸水墨丹青。不一会儿，莽苍苍的钟山，楚楚动人的洲渚、亭阁、花木，被云纱雨帐晕化得几近于无，只剩下齐白石笔下那一段无胜于有的艺术的空白了！（陈惠瑛《剪剪春雨话金陵》）

例中单音与双音节、多音节交互融合，整中有变，起伏跌宕，疏越洒脱。

当然，不是所有的词都是单双音节并存的。不能力求匀称，任意增减音节。惭凫企鹤，削足适履，以致句子变得生硬、不自然，也是不妥当的。

二、声调平仄相间

在律诗中，平仄在本句中是重叠交替，平仄在对句中是相互对立的。此两大类声调在诗词中有规律地交错使用，形成平仄对立,就造成诗词结构鲜明、音调抑扬起伏,悦耳动听的音乐美。

在现代诗歌和散文中,当然不必率由旧章,唯古是从,但适当注意平仄变化,从音韵美的要求来看,还是必要的。

音节安排恰当,进一步注意声调的平仄变化,念起来就不至于像僧敲木鱼,调门一律,可以收到"大珠小珠落玉盘"的表达效果。请看下面的句子("−"代表平声,"|"代表仄声):

瓜熟蒂落、水到渠成。
− − | |　 − − | |

这个厂生产的金葵向日、孔雀开屏、红霞万朵、草木争荣、
　　　　　 − − | |　 | | − −　 − − | |　　 | | − −
繁花似锦等花色的花布,富有民族特色,很受欢迎。
− − | |

这种句子,四字格依次排列,加上作者有意识地把声调安排成仄平或平仄相间,读起来抑扬顿挫,犹如碧波脆浪,起伏荡漾。在结构参差的句子里,如果把句末或句中音节安排好,也可以收到同样的效果。

在这一屋绿气、四处春温的地方,最惹人注目、顾盼不已的,是一幅气宇轩昂的《神鸡图》……一九七七年五月,茅盾亲笔书写,题赠给陈雨田的一首七律,为画家的"神鸡图",作了体贴入微、
　　　　　　　　　　　　　　　　　　　　　　| − | −

贴切精当的诠注。（钟子硕《南橄奇书》）
－｜－｜

　　茶市分为早中晚，早市最热闹，也更有味。差不多清晨五点就上座了，接着便四方辐辏，接踵而来，真是高朋满座，盛友如云。
－－｜｜　－－｜｜
三五茶友，一起就座，慢掇细品，地北天南，足可盘桓到八九点钟。那种气氛，确实"够味"。（苏列《茶香》）

　　为展示雄鸡的英姿、风采，他不倦怠地追求着一个"神"字。他说，有神的鸡，才有形，才有韵，才有新……"宁为鸡口，无为
－　　　｜　　　－
牛后"，茅盾引《国策·韩策》中的这句话，借喻陈雨田在画鸡的天地里不拘前法，不履后尘，跟随时代进步，喊出个人心声，充分
－｜　　｜－
发挥独创性，终于取得了艺术自由。（钟子硕《南橄奇书》）

　　往事的烟云，缭绕在画家的心头，但它非但没有冲淡眼前的情景，反而让牛角草的形象，在岁月流水的浇灌下，显得更为茁壮、
－｜
挺拔、青绿。（钟子硕《南橄奇书》）
｜－　－｜

　　为了求得音调和谐，有时可以适当改变词语的结构。例如：

  瑰丽端庄的中山公园，绿树成荫，花坛巧布，彩练交织，
        ｜｜－－ －－｜｜ ｜｜－－
千红万紫。
－－｜｜

  习惯的说法是"万紫千红"，为了在平仄上与前面相照应，改为"千红万紫"。

  三、韵脚和谐

  《文心雕龙·情采》说："言以文远，诚哉斯验。心术既形，美华乃赡。吴锦好渝，舜英德艳。繁采寡情，味之不厌。"声音美同押韵关系密切。诗歌等韵文是讲究押韵的。音节匀称、整饰有节奏感，如果再安排好韵脚，就会产生更和谐悦耳、朗朗上口的语音美。

  ……其间，众多的文化界人士在贵州陷入衣食无着的窘境，正如田汉诗中感叹的："爷有新诗不济贫，贵阳珠米桂如薪。杀人无力求人懒，千古伤心文化人。"……田汉望着这位黑髯垂胸的青年人，得知他又将远行关岭，挚友情，离别意一齐涌上心头，当即邀他共进晚餐，并赋诗一首，以壮行色："逃得胡儿（指日寇）遇汉儿（指土匪）。酷寒天气未明时，此行莫笑无颜色，犹有丹青写史诗。"（钟子硕《南橄奇书》）

  尽管句子的韵脚和押韵形式各不相同，但它们的韵脚之间必须是自然、和谐的。它们通过同韵相押使句子的末尾字音跌宕回

环,同声相应,给人以协调悦耳的声音美感。

因此,韵脚的和谐不可不讲求。正是因为这个原因,有时也要改变语词结构,或者换用同义词语,以求押韵。例如《老子·35章》:"执大象,天下往。往而不害,安平太。""平太"即太平。倒文以与"害"叶韵。还有《老子·44章》:"名与身孰轻?身与货孰多?得与亡孰病?是故甚爱必大费,多藏必厚亡。知足不辱,知止不殆,可以长久。"本章"身""亲"为韵,"货""多"为韵,"爱"与"费"、"藏"与"亡"、"足"与"辱"、"止"与"殆"、"久"为韵。多,重的意思,不用"重"而用"多",是为了与"货"押韵。

胡安良《吟咏青海湖》:

> 青风万里引天乐,茫洋仙境灵瑞多;
> 牧笛自由随草远,箫籁遥度卷浪波。
> 海边花木春无数,湖上山林画不铺;
> 鸟飞鱼泳任高下,鹤舞鹿鸣续九歌。

通常用"波浪",为求押韵,选用"浪波"。

四、叠音自然

叠音,古时叫作"重言"或"复字"。恰当地运用叠音词语,可以突出词语的意义,加强对事物的形象描绘,增强音乐美感。

> ……文成公主思乡泪流成的倒淌河,涓涓滴滴,幽幽咽咽,何等令人动情……当高原上短暂的无霜日过去,淡淡的寒意开始笼

罩大地时，它已经结过了籽、留下了后代，安然谢去。莽莽草原究竟还有多少奇花异卉，那是没有人敢说的……柴达木盆地上的绿洲，星星点点，断断续续。入夜，万家灯火，闪闪烁烁，凭窗远眺，尽是高高低低，成群成排的楼宇，俨然是一座城镇了。（李春晓《好一派高原风光》）

这段关于草原面貌的描写，成功运用了叠字。叠音在这里烘托出鲜明的图景，使人感到明朗、清晰。

由于叠音能收到它特有的音响效果，在现代作品，尤其诗歌里大量运用，如阮章竞《漳河水》中第一节：

  漳河水，
  九十九道湾。
  层层树，
  重重山，
  层层绿树重重雾，
  重重高山云断路。

用叠字把漳河一带"山沓水匝，树杂云合"的诱人景物几笔勾勒出来。

叠字在刻画人物形象上有其独到之功。为五言古诗：

  青青河畔草，郁郁园中柳。
  盈盈楼上女，皎皎当户牖。

娥娥红粉装,纤纤出素手。

……

　　用叠字细腻地、真诚地描绘出古代少女那种娴静优美的神态。

　　叠字在抒发内在深曲之情时,可以充分发挥重叠音响的强调、渲染作用。李清照《声声慢》一词,开始就是"寻寻觅觅",这绝非装腔作势的无病呻吟,而是作者此时此刻思想感情的自然流露。当时异族入侵中原,国家凌夷,加上她丈夫早逝,自己背井离乡,对现实有所不满,内心怅惘空虚,无时不以家国为念。深有所思,又若有所失。试问,不用"寻寻觅觅"何以宣泄她那种隐蔽而又十分悲凉的心情?接着"冷冷清清""凄凄惨惨戚戚"进一步表露了她的万般惆怅。后文"……雁过也,正伤心……""梧桐更兼细雨,到黄昏点点滴滴。这次第,怎一个愁字了得?"等,把闲愁幽情表现得更细致入微了。开头连叠七字,曲尽凄苦之情,愁闲、压抑的心绪得到了着意的渲染。

　　《西厢记》里《张君瑞闹道场》写张生会莺莺:"侧着耳朵儿听,蹑着脚步儿行,悄悄冥冥潜潜等等,等待那齐齐整整、袅袅婷婷、姐姐莺莺。"巧妙生动地用叠字把张生月夜候莺莺的喜悦心情活现出来了。

　　使用叠字,要服从意境的需要,切忌一味追求新奇,忽略表达效果;更不能把音节的重叠变成词句的啰唆,意思的重复。顾炎武在《日知录》中指出"诗用叠字最难",他要求"复而不厌,赜而不乱。"也就是说,音节的重复,是为了意境更加清新,而不能冗赘,令人生厌。

五、双声叠韵

汉语里独有的双声、叠韵词，在语言表达上，具有特殊作用。王国维《人间词话》指出："双声叠韵之论，盛于六朝。唐人犹多用之。至宋以后，则渐不讲，并不知二者为何物。……余谓苟于词之荡漾处，多用叠韵，促节处用双声，则其铿锵可诵，必有过于前人者，惜世之专讲音律者，尚未悟此也。"

从语音原理上讲，声短韵长，王国维认为双声宜促节，叠韵宜荡漾，是讲得通的；从实用上看，似可不必这样细分，但王氏之说，却道出了双声叠韵在写作上的作用。作者借助它"低徊要妙，以喻其致"的功能，收到"秘响旁通，伏采潜发"的效果。

双声叠韵词语的恰当运用，也可以形成一种回环的美，这种修辞效果，主要在对仗中显示出来。

《庄子》虽是散文，却十分重观结构的匀称与韵律的和谐。如在论及天道不能靠言论攫取，有心为德不是至德时说："道不可致，德不可至。仁可为也，义可亏也，礼相伪也。"（《庄子·知北游》）这里"致"和"至"同音，"义和礼"同韵，"为、亏、伪"亦韵。这种句法，颇似诗经，读来顺口易记。

《庄子·齐物论》里有这样一段文字：

> 夫大块噫气，其名为风，是唯无作，作则万窍怒号，而独不闻之翏翏乎？山林之畏佳，大木百围之窍穴，似鼻，似口，似耳，似枅，似圈，似臼，似洼者，似污者；激者，謞者，叱者，吸者，叫者，譹者，宎者，咬者。前者唱于，而随者唱喁，泠风则小和，飘风则大和。厉风济则众窍为虚，而独不见之调调之刁刁乎？

这段讲大风的起止，用形象化的语言描写自然界事物的千变万化，真是妙极了！"似鼻，似口，似耳，似枅，似圈，似臼，似洼者，似污者"是从视觉形象的方面形容众窍的形状；"畏佳"形容山势的高下盘回。"调调、刁刁"都是动摇的样子，"调调"是树枝大动，"刁刁"是树叶微动。"激（借为噭）者，謞者，叱者，吸者，叫者，譹者，宎者，咬者"都是从听觉形象方面形容众窍发出的声音。"于、喁"都是风吹树动，前后相随之声。

上面这段绝妙的描写，像是一部风的"交响乐"，余音缭绕，回味无穷。其中，"窍、激、謞、叫、譹、咬、飘、调、刁"同韵，"畏佳"叠韵，"于喁"双声。

庄子酷爱富于乐感的叠韵词语，有些叠韵词语，如"圹埌""孟浪"等都始见于《庄子》。《庄子·齐物论》："夫子以为孟浪之言，而我以为妙道之行也。"孟浪可颠倒做浪孟，浪孟是粗率或失意。

同义的叠韵词语在《庄子》里屡见不鲜，《庄子·则阳》载长梧封人问子牢曰："君为政焉勿卤莽，治民焉勿灭裂之，其实亦灭裂而报予。"释文云："卤音鲁，莽，莫古反，又如字。"可见卤莽与灭裂均为叠韵。郭注："卤莽灭裂，轻脱末略，不尽其分"义同。成疏"孟浪，犹率略也。"成疏又云："卤莽，不用心也；灭裂，轻薄也。"总之，这些叠韵词语都指不认真、不用心。

　　而儒、墨乃始离跂攘臂乎桎梏之间……其无愧不知耻也甚矣！（《庄子·在宥》）

　　上征武士，而支离攘臂而游于其间。（《庄子·人间世》）

之八者,乃始脔卷猖囊而乱天下也。(《庄子·在宥》)

离跂、支离同义,即伛偻及脔卷,四者皆叠韵词。

庄子常将两个同韵同义词素组成叠韵词。如《庄子·胠箧》:"殚残天下之圣法,而民始可与议论。"殚残同指毁伤,合成叠韵词。

整齐的音节与丰富的叠韵词语配合使用,更增添了语句的乐感:

> 乃至圣人,蹩躠为仁,踶跂为义,而天下始疑矣;澶漫为乐,摘僻为礼,而天下始分矣。(《庄子·马蹄》)

蹩躠、踶跂两个叠韵词语都是形容勉强力行的样子;澶漫、摘僻都与烦琐。

刘勰《文心雕龙》指出:"异音相从谓之和,同声相应谓之韵。"庄子散文的声律美,正是利用这些汉语语音的美的资源而产生和形成的。

词语的锤炼和修辞格的关系

语言上的修辞现象,例如比喻、借代、夸张,也常常是由于客观事物之间的某种联系,通过人们的深入观察和丰富联想而形成的。经过作者反复推敲后选用的词语,有些就暗含比喻、比拟等意味。

怪不得武夷山一直为历代文士所偏爱。唐朝李商隐，宋代辛弃疾、朱熹、陆游，以及明朝的王阳明、戚继光等，都纷至沓来，在这里游览讲学；后来旅行家徐霞客还三度光临；现代作家郁达夫、郭沫若等也先后在这山野中徘徊。他们还在这山水间撒下了许多动情的诗文。(野曼《郭风和他的"散文之乡"》)

不用"写、作、吟、咏"等，而用了一个"撒"，这在炼字上是"化平实为妙辞"，而历代文士写下的动情诗文又像播撒种子一样，为福建这个"散文之乡"繁花竞放做出了开物成务的贡献。这里又暗含了比喻。

雪，在我开门的一闪之中，带着洁白跳进我的眼帘：挟着冷风撞入我的怀里。我不禁身上一颤，眨眨眼睛，举目四望，眼中全是白。"又下雪了！"我在心里说。仔细看看，雪挺大，地上半尺多厚，空中继续往下堆。看来，雪公公扎扎实实干了一个夜班，接着又上早班了。(刑可《雪的絮语》)

描写雪的动态，一般用"飘""飞舞"，这里用"跳"，用"撞"，是极言雪之大、之猛，这是"寓抽象于具体"。从辞格上看，又是比拟。

词语锤炼从某种意义上说，是一种词语的移用现象。而比拟正与此类似。锤炼中的"寓静于动"和比拟的共同处在于二者都是用动态的词对静态之物进行描述。而用动态之词对静态之物进行描述，修辞上还专有"增动"一格。

用幽默来滋润生活

社会快速发展给人们带来极为沉重的精神压力。经济迅急增长，房价不断攀升，社会贫富差距日益拉大，造成了人们心理上的不平衡。快乐渐次离去，焦虑连串袭来。随着社会竞争加剧，生活压力加重，人际关系加紧，"焦虑"已经弥漫成一种普遍的心态：养家糊口被下岗，要端金碗关难闯；欲办婚事买不起房，自主经营怕工商；出外旅游担心狼，宅在家里恐被抢；见义勇为被栽赃，与人交往怕上当；想做事业怕秀场，投身嬉娱心发慌……众心日殄，似危机将发。

近些年来，各地纷纷打起"幸福牌"，人们对"幸福指数"已经熟视无睹了。然而，北京大学社会调查研究中心联合招聘机构进行调研，推出了全国28个大中城市的"烦恼指数"（平衡指数）。

数据显示，各城市白领平均指数为48.22，普遍"比较烦"。

烦恼指数，可能会引起一些人的"烦恼"，却与我们每个人、每个城市息息相关。歌曲《最近比较烦》里唱道，"最近比较烦比较烦比较烦，总觉得钞票一天比一天难赚；我看那前方怎么也看不到岸；陌生的城市何处有我的……"无法摆脱的"城市病"以及卡奴、孩奴、车奴众奴加身，生活在城市中的市民，能够做到逍遥自在，逢人则喜者几稀矣。

越来越多的人，面对世事和他人时，被功利名誉弄得浮躁而暴戾，俨然成为一个有爆炸危险的"爆破筒"，随时毁掉自己、炸伤别人。

中华文化传统注重一个"和"字，如和气生财、家和万事兴，等等。在社会中，人时时要与他人打交道，有人际交流，就难免有摩擦，有冲突。理性之人，遇事互谅互让，退一步海阔天空。心胸狭窄或莽撞者，则遇事锱铢必较，针尖对麦芒。现实却是，一点小小火花，就能燃起冲天怒火。

"从心理学角度讲，根治'焦虑症'，主要是通过心理抚慰与疏导释放压力。心理专家认为，心理解压途径有二，一是自我调节，二是社会心理抚慰。焦虑症内因源于缺少发现和寻找快乐的'慧眼'，一位诗人说：'哪里有生活，哪里就有快乐的宝藏。'善于从生活中找快乐，释放不良情绪，对于'焦虑症'患者至关重要。"（尹卫国《钱包鼓了，为何快乐少了》）

社会亲赖幽默

"从生活中寻找快乐",俗话叫"找乐子"或"找乐儿"。这种"乐",就是庄子说的"乐意"(使内心愉悦),并非"耽乐"(过度的快乐,沉迷于享乐),是"乐而不淫"(欢乐而不过度)。人生在世,虽不能像富豪那样寻欢作乐,但总是希望能过得愉快一些,"找乐子"自然是心慕手追,甚至心醉神迷。萝卜白菜,各有所爱。现在人们选择最多的是唱歌、跳舞和旅游。不过这些"游艺"只是一种"乐事"(足以使人欢乐之事)、"乐处"(快乐之所在)或"乐方"(给人一种带来乐趣的具体手段)。而不是"乐意"的本源。具体存在的有形的事物都会受到一定时间和空间的限制。例如唱歌,它是一种乐的所在,但不能无处不在。在卫生间里"蹲点",你高声吟唱,别人会怎么评价?

陕西服装工程学院一女生公寓楼,学生们想要回自己的公寓楼,必须先给宿管阿姨唱首歌。宿管阿姨称此举是为了与学生互动,活跃气氛。对此,接受记者采访的多数学生表示认可,但也有学生认为"怪怪的"。

对这事儿,有人撰文说:

> 电影《刘三姐》里,剧中人进门唱,出门唱,饭前唱,饭后唱,扛把锄头戴个斗笠还唱,好不欢乐,阿姨或许是受此启发,希望进

门的女生乃至整楼的人天天欢欢喜喜。此法初衷虽好,却值得商榷,虽说歌里唱道:"赶上了盛世,咱享太平",但具体到每一个女生,却不一定每一天都是"好日子",比如来"大姨妈"那几天,比如和男朋友闹别扭的那几天,人家女孩子心中本来悲苦,你却逼迫她强颜唱歌,有点不人道。

己所不欲,勿施于人,己之所欲,也勿强施于人。您说呢?(《华商报》)

有的人喜欢在入睡之前晨起之后大声吟唱,然而三国时的养生家胡昭说:"晨夜而吟啸,干正来邪也。"(早晨,夜晚吟咏长歌,这是冒犯正气引来邪气的做法),因为那会损伤人的元气。元气是原始混沌之气。古人认为由它衍化成阴阳二气,再经过阴阳二气的矛盾运动,产生出天地万物和人类。元气不仅充满于天地之间,也深藏于人体之内。不过人体内的元气,会因七情六欲的宣泄而逐渐被消耗,需要不断地补充,才能延续生命。为此古人发明服食元气的服气术,道教继承并发扬之,以之作为重要的修仙术。而老子却认为,人的生命的长短正像一盏油灯,选择小的灯芯或大的灯芯,持续时间是不同的。众人大声说话而我却小声言语,众人有很多忧愁而我却少费思虑,众人经常烦躁暴怒而我却保持平和的心态,不以人间俗事影响心神,不去追逐官场的谋略,恬淡无为,顺其自然,精神元气自然充满。能这样做的效果超越服食长生不死药。老子的见解显然比较科学。

如果不理解或不相信作为传统文化符号的"元气耗损"养生理论,那么,在现实大气污染严重和晨练扰民的语境下,"旦起歌啸"于己于人都是不利的。

舞蹈也是如此。你总不能从早到晚，无休无止地狂跳。古代有一种"恒舞"，就是历时长而不中断的舞蹈。《书·伊训》说："或有恒舞于宫，酣歌于室，时谓巫风。"古时巫师（古代从事沟通人神之事的人）善以歌舞事神，因此称呼习于歌舞的风俗为巫风。正常的人是不会恒舞的。

随着全国各地广场舞（坝坝舞）的升温，有关居民对抗广场舞（坝坝舞）的新闻频见报端，矛盾日益加剧。

因广场舞扰民引发的冲突，大有愈演愈烈之势。朝天鸣枪、放藏獒、泼大粪、放高音炮、上菜刀、拉铁丝网……为了对抗广场舞，各种"狠招"纷纷登场，然而，广场舞却越跳越欢，从小区广场跳到了列车车厢，甚至还跳到了卢浮宫，给人的感觉是有中国大妈的地方就有广场舞。事实证明，要阻止大妈们跳场舞，软招硬招都难奏效，确实令人头痛。

大妈们利用空闲时间一起跳舞健身本无可厚非，但如果不看场合不顾他人感受，制造噪音扰民，就应该好好检讨自己了。尤其是高考临近，学子们需要一个安静的备考环境，如果实在想跳，"委屈"自己一下，戴上耳机总可以吧？你总不能为了过把跳舞瘾而给别人造成终生遗憾吧？（《长江日报》）

有形的，为人共赏的"乐子"可以给人带来时断时续的乐趣，不一定能让人永久保持乐观的情绪。有一种无形的，却是取之不尽、用之不竭的愉悦情绪"万斛泉"（水最旺盛、源源不断的泉水）

的"乐子",那就是幽默。

有一个歇后语：胸口挂钥匙——开心。"开心"是疏解郁闷,使心情感到愉快。胸口挂着的钥匙,随时可以"开心"。这把钥匙究为何物？它就是幽默。幽默不仅仅是"取笑,开玩笑",它的终极目标是"开启思想智慧"。这正好是"开心"这个多义词的一个义项。

不能够把幽默简单地理解成滑稽、戏谑和逗笑等,幽默是一种以怡情悦性的话语模式、平和宽容的心态处世接物的艺术。它能让人施放和得到更多的慷慨、阳光和正能量,促进个人和整个社会的和谐发展。

幽默的合理定位

添·高威在《心态的能量》里提出了一个"表现 = 潜能 − 干扰"的公式,认为一个人的表现不佳,并非他没有这种潜能,而是由于很多干扰的存在,影响了他的潜能的发挥。这个公式也可以套用到对幽默的评价上。许多人对幽默的作用认识不足,甚至有所歪曲,就因为"伪幽默"的干扰。

为了弄清幽默的含义,除了要把一些污俗丑秽、灰色谣谚、无厘头的搞笑等剔除外,还要把某些似是而非的表现形式与幽默区别开来。

"幽默"一词,最早见于屈原《九章·怀沙》："眴兮杳杳,孔静幽默。"王逸注:"言江南山高泽深,视之杳杳无所见,野甚清静,听之静默无闻。"它的原始义是"寂静无声"。同我们现在通用的"幽默"没有语源关系。现今的"幽默"译自英语"humor",最初出现在北京出版的《语丝》杂志。对这个译名曾聚讼纷然,互生疑异。鲁迅以为易被误解为"幽静"或"静默";有人主张译为"语妙"。但它有语言而无形象,不能概括"幽默"的全貌;陈望道报改为"油滑",这让人想到狡诈虚浮或言谈撰文时态度浮滑不实。幽默和油滑虽然都引人发笑,但这些笑是有区别的:幽默引发的笑是会心的笑,富于人情味,极具同情心;油滑引发的笑则是撒齿拉嘴,喔咿嚅呢,带水带浆。我们引用公交车上的"对嘴"事件来说明。

公交车是属于社会的、公有公用的交通工具,三教九流、男女老少、南来北往者皆可乘之。社会人物人品繁杂,智能修养迥异,待人接物、处理事务各有其宜。在车上遭遇事端,或温颜逊辞,宽宥谦退,或劝慰饶恕,或怒气冲天,怒目横眉,切齿顿足。一个人的瞬华所取,正是他的修养境界的突现。

> 在一辆公交车上,一位年轻的姑娘不小心把口红印在前面一男青年的衣服上,姑娘非常尴尬,连连道歉。男青年报以善意地一笑:"没关系,不过我更喜欢你把口红印在我的嘴唇上!"

一本权威的《幽默经典》收列此条。其实,这不是幽默。用老话说,这是浮躁轻狂的油漤狲狑沾满污俗的汗邪;用新潮的话说,这是城市里不求上进、境遇不佳的人发癫起狂的恶戏。貌似搞笑，实则太保！虽未发飙，却是烂仔流里流气的爆粗，犯贫发腻，是对姑娘歉意的劣化亵渎。

北京人在公共汽车上撞在一起，被撞者道："猪年都过了，还一个劲拱！"对方不示弱，"敢情是狗年到了，这么汪汪叫！"

这好像是利用动物的某种情态对象化为人的一种幽默，"猪年""狗年"的时序倒也自然熟悉。但从幽默的社会效应来看，这还是难以入列的。

何种动物引起何种联想，什么样的自然物充当什么样的载体，各民族似乎有比较稳定的内容。在动物中，对猪、狗的风评多为羞涩的。例如：猪头，台湾人用来骂人很笨，也用来形容人丑陋。很像上海话里的"猪头三"。

我们知道，本体和喻体在本质上是不同的事物，但又有某种相似点。庄子把"濡需者"比作豕虱，那猪就是虱的保护伞了。

对狗的微蔑之辞更是顺手拈来：狗仗人势、狗仗官势、狗血喷头、狗急跳墙、狗颠屁股、狗胆包天、狐群狗党、当家三年狗也嫌、狗口里生不出象牙、咬人的狗儿不露齿，等等。

因此，把因为拥挤而产生的倾仆的动作说成是"猪拱"，和把指责猪拱的人称为"狗叫"同样是詈言恶声。

《荀子·非相》里说："用美好的语言赠送他人，比金石珠玉更贵重；用美好的语言鼓励他人，比悦目的花纹更美丽；说美好的语言给人听，别人比听钟鼓琴瑟更欢快。"如此恶语相加，除顽蛮胆大，岂有他哉！《诗经》说："不毁谤他人，不伤害他人，这样做了,很少不成为人们的榜样。"愤恨恼怒,争斗攻讦,岂幽默然乎?这种刁嘴耻笑,唇枪舌剑,不能成为化解矛盾的"润滑剂",只能火上浇油。

公交车急速行驶,在拐弯处为避让一行人紧急刹车。一男子冷不防倾扑在旁边一女子身后。女子回头瞪了男子一眼:"德行!"全车人以为一场恶战即将发生。谁知男子并未煽情撩拨,而是机俏平静地解释说:"不是德行,是惯性!"全车人大笑。女子羞怯地低下了头。

紧急刹车,不防扑到,并非故意。女子出言不逊,男子如果当面鼓对面锣,势必疾言喷喷,口沸目赤。然而男子心怀善意,以礼相待,冷静引导。他的这种大度,是以自己的才德宽容无德无才的人,以自己的智慧去宽容愚钝的人,以自己的广博去宽容肤浅的人。理出自然,启发对方。"德行"与"惯性"的配合颇具奇巧,对女子微讽而化之,旁观者亦受教而悦之,可谓幽默精品。

公交车内,由于拥挤,一男一女发生了碰撞。时髦女郎回头道:"你有病吗?"男子觉得莫名其妙,回答道:"你有药吗?"车上人窃笑。女子生气道:"你有精神病吗?"男子冷面对道:"你能治吗?"全车人爆笑,公交车司机停车,趴在方向盘上大笑。

一件事情,可以有不同的表达方式;一个语句,可以有不同的理解。"你有病吗？"这个疑问句，至少有以下几种意思：

1. 你得病了吗？
2. 你有病了吗？
3. 你身体不舒服吗？
4. 你有毛病吗？

这第 4 种意思，不知是何时成为一句流行语的。交往双方遇有不愉快时，常常会斗怒甩出。时髦女郎用它发起攻击，男子明知其动机而以其他几种问意作答，于是车上人窃笑。时髦女郎以为男子误解了她的怒斥，又特别强调："你有精神病吗？"男子仍然避开她的攻击，而以"你能治吗？"作答，于是满车爆笑。

一场公交舌战由于男子的幽默而化解。那个暴躁傲慢、自视甚高的时髦女郎终于被折服。《诗经》说："宽容柔和，对人尊敬。这是道德的基础。"这个恭敬谦让的男子用的是一种"答敌非问"的幽默手法。

培育柔性表达的社会交往心理

《庄子·外物》里说：房屋要有比较大的空间，内心要有遨游自然的空间。房屋没有比较大的空间，婆媳就会吵架；内心没有遨游自然的空间，喜、怒、哀、乐、爱、恶六种情绪就会互相干扰。

教育部、国家语委 2014 年 5 月 29 日在京发布 2013 年中国语言生活状况报告,"中央八项规定""校镜门""H7N9""土豪""自贸试验区""单独二胎""中国大妈""光盘行动""女汉子""十面霾伏"等获评年度十大新词语。这些年度新词语记录了丰富多彩的 2013 年,从中可以窥见当年社会生活中的重大事件和民众关注的焦点,具有刚性的现实基础。

由国家语言资源监测与研究网络媒体中心、商务印书馆、中国网络电视台联合主办的"汉语盘点 2013"日前在京揭晓,2013 年年度十大网络用语分别为:"中国大妈""高端大气上档次""爸爸去哪儿""小伙伴们都惊呆了""待我长发及腰""喜大普奔""女汉子""土豪(金)""摊上大事了""涨姿势"。这些网络用语,于调侃戏谑中显示出草根大众的生活智慧。

两大语言方舟并济,表现了中国的百姓已经逐渐习惯了用轻松与超脱的方式来面对"刚性"的现实。身骑两头马、脚踏两条船的双立人儿"中国大妈""土豪""女汉子"则多了一些幽默和自我解脱的成分。

有一首"古怪歌",歌词大意是:

> 往年古怪少啊,今年古怪多啊,板凳爬上墙,灯草打破了锅啊,古怪多啊古怪多,古怪古怪古怪多。月亮西边出啊,太阳东边落啊,天上绫罗地下栽呀,河里的石头滚呀滚上坡,滚上坡……

当今中国正处在一个大变动、大变革的时代。社会转型、体制转轨、阶层转化、结构转变、利益转换,无不引起思想观念的涌泉转规。改革开放以来,社会思想的景候,犹如冰解冻释,地形回春,既有核心价值的道志乐心,又有各种观念的唱和有应;既有正声感人,又有逆气应之。从往昔"一个声音喊到底",到如今"人人都有麦克风",社会思潮蓬勃激荡,意识领域迸发出空前的活力,也隐藏着巨大的挑战。

林薮鸟杂沓。多元表达必存"异质思维",甚至给人"鸡同鸭讲"的感觉。一项改革措施出台,有人欢呼雀跃,有人却质疑矫正;一件商品价格,有人觉得"压力"很大,有人十分"淡定";一桩刑事案件,有人急切期盼"正义到来",有人则在觊觎"程序瑕疵"……甚至本应怜悯却施威,本应疾恶却钦佩,本应谴责却赞美。

在改革深水区和攻坚期,不同利益的调整和博弈,必然带来不同诉求的表达。随着开放扩大和全球化深入,传统与现代、域外与本土,不同价值观念不可避免地会产生碰撞交锋。在这一过程中,势必会出现"古怪歌"里描述的戏谑现象。

这是一个由语不惊人死不休的年代转化为"秀"不"迷"人死不休的时势,各种比《木偶奇遇记》更"奇"的故事屡见不鲜:坐地铁惊逢希腊女神雅典娜,逛大街奇遇中华祖宗娘娘"女娲",孙悟空故里已经"确定",王母娘娘真身业已"敲定",嫦娥奔月之处已然"笃定",牛郎织女的出生地已无"争论"……

面对诸多的社会怪象,有两种应接方式:

其一,愤恨激怒、守正不阿、秉笔直书。徐贲说:"社会联系中表达的愤怒促进了有关新闻的传播,加速了公众意见和集体行为的形成。亚里士多德也说:'被奴役的人,卑贱的人和没有雄心壮志的人,是不会感到愤慨的,因为他们认为没有一样东西是他们应该得到的。'因此，能愤慨、会愤怒的公众其实是任何一个社会都需要的，而他们带有怒意的公众意见也是值得听取和重视的。"

可是，如果一味抱怨，满腹牢骚，这种消极心态不仅不能消解焦虑，反而会让自己的心灵和生存环境恶化，形成一种"社会反向情绪"，使人们动摇内心的理想信念，撕断内心坚守的良知底线，改变价值取向和评断标准，对周围一切充满迷惑。

其二，柔色温之，谈言微中。社会从来就不是一个晶莹剔透体。正如荀子所说："无国而不有治法，无国而不有乱法；无国而不有贤士，无国而不有罢士；无国而不有愿民，无国而不有悍民；无国而不有美俗，无国而不有恶俗；两者并行而国在，上偏而国安。在下偏而国危；上一而王，下一而亡。故其法治。其佐贤，其民愿，其俗美，而四者齐，夫是之谓上一。"（《荀子·王霸》）

我们今天的改革，就是要光大前者，革除后者。

《书·洪范》中提到："三德：一曰正直；二曰刚克；三曰柔克。"《后汉书·梁统传》称"文帝宽惠柔克，遭世康平。"柔克，用温柔和顺的手段克服一切。这是一种言语交流艺术，也是一种治国方法。

这里有一个实例。河南邓州农民张某（女）、马某（女）、王某，以"邓州市人民政府不作为"为由，宣布予以撤销，在市政府旁边成立一个"新邓州市人民政府"，下设三个"乡镇政府"，张某自任一把手兼管一个乡，另两人任乡长。不久，邓州市人民法院作出一审判决，张某等人因犯伪造国家机关公文罪，分别被判有期徒刑2年、10个月和8个月。

三个农民宣布撤销合法的市政府，私自在政府附近公然成立"新政府"，这种事，多少有点恶搞的成分在内，所以当地法院没有把他们上纲上线到"颠覆国家政权"的性质上，只判他们"伪造国家机关公文罪"……

　　三农民胡搞确实该有相关法律管束，但他们提的"政府不作为"的问题，却是值得反思的。有关方面应"有则改之，无则加勉"。（《羊城晚报》）

　　荀子说的"无国而不有恶俗"，从界定端来看，是一个"实质界说"，从理性性质来看，属于实践理性。恶俗的来源有两种：一是传统流传下来的，如《刘子·风俗》里指出："越之东，有軫沐之国，其人父死，即负其母而弃之，云是鬼妻，不可与同居；其长子生，则解肉而食其母，谓之宜弟。楚之南，有啖人之国，其亲死，析其肉而埋其骨，谓之为孝。秦之西，有义渠之国，其人死，则聚柴而焚之，烟上熏天，谓之升霞。胡之北，有射姑之国，其亲死，则弃尸于江中，谓之水仙。斯皆四夷之异俗，无足怪也。"一是社会发展演变过程中，尤其是社会转型期形成的。袁泓霈《铲除"干露露"们的恶俗社会土壤》一文，彻底地揭露和批判了当前社会的恶俗现象。文章说："时下，'以恶俗为美'的社会行为，可谓多多。影视作品中，热吻、床戏之类的刺激镜头屡见不鲜。电视节目中，嘻嘻哈哈、胡乱取闹的无厘头场景，总是常见。社会文化中尤其是手机短信中，也总有不堪入目的灰色短信和黄色短信等。最典型的就是，网络视频中，总有一些窥隐私、放大暴戾的真实视频等。当社会良性文化和慷慨精神,被这些灰色和边缘化文化侵占时,传统文化和价值观中的真善美以及坦荡真诚、豁达宽容等,就会受到严重挤压,少了市场和空间。"

作者还指出:"用我们的蔑视、无声或者尖锐挞伐,张扬内心的正能量,释放社会善意,打造主流价值观。让这种'正能量'得到更多释放和传播。一旦形成了轰轰烈烈的宏大态势,形成了足以围剿恶俗文化的强大程度,这个恶俗的社会土壤就能得到慢慢纠正。"

显然。这篇文章用的是"刚克"的手法,即直情径行。这是必要的,只有形成强大的舆论压力,才能助我张目,铲除恶俗产生的社会土壤。

当然,还要善于"柔克",转谴为谑,戏言理论。下面是笔者的一幅幽默对联:

豪吃靠露,豪饰靠露,豪行靠露;名场利场,哪管廉耻;金黄银白,但见了眼红心黑,一干母女都露露

裸晒是美,裸展是美,裸秀是美;花说柳说,不顾礼义;玉暖珠明,果然是火爆欢狂,三郭胴体尽美美

这一幅长联,主题就是挞伐以干露露、郭美美为代表的恶俗炒作的,但它没有更多地运用谴告语,而是把对"以恶俗为美,以浅薄为时尚。以丑名、臭名为出名"的畸形价值观的厌恶和批评用谐谑的形式表现出来,让我们在张扬内心的正能量,释放社会善意,打造主流价值观的同时,还获得了一种艺术欣赏的愉悦。

其中,"露露"既展示了一些女人为了出名不择手段、不顾廉耻,和无良媒体人打情骂俏的疯狂和无忌,又刚好是发飙女子的芳名。

再看现实生活的某些领域,"晒"裸蜂起。"不怕没穿,就怕没钱",这种靠拜金、追富和享乐交织推动的力量,使攫取金钱成为人们行为的首要逻辑。这就是联中"金黄银白""玉暖珠明"所涵盖的内容。

在各阶层、各领域呈现出的混乱和低俗状态,这种众口嚣嚣,不可胜听,联中用"花说柳说"一语概括,晨钟空鸣,令人警醒。"花柳"本指红花绿柳,泛指游赏之地。李白《流夜郎赠辛判官》有"昔在长安醉花柳,五侯七类同杯酒"。后引申指"花街柳巷",妓院聚集的地方,即风化区。"花说柳说"一般用法与"花言巧语"同,但联中指的是各种奇谈怪论和时代病灶。

"三郭"也有特殊含义。郭是外城,建筑物的四周或外部,有时也指人住的院子。民间有"三瓦两舍"的说法,指民房。也指宋、元时代大城市内的妓院和各种游乐场所。这里用"三郭"指涉黄娱乐场所、违法网吧、低俗媒体等,"郭"又隐郭美美的姓,与上联"一干"呼应。

一、以柔代刚

按荀子的"谈说"之术。就是用严肃庄重的态度应接对方,用正直诚恳的态度与对方相处,用坚强的信心去帮助对方,用比喻的方法去启发对方,用分析的方法使对方晓悟,在欢悦融洽的气氛中把自己要讲的道理传递给对方。

希望杜绝一切非理性言行是不现实的。与其紧张焦虑,不如解析它们生长的社会根源,探寻化解它们的现实途径。客观存在的非理性躁动正是幽默现象的旁见侧出，而幽默又是旁敲侧击地化解非理性言行、培养理性平和心态的温和渐进的明智选择。

如前几年已经流行过的老农牵毛驴进城的故事：

> 一老农牵着毛驴进城，驴闯红灯，罚10元。老农怒喝驴子："你以为你是特种车，红灯也敢闯？"没走几步，驴又碰翻一水果摊，赔人20元。老农更气："你以为你是工商城管，想掀谁的摊儿就掀？"老农牵驴回家，路过一片青草地，驴啃青草，又被罚30元。老农气极，骂道："你以为你是检查团下乡，走到哪儿吃到哪儿？"老农骂完牵驴去河边喝水，可驴子却发起倔脾气，扬颈不饮。老农火了："你以为你是大款啊，没小姐陪就不喝？"驴子掉头就跑，岸边晒一张渔网，驴上而破之，渔翁索赔500元。老农热泪盈眶道："你以为这是中国电信，上网要花这么多钱？"驴子转身踢了老农一脚，老农骂道："你以为你是网管，想踢谁就踢谁？"（《幽默世界》）

这是写监管、垄断部门特权的，但它没有出现激辞词语，而是把驴的自然动作对象化为某种人的行为特征，并且巧妙地和特权、享乐等联系起来，变成一种笑料，但又不完全是开玩笑，因为在笑的同时，我们会想到一个公平缺失的社会现实，和应当在大地上存在的美好生活之间所发生的矛盾，以及对实现公平正义，幸福尊严这些当下正在大力倡导的社会价值的渴望。

二、化"怪"为"哏"

社会转型期出现的一些乖语谬说、奇谈怪论，正如《潜夫论·交际》所说，都是"言方形圆，口正心邪，行与言谬，心与口违"的，多为出乎意料,逆向思维。我们不妨化怪谬为哏,在愉悦中令人警醒。钱钟书《说笑》一文里说得十分深刻:"一个具有幽默的人别有会心,欣然独笑,冷然微笑,为沉闷的人生透一口气。"

以下仅举两例:

1."国骂"盛行。近年来,社会语言的某些领域呈现俚俗、鄙陋、粗鲁、野性的状态。鲁迅先生早就指出的"国骂"现象大行其道。一些人出口就成"脏",以"脏"为时髦。

对国骂,虽经挞伐,依然勃兴。也有转谴为谑,戏言论理的。一位作者首先引用了一个"趣闻":

> 武汉某动物园从国外引进8只鹩哥,经训练会讲几句中国话,见游客会说"你好""恭喜发财",游客走时还不忘"拜拜",颇受游客喜爱。但数日前有游客逗鸟时,有只鹩哥竟说:"去你*的!"饲养员顿时傻了眼。鹩哥记忆力好,估计是跟游客学的国骂。为防止鸟儿相互学脏话,园方将骂人鹩哥隔离单独训练。

写"趣闻"不是为了一闻而笑了事,是要以"趣"说理,作者接着说:

> 鸟儿会说人话,当然人见人喜,但猛不丁鸟嘴里冒出"国骂",游客的愕然与气愤可想而知。但这怪谁呢?近朱者赤,近墨者黑,人尚且如此,鸟儿又岂能"免俗"?鸟儿再聪明,只会学人语,却不明其意,正所谓鹦鹉学舌也。
>
> 国骂流行,并非始于今日。鲁迅在世时便著文《论"他妈的"》,

足见其源远流长。如今流行其盛，竟已"穿越"到了禽兽界，真令人讶异。其实，小鸟嘴里的国骂映射出的是人之丑陋，该"关禁闭"的应是不文明的游客。

这种柔性表述，效果可能会比"硬掐鹅脖"好得多。

还是在动物园发生的事情。2013年"十一"长假，北京野生动物园里的一只"神奇"孔雀，只要游人有需求，"想什么时候开屏就什么时候开屏"，一时成了爆炸新闻。可人们又发现，开屏的孔雀除了头能像跳探戈舞那样时而移动一下，身子却纹丝不动。

后来得知，那只头摇身不动的开屏孔雀暗藏了玄机：孔雀屏是电动的。这样，园方至少有三种恶作：涉假、涉黄（擦边）以及虐待动物。

不过，眼下人们对此类鸡鹜争食的事，并不绳趋尺步，弹抨发举，而是谐谑狎之。

楼市狂扩。据报道，全国有655个城市正计划"走向世界"，183个城市要建"国际大都市"，30多个城市要建"金融中心"。若干不宜建地铁的城市也"铁"定要建。尤其惊人的是，中国在建摩天大楼总数超200座，相当于今天美国同类摩天大楼之和。中国未来3年平均5天就有一座摩天大楼封顶。5年后中国摩天大楼总数将超800座。

同济大学建筑与城市规划学院教授匡晓明说，"这种地标性建筑尤其要符合领导口味"。领导们喜欢什么呢？一个简单的思维就是：高。然而，这些酷高的领导如果懂得了这种心理的根源，就会闻"高"惭颜，不觉汗之沾背也。

有宗教心理学家指出，人类各族群均有男根崇拜的历史，基于这种质朴的崇拜，古人特别热衷建设高耸的建筑，古埃及的金字塔、古印度的佛塔、印第安人的图腾柱以及我国的华表都是例证。望着塔与柱那挺拔的身姿，古人心灵深处的力比多就别提多"嗨"了！当一个部落建了一根大柱子，另一个部落拼了老命也要建一根更大的柱子。

美国电影《金刚》里的大猩猩，也喜欢高的建筑，它屡屡爬到纽约的帝国大厦上拍打胸脯发出嘶鸣，并四处寻找它那可爱的小美人。

难得我们的各地领导，生活在21世纪，竟有如此炽烈、如此高度统一的复古情怀。(《羊城晚报》)

幽默的两大类型

幽默是一种释放心声的理想渠道。

幽默就是慈爱，不懂得爱的人就不懂得幽默，更创造不出幽默。李建纲在《丹柿豆花小院》一文里满怀深情地说：

一看到舒济和舒乙，我立刻想起早年读过的老舍先生的《有了小孩以后》里关于这姊弟的描写："小女三岁，专会等我不在屋中，在我的稿子上画圈拉杠，且美其名曰'小济会写字！'……小儿一岁整,还不会'写字',也不晓得去看猴,但善亲亲,闭眼,张口展览上下四个小牙……"

每一个字都是从爱的心里流出来的。做老舍的孩子,令人羡慕。他们得到多少的爱,多深的爱!老舍爱花,爱孩子,解放以后,爱咱们党,爱新中国。也许正是这种爱,铸就了他的独特的幽默。

幽默的渊源浩博,无始无边。笑话、故事、民谣、寓言、传说、诗词、掌故、谚语、歇后语,甚至一句话,都是它的素材或载体。植入特定环境,就可以获得言外之意,用意幽深而轶乎寻常。在俯视社会万花筒的同时,还能欣赏到作者观化天人、放怀世宙的智慧。

究竟是"原件"还是幽默,有时颇费思量。请看下面两个笑话:

有一则笑话,说的是张三到李四家做客,李四不在,其妻招待了他。进门后,李四妻问:"请教贵姓?"张三答:"免贵张。"李妻又问:"弓长张还是立早章?"答:"弓长张。"李妻热情地说:"您还没用膳吧,我给您准备去。"由于态度亲切,言语中听,张三十分满意。回去对自己不善待客的妻子作了详细介绍,并要求她学着做。一天,张三家来了客人,张三妻问:"请教贵姓?"客答:"免贵侯。"张妻一时语塞,想了想,急中生智,问:"是公猴,还是母猴?"来客困惑,只好答:"是公猴。"张妻说:"您还未膳吧,我给您准备去。"说完入厨磨刀嚯嚯。客以为要"骗"他,吓得狼狈逃窜!

还有一个类似的笑话：张某常在妻子面前夸奖朋友之妻聪明能干，其妻非常不满。一天，张又对妻说："今天我到李某家，李某不在，他妻子问我贵姓？我说弓长，她回答说，原来是张先生，请坐。倒茶以后，她一边织毛衣，一边跟我聊天。我说，你的毛衣织得真漂亮。她马上回答说，您过奖了，您要是喜欢，我可以替你织一件。你看李的妻子多聪明呀！"张妻不服气地说："这有啥了不起，我见了客人也会这样说的。"

次日，正好友人来访，张不在，其妻热情地接待了这位客人，问："你贵姓？"答："口天"。张妻愕然，口朝天是什么呀？一想，夜壶是口朝天的。此人肯定是夜壶先生，便说："原来是夜壶先生，快请坐。"

客人非常生气，又不好发作，见她怀里抱着一个白胖胖的婴儿，便夸奖说："你的宝儿真可爱。"

张妻听客人夸自己孩子，高兴地说："你太夸奖了，要是你喜欢，我可以替你生一个。"朋友一听，拔腿就跑了。

笑话应该说是艺术创造，但许多笑话并不能给人以美的享受，有的甚至为正直的人所鄙弃，这除了技法问题，也就是艺术加工问题之外，还有审美问题。文艺作品讲究雅，笑话多是通俗的，但俗不一定伤雅。第一则笑话含有幽默成分，它启示人们，言语要注意得体。张妻只记住了一种讲话方式，就硬往其他人身上套，闹出了笑话。第二则笑话毫无幽默可言，过分直露，显得低俗。

在某种特殊关系的亲属之间，有一种特别被许可的亲密或放怀关系，以消除潜在的冲突和紧张，这种关系称为戏谑关系。戏谑关系包括戏人和谑己两个方面。这个理论启示我们：释放心声的指向也不是单项的，它不仅指客体，也可以指主体本身。

一、释放心声的指向在客体（别人、外在言论、学说等）

20世纪90年代初，一些得益于改革开放政策的暴富者纷纷给自己戴上一顶"贵族"的帽子，兴起了一股"贵族"热。商店、酒家、商品一窝蜂地冠上"贵族"名称，来势最为凶猛的则是那些铺天盖地的广告，在一个劲地诱导人们奔向"贵族"。并由此衍生出当时最流行的"品味""档次""身份"等，好像一旦穿上鳄鱼皮、坐上高档汽车、喝上什么XO、进入几间KTV包房就成了"贵族"。

其实，贵族的"贵"就是"高"。这个"高"，是全方位的高。从经济到文化，从生活方式到行为方式到思想方式，全部高出普通百姓者，才可登贵族之堂。而在今日之中国，一些款爷、巨富可能钱财方面已经达到甚至超过了贵族的标准，而在其他方面都是赤贫白痴。被包裹得油光水滑的太太先生可能在人群里莽撞；享受着人头马的红唇可能吐出丑言恶声……有的是粗俗、浅薄、无知，独缺绅士风度的优雅。看这原形毕露的"贵族"：

贝多芬的男人干啥

一自诩"贵族"的暴富者。一身包裹得油光水滑，但言行却无知、浅薄、粗俗。他听说欣赏高雅音乐能使人"高雅"起来，于是，开始出入高雅音乐厅。一次，去参加贝多芬音乐作品演奏会。整个演出过程，他酸醋假文，守口如瓶，生怕露马脚。演出结束，实在憋不住了，对人说："贝多芬这妞儿的命运交响曲可真'丫挺'，谁要是娶了这么个老婆就盖了帽了，不知她男人是干啥的？"（胡安良）

墨子就是小乌贼

当大款的爸爸正同几位哥儿们沉湎于"竹城之戏"，上小学的儿子跑过来问：

"爸爸，老子、庄子是什么人？"

"你爸爸就是'老子'，老子正在做庄，也就是'庄子'。"爸爸出口成章。

"那墨子又是谁呢？"儿子接着问。

爸爸稍加思索，果断地说："墨子就是小乌贼。"（胡安良）

车尔尼雪夫斯基在《生活与美学》中谈到俄国上流社会美人的标准：柔弱、委顿、慵倦，最好还要有偏头痛。我们的富婆中也有东施效颦的：

跻身贵族

一暴富女人亟欲跻身贵族行列，于是首先寻找上流社会女性优雅风度的感觉。清晨散步，显得委顿、慵倦，还有点偏头痛。夫问疾从何来，答曰："被路边小草上的露珠沾染所致，赶快召医用药。"其夫曰："昔日我与娘子行乞时，经常露宿在屋檐下，断桥边，风雨凄凄，不曾听说有此贵恙。"（胡安良）

刘再复说真贵族精神是"自尊、原则、低调、淡泊名利"，

可我们的部分"贵族"自我膨胀起来,早就不知道自己"贵"姓了。

二、释放心声的指向在主体(自嘲)

俄国诗人普希金说:"假如生活欺骗了你,不要悲伤,不要心急!忧郁的日子里需要镇静:相信吧,快乐的日子将会来临!"其实,忧郁的日子不仅需要镇静,还要保持幽默感,表现豁达乐观的天性。孔子周游列国,历尽艰辛,一日至郑,学生都走散了,他独自站在城东门。郑人或谓子贡曰:"东门有人,其颡似尧,其项类皋陶,其肩类子产,然自腰以下不及禹三寸,累累若丧家之狗。孔子闻之欣然:形状,末也,而似丧家之狗,然哉然哉。"(《史记·孔子世家》)请看孔子的幽默。对挫折付之一笑,这不是对人类的极度宽容吗?

幽默者不仅怀有一颗爱人的心,而且豁达倜傥、任性率真,能笑谈自身的苦闷与窘路。《庄子·天地》里说:"大声不入于里耳,《折杨》《皇华》,则嗑然而笑。是故高言不止于众人之心;至言不出,俗言胜也。以二垂钟惑,而所适不得矣。而今也以天下惑,予虽有祈向,其庸可得邪,知其不可得也而强之,又一惑也。故莫若释之而不推。不推,谁其比忧!历之人夜半生其子,遽取火而视之,汲汲然唯恐其似己也。"

这段文字颇具作者言心自省的意味。他看到世人的困境:高雅的音乐不为俚俗所欣赏,人们听到《折杨》《皇华》这些民间通俗歌谣就开怀大笑,所以,佳美绝妙的言论不能在众人心中停留;至高无上的真理之言不出现,世俗的言论充斥着。因为两种观点不同而造成迷惑,结果无法心意相投。眼下则是天下人都迷惑了,我虽然公开明白表示方向,又如何帮得上忙呢?

知道帮不上忙还勉强去做，又是一大迷惑。因此不如放开，不再追究。最后一小段有关"厉之人"的寓言，表层含义是说，丑女知道自己丑，但不知道（或不希望）孩子会长得像自己。这显然是一大迷惑。庄子以此自我解嘲，因为他担心自己的作品流传下去，不也是陷入"知其不可得也而强之"的迷惑中吗？这意味着，有所作为就是迷惑，只有忘掉自己的美丑。孩子生了顺其自然，如此而已。

说起研究生，20世纪五六十年代是凤毛麟角，天下慕向，人们对其毕恭毕敬；七八十年代是居高声远，饱学之士，人们对其肃然起敬；九十年代是门槛降低，良莠不齐，人们择善而敬；进入新世纪，是应时当令，谋生糊口，人们无所可敬。

于是，武汉某重点大学研究生脱口而出一则自嘲幽默：研究生成了研究找工作的学生。如今，我们的硕士生年年扩招，博士数量也在猛增。2008年中国内地拥有博士授予资格的高校超过美国，跃升"世界最大博士学位授予国"。看起来可喜可贺，实际上是表壮里不壮。

学位授予量世界第一，不能类推为高级人才数量世界第一，反倒把国内学位泡沫化的趋势和倾向暴露无遗。最令人忧虑的是，多数人读研不是为了充电和冲顶，而是为了找工作或晋升，读研功利化现象日益严重。

用释词手法创造的"研究生成了研究找工作的学生"这则幽默，形式短小，含义深广，是创作者的亲身体验。这一方面凸显了高学历的人就业难的尴尬局面。虽然也有就业"专家"开导，要转变就业观念，修脚和理发也是从"基层"到"顶峰"，但那毕竟是站着说话腰不疼。一方面也应验了一些精明的用人单位的招人评跋：今天的博士不如五年前的硕士，五年前的硕士不如十年前的本科！

一个中年人骑车因要拐弯走到道路的左边，正巧和迎面骑车而来的一个青年相撞。青年火冒三丈："你长眼睛了没有？骑车为什么不靠右边走？"中年人急忙扶起青年，抱歉地说："都怪我，都怪我，我还以为所有的人都靠右，左边的路全空着太可惜了呢？"

中年人明知理亏，为了避免矛盾激化，就把自己贬身成一个"交通规则盲"，涉世不深的年轻人感受到一种和颜悦色、平心静气的友善，怒气顿消。

谁的家

牛津大学的布莱克教授是个心不在焉的人。一次他去拜访一个同行朋友。晚饭后，他们聊起来。布莱克非常健谈，半夜了，还在那儿谈个不停。朋友觉得非常疲劳，并且一直在看表，可他不想做不礼貌的事。终于，朋友无可奈何地说："布莱克，我亲爱的朋友，我不愿意赶你走，可是我明早7点还有一节课呢，我必须上床了！""老天爷！"布莱克脸红红的，很不好意思，"我还以为你在我家里呢！"（阿晨　摘）

朋友下了逐客令，直爽多言、不知忌讳的布莱克甚觉难堪，只好自嘲"我还以为你在我家里呢！"打了圆场。

《庄子·马蹄》里的"至德之世"，很像西方对伊甸园的描写。

世间一片祥和,"万物并育而不相害"。关键在于那时人们"无知无欲"。而眼下,"天下人所看重的,是财富、显贵、长寿、名声;所喜爱的,是安逸、美食、华服、彩色、乐音;所鄙视的,是贫穷、卑贱、短命、垢辱;所苦恼的,是身体得不到安逸,口里得不到美食,外表穿不上华服,眼睛看不见彩色,耳朵听不到乐音。"(《庄子·至乐》)于是,"天下熙熙,皆为利来。天下攘攘,皆为利往"(《史记·货殖传》)。追逐外物而无法回头,精疲力竭而不得快乐。就像和自己的影子赛跑一样,永远没有得胜的机会,"是犹推舟于陆也,劳而无功,身必有殃"(《庄子·天运》)。待"殃"至,人们才发现自己的认识有偏差,才引发了欲壑难填。于是,他们回过头来,要寻找一种"至乐"。当然。再不可能恢复"至德之世"和伊甸园,也不可能重建"无何有之乡",他们思前想后,想到了熊猫。

托生熊猫

一终生行善者,按惯例应托生,轮王问其所欲,曰:"此生活得太累,愿投胎熊猫,潇洒走一回。"

轮王惊问:"为何出此下策,要慎重行事,认真论证一番。"

行善者答:"这熊猫,祖传世袭是国宝,没定级别待遇高;头疼脑热有医护,不必排队去挂号;金银米谷懒过手,充栋荣华与富豪;出国交流坐专机,促进友谊立功劳;安享天年得至乐,此等生活多逍遥!"

轮王恍然大悟:"真有如此妙境,待我自去,把王位让给你好了。"(胡安良)

当然,这只是一种精神的"减负",不过,也算一种"逍遥游"吧!

赶上了时髦

有一天,阿三喝多了酒,照着镜子冲自己笑。妻子不解地问:"你笑什么?"阿三说:"我笑自己过去老是跟在人家屁股后边赶时髦,赶到现在才让我给赶上了。"妻子又问:"现在时髦什么?"阿三苦笑道:"下岗。"(吴书纯)

把下岗说成是"赶时髦",真是"东风催雨破天悭,行圃归来剩解颜"(陆游)。

笑点的形成

幽默突破了习惯的思维方式和通常的话语模式,幽默的创作不能只停留在话料儿叙述的阶段,而必须对话语材料进行巧妙加工与改造后而衍化出新的表达体。

幽默之所以使人解颐,重要的因素是因为它有"笑点"(方成称之为"奇巧")。笑点能造成推理与现实之间的乖违而感到奇妙,使人在抵牾中引逗发笑。笑点是幽默的"导火线",腾笑的"助推器"。笑点既引人发笑,又启人深思。

书法、绘画或作诗文有所谓神来之笔。"神来"是指书艺家在无意中巧遇妙境,及时捕捉并升华为痴迷沉醉的妙思。这些都是平时思力所达不到的,则以为上天所赋予。

把"神来"这个概念挪用到"笑点"里,就是"不虞""不承望""未料及""不意""意想不到""出乎意料之外"等。

2010年底,诺贝尔物理学奖获得者,美籍华裔科学家丁肇中到中山大学访问。

记者问:"丁先生,您怎么看目前的出国留学状况?"

丁答:"不知道。"

(听众交头接耳)

记者问:"丁先生,与中山大学合作这么长时间,您觉得中山大学有什么变化?"

丁答:"不知道。"

(有些听众感到惊异,哂笑)

记者问:"你怎么评价中国高校的体制和发展前景。"

丁答:"不知道。"

(场内情绪活跃,笑声四起)

如今,学术界有不少人无所不知,无事不晓;时时粉墨,处处发飙;来者不拒、信口招摇,有心有肠儿,有枝儿添叶儿……在这种喧嚣浮躁的语境中,面对连珠炮式的提问,这位名满天下的学术大师最多的回答居然是"不知道",这当然出乎众人意料之外,大煞风景!但仔细一想,这又是合乎情理的。丁肇中说:"这15年来我只做一件事,那就是在宇宙间寻找反物质",并幽默地说,"集中精力做一件事,这样就可以在回答其他问题的时候说不知道了。"

这就用"不知道"这个笑点"点"出了丁肇中的成功之处、高明之处。因为他并不关心在公共场合如何应变以及公众如何评价，而是十五年如一日寻觅反物质，这才是他的酷爱。

一个女孩"郭美美 baby"，以"红十字会商业总经理"名义炫富于微博，引发了一场震动中国红十字会的风波。虽然北京警方的调查表明，郭美美与中国红十字会无直接关联，但中国商业系统红十字会已经暂停活动接受审计。政府背景公益组织的止损点在哪里，焦灼着公众的心。

怎样来评价郭美美这个人呢？我们看一则幽默：

臭豆腐加粪水

臭豆腐，是一种极富特色的中国传统小吃。它闻起来臭，吃起来香。明清时期，甚至被皇帝御赐为"贡品"。慈禧太后对它眷顾甚隆，赐名"青方"，使其名扬天下。

然而，就是这样一种传统美食，却差点要了温州食客苏先生的命。何故？原来是不良商家为了增臭，往里面加了粪水。

臭豆腐加粪水，这不成了郭美美吗？（胡安良）

一般的表述应该是：黑心商家为添臭而加粪，简直是在挑战食品安全的最底线，把臭豆腐的名声给彻底弄臭了。而这里却出人意料地来了一句"臭豆腐加粪水，这不成了郭美美吗？"臭豆腐加粪水，当然不是郭美美。但是仔细一想这几年郭美美的所作所为已经不是闻起来臭，吃起来香，而是闻起来臭，吃起来就"殇"。这和毒臭豆腐的危害是相同的。这一段话原本是讲述"粪水臭豆腐"的，由于在文末抖出了一个笑点，就成了幽默。

过去几年，"郭美美"这个名字频繁出现在网络讨论热帖中，不断地打旋磨儿，又不断地打坠咕噜儿。而只要说到她，人们自然联想到的是大别墅、豪车、大牌、干爹等，在经过微博炫富、援交事件、整容风波、不雅视频、爱车被撞等一系列事件后，郭美美因涉嫌开设赌场罪被批捕。

对于社会，郭美美事件造成了看起来滑稽，却又是沉溺重腿之疾。整个事件似乎暗示社会的某种阴暗之处，但又隐慝险谲。这其实最剥肤社会本身，不仅会打击人们对于社会的基本信任，还让年轻人误认为违法乱纪反而可能成为某种出名的机会。

幽默是一种表现手法，经过作者缜密加工才能产生出来，必须做到含蓄、曲折，以及有意而为的虚构情节来表现。笑点如蜂屯蚁杂、不可爬梳，只能举其要者略述。

一、对比托寓

幽默并不是欧美人的专利品，中华民族也是具有幽默传统的民族，所以这个民族文化中就不乏幽默。如果说"俳优"这种形式还只是"滑稽"，算不上幽默，那么先秦诸子寓言、文人笔记、民间传说、唐宋传奇以及元杂剧中的幽默就不是什么幽默的"雏形"，而是幽默的"典型"了！小说家如冯梦龙、蒲松龄、吴敬梓、鲁迅、老舍、张天翼、赵树理等，他们的许多作品幽默纷呈，脍炙人口，所以深受广大读者的欢迎和喜爱。这都是幽默艺术的万斛源泉，值得我们鉴许镌琢。

（一）点窜成语

"宋人有耕者，田中有株，兔走触株，折颈而死；因释其耒而守株，冀复得兔，兔不可复得，而身为宋国笑。"（《韩非子·五蠹》）"守株待兔"这个成语，比喻固执成见而不知变通，或妄想不劳而获，坐享其成。这个寓意深刻的成语，早已家喻户晓。如今已经有了现实版。

盖房子是为了居住，这是常识，但是最近在陕西省西咸新区沣东新城的梦白村却出现了一件怪事：那里的一些农民不种庄稼，"抢种"房子。他们在农田里盖起了根本不能住人的建筑，然后就等着有朝一日征地拆迁而"收获"补偿款。

正常情况下，这等怪事只会出现在荒诞小说里。然而，在征地拆迁补偿款的诱惑下，陕西一些农民真就这么干了！或许，战国时期那个守株待兔的农民在九泉之下可以释然了，因为在21世纪的今天，有不少同行继承了他的衣钵，在自家麦田里"建房待拆"——这不就是一则比"守株待兔"还形象生动的当代寓言吗？

毫无疑问，如果以征地拆迁引发的各种奇闻怪事为素材，足以写成一个交织着权力、金钱、阴谋、荒诞、命运等元素的精彩剧本。这个剧本，折射出人性阴暗和丑陋的另一面，值得人们深思。

三国时期，吴国的国君孙亮曾派太监到宫仓取蜂蜜，太监取回后，孙亮发现蜜中竟有鼠屎。到底是仓库保管渎职还是太监在取蜜的途中放的？仓库保管和太监都拒不认罪，众大臣也莫衷一是，孙亮灵机一动，让人把鼠屎剖开，发现鼠屎内部干燥，而表面沾湿，于是认定鼠屎是太监刚刚放进去的。

历史跨越了近2000年，相同的案例再次出现。浙江杭州消费者小丽（化名）在喝光明酸奶时，喝出了一只苍蝇。"给光明乳业打电话，对方说，要给苍蝇做尸检确定死亡时间才能得出结论，来证明苍蝇到底是本来就是随着酸奶来的，还是事后飞进去或者被扔进去的。"

苍蝇是何时"飞"进奶瓶的成了消费者和企业争论的焦点，可能是受了孙亮的"办案秘诀"启发，光明乳业的一些"聪明人"竟然也要求消费者解剖那只惹是生非的苍蝇。

为了一瓶奶，给一只肮脏恶心的小小苍蝇做尸检，这种离奇的创意让人闻所未闻，不可思议，仅凭常理或直觉判断，"苍蝇尸检"就是明显的"以随侯之珠弹千仞之雀，世必笑之"。

这种言行奇异古怪，不同寻常；违背正道，不合规矩。思想与常情相悖，但对事理的观察却很独到深刻。所说或所坚持者的确能找到某些事实作依据，善于论辩、玩弄奇特的言辞，确能糊弄、忽悠那些追潮逐新者。

在事实真相难以辨别的情况下，当光明乳业没有确凿证据排除己方的责任嫌疑时，就应该真诚地和消费者沟通协商，向消费者道歉，努力承担应尽的责任，并进一步加强生产监管，堵住"食品安全纱窗"上的漏洞，把各类"苍蝇"拒之瓶外，这样，企业很快就能获得消费者的理解。令人遗憾的是，光明乳业选择了相反的方向，他们想用"苍蝇尸检"的难度来吓退消费者，从而达到推卸责任、维护形象的目的。这就像飞进企业诚信的一只苍蝇，污脏了企业形象，搅扰了消费者对企业的信任，终是适得其反——网友在新闻跟帖中的反应已充分说明这一点。

（二）套用诗文

现代社会，节奏紧踔，忙着应对杂乱喧嚣的现实生活，心态消极，意志消磨。科技给人们带来的"享受"，无论工作、学习还是娱乐，最多的一个动作就是"坐着"。

于是，眼下许多上班族抬不起头、站不直腰、伸不直指、吃不下饭。既而，网上出现一个有趣的段子：

短信指，鼠标手，一着不慎键盘肘。电脑椎，沙发臀，昨夜加班，今朝眼涩。错、错、错。

春如日，人空瘦，人道是玻璃胃诱。屏幕脸，成人痘。芳龄虽在，色斑难除。莫、莫、莫。

长期视频作业导致的眼部损伤、职业腰背痛、颈椎病、鼠标手等疾病，是现代工作特有的疾病，都应该纳入职业病目录，劳动者的权益才有保障。而在维护自身权益的过程中，这位网友没有采用通常的手法，而是把这些令白领痛苦不已的易患疾病巧妙地填入"钗头凤"中。把话语语境由"诉衷情"转化成了"诉怨情"，追忆谈绪，辗转悲酸变成嬉戏玩笑。这样的仿古（放古）例子使人会心一笑之后不免黯然神伤，默契共鸣。

一名来自芬兰的外教曾连续五天在一斑马线处观察，发现几乎没有车子礼让行人，尤其是出租车和公交车。于是，他决定在过马路时，用自己学来的中国太极拳动作，提醒司机减速慢行。许多网友在评论中赞扬"洋大叔"的善举，也表示"自己很脸红"。

这位"洋大叔"尽管未必是中国通，但对于中国斑马线上的险象环生，却并不陌生，之所以作出"斑马线上打太极"的出位之举，与其说是无知者无畏，毋宁说是"明知山有虎，偏向虎山行"。

对此，一位网友调侃道："一个外国人，为了中国社会的路权、公共准则、次序和道德建设，不远万里来到中国，这是什么精神？这是国际主义精神，这是共产主义精神。是值得我们每一个人学习的。"尽管语调中不乏戏谑，但却也充分地暴露了事件背后的真问题。网友的调侃是对毛泽东《纪念白求恩》一文中一段话语的模仿，原文是对伟大的国际主义战士加拿大人白求恩的赞颂和评价。这种仿造实现了由庄至谐的转化。

二、丝来线去

"丝来线去"原本是形容工匠手艺微密精细。后来又比喻纠缠纷乱，头绪不清，很像庄子的"纠缠交错"句式。例如，在中国文化中有很多消极因素是滋生腐败的条件，如"圈子文化"，社会上流传者一句绕口令：

> 进了班子还要进圈子，进班子不进圈子等于没进班子，进了班子不如进圈子，进了圈子不进班子等于进了班子。(《西宁晚报》)

这就是"丝来线去"。眼下，日益严重的"圈子文化"正在消解着正常的社会法则。人们常常喜欢给自己划定一个"圈子"，那是因为"圈子"是有明显界限的势力范围，"圈子"的形成更多是因为人为的因素而非自然所成就。在这个"圈子"里，大家不再讲究社会规则，而是按照利益所需互帮互助，至于对社会秩序的破坏大抵是无人考虑的。"圈子文化"下的"关系学"正在成为这个社会的显学，在方便自己的同时有没有侵害他人利益，这并不是关系学所考虑的。这个绕口令似的幽默揭示了入围的干部争宠,不入围的干部被祛,这种示范效果迫使大多数干部去屈从新的游戏规则。从追求庇护到跑官买官,并按照这一游戏规则提供的激励机制来作出行为选择,使正直干部越来越难以生存。

真稀奇,真稀奇!往年的稀奇稀哟,今年的稀奇密。一阵离合风哟,内瓢儿捣蒜泥。公婆离在前,子媳跟得急。斑鸠占鹊巢哟,公公娶儿媳。泰山离岳母,千金乘龙毕。碧萝绕青芋哟,丈母嫁女婿。稀奇密哟,稀奇密,稀奇密何故?钱财乱了家系。嫁娶皆骗局,房产丧了天理!(胡安良《稀奇谣》)

浙江省宁波市高新区梅墟街道上王村的一户家庭,先是公公与婆婆离婚,儿子与儿媳离婚,几天后,公公又娶了儿媳。这一系列荒唐举动,为的就是把儿媳与孙女的户口迁入本村,多分得上百万的拆迁款。由于户口没迁成,一家人将当地公安分局告上法庭,称对方行政不作为。近日,该案二审维持原判,驳回原告诉讼请求。

在金钱和利益面前,一再上演的"公公娶儿媳""女婿娶岳母"的"假结婚"荒唐举动,虽然只是一些个案,但严重践踏了社会基本伦理道德,令人担忧,值得深思。

"京剧比基尼"

身着比基尼,头饰金翠玉,戏曲扮相赛国际。闻者多称奇,云是损国艺。也有逆道者,说是好动机。组委把话提,误解要辨析。京剧比基尼,比基尼京剧,似同实有异。比基尼京剧,赛人非演戏。

京剧比基尼，传统含新意。

京剧要繁荣，形式需"给力"。黄袍虽显赫，难与"脱光"比；水袖长难甩，裸露吸眼底。若为国粹故，休矣比基尼！（胡安良）

"国际比基尼小姐大赛"引起网友关注，选手身着比基尼、带着中国传统戏曲扮相的照片在网上被广泛转发。有网友称这是"糟蹋国粹"，也有观点认为是创新。组委会相关人员说，本意是依托比基尼小姐的赛事弘扬中华文化，绝没有故意"糟蹋"京剧的想法。

组织者强调，这里是"京剧比基尼"，而非"比基尼京剧"。因为这是一场比基尼小姐大赛，而不是戏剧频道的京剧演出。比基尼文化和京剧文化，只是两个维度上的东西文化，两者之前一直平行发展，只是现在有了一点点交集。

其实，不管是"京剧比基尼"，还是"比基尼京剧"，都是荤汤腊水儿，怪异荒诞。戏曲扮相亮丽，比基尼也很"诱人"，但将两者东撩西劄，确实令喜欢传统艺术的人无法接受，因为性感外露的比基尼，与含蓄内敛的戏曲是水火无交。再怎么创新，都应以保护它的原汁原味和传承健康文明为主旨，参与商业活动也要以尊重传统艺术为前提，不能丢弃"传统"二字，而将其扭曲或恶搞得面目全非。戏曲与比基尼，完全代表着两种风马牛不相及的中西文化，好比一个是古代闺房之秀，一个是现代"三点式"女郎。戏曲美善相乐，美在那种古典的优雅、思想的庄纯、文化的深邃，善在那婉转柔顺的内涵；而比基尼，如果说它也很美，也只是美在女性妖冶的容貌和曼妙身型。比基尼追求表象的外在美，岂可与戏曲的古典美、文化美、思想美相提并论？当戏曲掺和了比基尼，这样的创新和推广就成了薰莸同器，枭鸾接翼。中西文化可以交流融合，传统文化与现代元素也可以相互渗透，但不可强折贱卖，更不可恶搞。否则，性感妖艳的比基尼与流传千年的国粹，不仅碰撞不出时尚的火花，反而会让人觉得，此举不过是借助戏曲的"文化外衣"来达到"另类诱惑"，使人之心淫、让戏曲成为"情色闹剧"之嫌。从这个角度说，就难脱糟蹋国粹之嫌了。

三、杂八凑儿

杂八凑儿，与杂糅、杂错、杂然、杂样等意思相近，皆指非同样之物，攒集在一起。但用在这里，又有明显的差别。在形式上，它与"杂凑儿"近似。"凑"有"加添"的意思，可组成"凑趣儿"一词。如《红楼梦·第四十回》"外头老爷们，吃酒吃饭，都有个凑趣儿的，拿他取笑儿。""杂八凑儿"里的"八"，不单纯指"多"，如"八斗之才"，也不是成语"乱七八糟""七上八下""八花九裂"里的虚指，而隐含"八宝"义。八宝，原为佛家语，俗称八种或多种东西凑合而成的物品，如八宝菜、八宝饭、八宝羹、八宝丹、八宝印泥。因此，"杂八凑儿"在这里应理解为"多种不同事物凑合在一起而形成的风趣"。可见，杂糅、杂错、杂样等传递的是语义讯息，杂八凑儿传递的是美学讯息。

早餐情语

　　大腕带着小蜜到卡拉OK歌舞早市参加派对，喝着杯中的XO酒，蒸发着烈爱的微冷。

　　大腕问："是否？有咸菜、稀粥充盈于你腹中，在今晨？"

　　小蜜："从昨夜星辰到百灵鸟歌唱的流行，我的胃里仍荡漾着零进食状态的空灵！"

大腕："我不知道，是孤寂还是温馨泛起在咖啡泡沫中，当你我对饮？"

小蜜："你还是献上油条豆浆系列，那是我酷爱的唯一，永远的蓝精灵。"（胡安良）

流行语

俩青年深感上班族"活得太累""很不男人"，难以"表现得很到位"。为了实现"青春无悔"，二人"珍藏一个谎言"，决定"潇洒走一回"。

"知了在声声叫着夏天"，他们脚踏"老板皮鞋"，手提"豪门啤酒"，登上"霸王童车"启程，去追逐"皇家气派""君王享受"。

人问："你们'塔玛地'驶向何方？"

二人"脖子硬是被扭成窒息的姿势"："'跟着感觉走''敢拿青春赌明天'！"（胡安良）

正像《儿女英雄传·十五》里所说的："也有几件簇新的陈设，只是摆得不伦不类。"上两例生硬堆砌许多毫无用处的流行语，显得"填街塞巷，都是些媒婆撞来撞去"。它的笑点就是"杂八凑儿"。

现实生活中真有这种莫可言状的"杂八凑儿"。

吉林省白山市靖宇县和抚松县境内一段总价值23亿元的铁路工程，被指违规分包给一家"冒牌"公司和做过厨师、"完全不懂建桥"的包工头。桥墩在工程监理的眼皮底下，被偷工减料投入大量石块，形成巨大安全隐患。

你能想象一个好司机可能会是一个蹩脚裁缝，可能会把你的袖子做得像裤子。穿着这样的衣服赴会，虽然丑点，也只是丢脸不丢命；可是若一个好厨子去做司机，就不只是驾驶技术丢脸的问题，而可能害了自己和一车乘客的性命。于是，就有了郭德纲的"不想当厨子的裁缝不是好司机"的网络段子名言和某报刊"不想修铁路的骗子不是好厨子"的标题。

四、陌生组合

相互陌生的话语聚合配对，幽默效果最佳。我们从"反常规的商品组合"得到启示：

离奇的组合

在美国沃尔玛连锁超市的货架上，人们发现了一种反常规的商品组合——尿布和啤酒竟然摆在一起。这个有悖常理的摆法，非但没有引起顾客们的逆反心理，影响销售，相反，尿布和啤酒的销量却出人意料地双双增加了。

原来，美国的太太们都习惯嘱咐自己的丈夫，下班后顺便去超市给孩子买尿布，而男士们购物时又总是行色匆匆，难得有耐性在商场里逛上一圈，他们完成太太交给的任务后便匆匆离去。如果让尿布与啤酒为邻，男士们便可一举两得：买完尿布，再顺手捎回自己喜欢的啤酒。沃尔玛超市是对男士们这种购物心理和习惯进行分析后，才断然作出这种离奇组合决定的。

在这个以竞争求生存、谋发展的时代，观念的更新和进步，常常体现在细节的孕育、积累和变化上。（华杰摘自《新华日报》）

土豪

如今我们的社会有相当多的暴富者，缺乏文化，酷爱通过挥金如土式的炫耀消费来彰显其经济实力，有人评价他们是：买房子不问面积问院子，吃豪宴不点菜谱点厨子，穿豪装不问产地问"缝子"，买家具不问国籍问代子，说古贤不知孔孟只知孔方子，出席贝多芬音乐会不问交响曲而问贝多芬这妞儿是谁的妻子！（胡安良）

这是对"土豪"这个群体的形象概括：起点低、发得猛、不牢靠、不瓷实。不无幽默和微讽的成分。

"土豪"原本是指"旧时地方上的豪强，即农村中有钱有势的恶霸地主"，词典此前仅收录了这个义项。然而，随着"土豪"这个词语网络新义的流行，新版词典在修订的过程中也补充了新的义项，即"今也指富有钱财而缺少文化和正确价值观的人"。何勇海"以开放心态看'土豪'进牛津词典"一文里说："如今，我们社会有那么一部分有钱人，喜欢通过挥金如土式的炫耀消费来彰显其经济实力，据说他们'买房不问面积，而是问庭院的面积；吃饭不点菜，而是点厨子；穿衣服不问牌子，而是问哪国的裁缝；买家具不问哪国的，而是问哪朝的……网友由此送其一个'雅号'：'土气的富豪'。"

何勇海的这一段话还只是对"土豪"这一个词的形象的描绘，但它还不是幽默作品。而在"土豪"这一则幽默里着意用"子"字给相邻相近的句子收尾，在意义上本不相关的词，在内容上各有所指而又围绕一个中心，这就形成了表与里的和谐美，给人以自然的联想和幽默的情趣。其中"缝子"一词,在词典里是没有的,而是根据特殊语境仿造的。

老板变"弥勒"

提到弥勒佛像,人们的眼前便会浮现出那熟悉的形象,慈眉善目,或谐或庄,总之,都是一幅佛家模样。但近日洛阳某游乐园正建造中的一尊"佛像"却让游人乐翻了;金身"佛像"留着大背头,完全是现实中人的模样。该游乐园的官方网站日前发布特别声明称,此肖像为该企业创始人的人物肖像。此事引发网友的热议。

这年头,什么都可以"山寨",连佛像也被移花接木,留起大背头,做起老板样。佛界和现实穿越,"混搭没界限",着实令人惊愕。这到底是别出心裁的炒作?还是有人被钱烧得不知天高地厚,竟打起佛国主意?

飞黄腾达了,想沽名钓誉,或雁过留声,作为一己追求,人们或可理解甚而给予宽容,但如果为此违背公序良俗,甚至违背做人的底线,便会被人耻笑唾弃。"笑口常开,笑世间可笑之人。"不要以为,塑成金身像,就变成弥勒了,瞧,真正的弥勒正笑你呢!(《羊城晚报》)

五、调换语序

"老人变坏"和"坏人变老"

西安一老人上公交车后,提住旁边女孩肩膀衣服向她"索要"座位。但因"感觉受到侵犯"且"有空座",女孩并未让座。没想

到老人口出脏话,并一屁股坐到女孩身上,有网友这样评论:不是老人变坏,而是坏人变老了。(《西宁晚报》)

　　这是用调换词序的方法形成的一则幽默。表面上看有"《春秋》为尊者讳"的礼意,细味则纤隐一丝青年人的"厌老"情绪。这也许可视为与老龄化社会相伴、老年人群体与其他年龄群体之间的资源分配发生变化所带来的问题。可反过来看,正是老龄社会不可避免的到来,需要我们重新摆正老年人群体在这个社会的位置,无论是福利服务提供,还是消费日用品供给,都要有针对性地考虑到这个群体。老年是每个人必须经历的阶段,如果总是把老年人当作社会沉重的负担,其实也是对人的价值与意义的消解。"老人变坏"和"坏人变老"的现象都有,老人并非不可批评,坏人也的确会变老,但再多的个案也不能被视为全貌,通情达理的老人还是多数,是非明断者仍是社会主流。所以一方面要驱除内心的躁动,重新奉实事求是为圭臬;另一方面要相信光明和正义的力量,并身体力行地创造积极的能量。

　　语序是汉语语法的一大特点。相同的话语单位采取了不同的排列顺序就会影响对话语的理解。这就是通过话语要素(语音、词汇、文字、句式)的变异使用而创造的幽默。汉语使用者对语序的"变异效应"特别敏感。

　　历任清朝两江及直隶总督的武英殿大学士曾国藩在征讨太平军之初,曾经屡遭败绩,自己写了一首奏章,言"臣屡战屡败",向皇上请罪。一个随从见了,建议改成"臣屡败屡战"。皇上御览后,甚为感动,立即嘉奖了曾国藩。

现在很多城市都召开价格听证会。有人批评听证会是"逢听必涨",发改委指出是"逢涨必听",虽然是把两个字的位置调换了一下,意思则全然不同。"逢听必涨"是抱怨,"逢涨必听"则成了价格监管的"程序",而且增添了幽默色彩。这种颠倒竟产生了如此神奇的效果。

外国幽默里也常用这种手法。安徒生一向着装非常简朴,有一次他戴着一顶破帽子在街上行走,有个路人取笑他:"你脑袋上边那个玩意儿是什么?能算是帽子吗?"安徒生回敬道:"你帽子下面的那个玩意儿是什么?能算是个脑袋吗?"

安徒生的回话把路人讥呵里的"帽子"和"脑袋"互换位置。既回椎了那位好事者,又改变了窘局,维护了自己的尊严。

苏联著名作家盖达尔出行,一位文学青年认出了他,抢着为他提皮箱。见皮箱破破烂烂,青年大惑不解:"先生,您是大名鼎鼎的,而您的皮箱为啥这么破烂不堪呢?"盖达尔笑着说:"这难道不好吗?如果我的皮箱是大名鼎鼎的,而我自己却是破破烂烂的,岂不更糟?"

盖达尔仿用了青年的话语格式,只是对调了两个词语,就变常式表达为风趣高奇,志托夷远,彰显美盛!

"曲则全"思维与柔性表达

《老子·22章》说:"曲则全,枉则直,洼则盈,敝则新。"曲、枉、洼、敝,属柔弱谦退的一面;全、直、盈、新,属刚强趋进的一面。老子认为宇宙万物都处在对立之中反复变化,永不止息。而在变化的过程中,一切坚强的事物,均要被摧毁,柔弱的事物,反而能存留。此即"曲枉洼敝",所以能"全直盈新"的道理。这里的"曲",是委曲、委屈的意思。

要达到某种目的,需要经历一个曲折、婉转的过程,并非任何事情都靠直声径行就能成功的。

巽:八卦之一。《易·说卦》"巽,为木,为风,为长女。"引申为恭顺,谦让,通逊。巽言:委婉谦恭的言辞。《论语·子罕》

"巽与之言，能无说乎？"注："巽，恭也。谓恭逊谦敬之言，闻之无不说者。"

柔克：用温柔和顺的手段克服一切。《书·洪范》"三德：一曰正直；二曰刚克；三曰柔克。"《后汉书·梁统传》"文帝宽惠柔克，遭世康平。"

巽言柔克：用温柔委婉的言语克服一切。这是一种治国方法，也是一种言语交流艺术。

按荀子的"谈说"之术，就是用严肃庄重的态度应接对方，用正直诚恳的态度与对方相处，用坚强的信心去帮助对方，用比喻的方法去启发对方，用分析的方法使对方晓悟，在欢悦融洽的气氛中把自己要讲的道理传递给对方。

希望杜绝一切非理性言行是不现实的。与其紧张焦虑，不如解析它们生长的社会根源，探寻化解它们的现实途径。客观存在的非理性躁动正是幽默现象的旁见侧出，而幽默又是旁敲侧击地化解非理性言行、培养理性平和心态的温和渐进的明智选择。

2012年，"末日"预言炒作甚欢。当诡局真正走到被揭穿的时刻，人们抵御住了恐慌与谣言，在12月21日，寻幽对世界的全新认识，摒弃冷漠与互嘲，剥去异说，独标正论。无人穷究"诺亚方舟"和"船票"只是一种戏谑，"末日"谣言更多时候以其幽默的一面考验了人们"向死而生"的决心。

"你说玛雅人靠不靠谱？如果玛雅人靠谱我就……"这是2012年流行的网络新句式，原本是网络文化带来的戏耍，本应"人有闻者，共戏笑之"。谁知有人却用这"喜感"去收获"悲催"，譬如你讲个笑话，大家哄堂大笑的时候，她却一个人放声大哭起来，自己不懂幽默也就罢了，还要败人兴致。

用幽默去化解乖谬，有两种操作方法。

一、化"怪"为"哏"

幽默之所以使人解颐，重要的因素是因为它有"笑点"（方成称之为"奇巧"）。笑点能造成推理与现实之间的乖违而感到奇妙，使人在抵牾中引逗发笑。笑点是幽默的"导火线"，腾笑的"助推器"。笑点既引人发笑，又启人深思。

（一）丝来线去

"酷似领导"

福建部分高校为了迎接福建省第11届省级文明学校评估纷纷出台临时规定，有高校规定："遇到酷似领导的人来问路，一定要注意礼貌……"

一般来讲，从领导的举止言行，尤其是从神情中那股说不清道不明的味儿，还是容易将领导与广大人民群众区分开来的。怕就怕某些不是领导的人生就一副领导的威仪。而某些已贵为领导的人的长相却不随着官职的升迁而与时俱进。某单位有一司机，长得红光满面，又加之长期帮领导开车，熏染了一种雍容的神情举止，后来单位换了一位容貌不着痕迹的领导，这位司机开车送新领导视察。甫一下车，基层干部一个箭步上前紧握司机的手激动地说："x长，可把您给盼来了！"弄得身边的真领导十分不悦。

当一名酷似领导的农民大叔与一名酷似农民大叔的领导迎面走来。"双兔傍地走，安能辨我是雄雌"，福建部分高校的同学们可就傻了眼了。(《中国青年报》)

"一名酷似领导的农民大叔与一名酷似农民大权的领导",这就是一种丝来线去的情节。

玩"离婚"吧

2010年,浙江宁波离婚人数再创历史新高,共有13831对夫妻到民政部门办理"分手",比2009年度的12765对增加了1066对。不过,记者发现,这其中不乏一些受楼市"限购令"影响,为买房贷款而假离婚的人。

买房为什么?为结婚。离婚为什么?为买房。听起来,像是绕口令。其实也纠结。不离吧,可能贷不到款;假离吧,款有望贷到,可就是玩了一把婚书的神圣。也许到手的老婆或老公不会飞,而贷款却可能飞。如此功用,当然难以做个是非评价。怕就怕在,有必要时就可以离一把的游戏,一旦玩失手,就怕赔了夫人又折兵。

"限购令"之类的政策,本是调控楼市的头疼医头的临时措施,对平抑楼价并未起多大作用,却无意中"拆散"了市民的家庭,意料之中,又似意料之外,为百姓增添了幽默的谈资。(《现代金报》)

买房是为结婚,离婚又是为买房。这看起来是"成也萧何败也萧何",然而这种表述除了含有出尔反尔、反复无常的一般意义外。还揭示了某些解燃眉之急的头疼医头的临时措施给人带来的前跋后疐的纠结。

(二)不伦不类

"人之与兽,共禀二仪之气,俱抱五常之性。虽贤愚异情,善恶殊行,至于目见日月,耳闻雷霆,近火觉热,履冰知寒,此之粗识,未宜有殊也。声色芳味，各有正性；善恶之分，皎然自露。不可以皂为白，以羽为角，以苦为甘，以臭为香。然而嗜好有殊绝者，则偏其反矣；非可以类推，弗得以情测，颠倒好丑，良可怪也。"(《刘子·殊好》)

人们有着截然相反的嗜好：格调高雅的阳春白雪，声音清畅的楚国采菱曲，是众人喜欢听的乐音，而汉顺帝认为山鸟的叫声超过了丝竹的音响；魏文侯喜好捶打凿孔的声音，不欣赏金石的和谐。郁金春兰，是众人喜欢闻的芳香，而海边的人乐闻腥臭的味道，不爱浓烈的香气。像这些人，都是性情有所偏好。固执其与众人相反的偏好，就会颠倒黑白，以致美丑没有公认的形态，爱憎没有合乎常理的区分。

自称"女汉子"

这几天，"女汉子的20条标准"成了微博上的热门话题。以"女汉子"自居的女孩越来越多，很多女孩开始把"宁愿在男人堆里做女汉子，也不愿在女人堆里玩脑子"作为自己的社交哲学。心理学家认为，敢于自称"女汉子"是心理健康的表现。

"汉子"本来是男人的专用名词，可如今"汉子"也分男女了，因为有一大堆女孩子常常自称"女汉子"。看来，以后男人要称"汉子"，还得在前面加一个"男"字才行。而耐人寻味的是，在一些女孩子以"汉子"自居、动辄称"爷"的同时，一些男孩子却打扮得花枝招展，说话细声细气，一副娘娘腔，简直称得上"男姑娘"。

按理说，性别的界限和特征本来是非常清楚和鲜明的，如今却为何变得模糊甚至混淆了？难道真像某大学校长所说的，"中国男孩都整得很萎缩,让女人承担了她们不该承担的责任,所以中国女人活得很苦"?

女孩坚强独立,有担当,当然不是坏事,但若为此丢掉了女人本色,真把自己当"汉子"。未必人人都能接受。毕竟,女人温柔,男人阳刚,才是本色所在。(《扬子晚报》)

"状元内裤"

王女士在西安城南一家大型超市的内衣区闲逛,忽然发现货架上某个品牌的内裤竟然用5名高考状元做联合代言人。内裤盒子里还附有"高考夺冠秘籍"。

高考状元一般都被认为脑子好使,但脑子好便只使说明上半身发达,内裤包裹的是"下半身"。用上半身的冠军为"下半身"做广告,有点让人摸不着头脑,难道高考考得好,是因为内裤穿得"给力"?

"状元"是一个蕴含太多集体无意识的名词。古代的状元,为帝王婿,得天下名,利禄无忧,前程似锦,一举一动都被人关注、仿效,各地有"状元席""状元坊""状元桥"以政状元之吃喝拉撒,然古人千虑,亦有一失,竟无"状元肚兜"以颂状元之"里比多"。今之"状元内裤",志忒是与志忒了点,但因深具时代感,且是对我国绵长状元崇拜史的一次拾遗补阙,仍当得起"给力"二字。(《华商报》)

二、以"柔"代"刚"

多元社会需要多元表达。不能只是暴露、谴责、狠批……直至置之死地而后快。不妨换一种"软和话儿",好说好理儿。

利用"自私"

人是"自私动物",这并不是一件可耻的事。重要的是,我们如何认识和利用"自私",面不是逆"性"而为。一座城市的郊区有一座水库,每年夏天都吸引大批旅游爱好者前去游泳。而水库是城市自来水厂的重要取水源,为了保持水源的清洁卫生,自来水厂在库区竖了许多"禁止游泳"的牌子,但效果并不理想,人们照游不误。后来自来水厂换了所有的禁止类标语,公告牌上写着:"你家用的水来自这里,为了你和家人的健康,请保持清洁卫生。"结果,库区中的游泳者就鲜见了。人性之私,我们不容回避。我们要做的就是营造"我为人人,人人为我"的氛围。我们知道这个世界上需要无私奉献,但事实上,生活中的许多事儿都因为只强调"无私"而收不到良好的效果。(《现代家庭》)

据说,成都某社区曾贴过"温馨提示",劝谏居民不要乱扔垃圾和占道停车,然而效果平平。后来改帖了一幅标语:"乱扔垃圾全家坐牢,占用消防通道难逃一死!"情况明显好转。然而,这幅标语虽然消除了乱扔垃圾和乱占通道的不文明,却贴出了恶语伤人的更不文明,不过是以暴制暴而已。

"幽默力量"

河南商丘某小区不按承诺的时间交房。一再推迟交房日期长达两年之久。近日,数百名业主为此专程给开发商送来了一面锦旗,上面赫然写着6个大字:"蜗牛进度工程"。对此,开发商称他们也想如期交房,可上级主管部门在批准了规划后,又作出了更改,想再多收点土地出让金。随后,又因为缺少相关领导的签字迟迟无法取得进展,以致拖到现在。

时下,老百姓愈来愈有幽默感。政府部门办事拖沓,不跟你闹,不跟你吵。给你送个大"鸭梨"(压力)。若再推诿,便送你个"皮球"。皮球虽不语,嘲讽和批评却尽在其中。这便是幽默的力量。市场经济重的是信用。签了合同,到时却交不了楼,便是违约。但话说回来,开发商有合同约束,迟迟不交房是要陪银子的,没理由拿自身的利益开玩笑。所以,如若开发商所言属实,那业主看来还要给有关部门再颁个"蜗牛审批奖"了。(《羊城晚报》)

构建平和理性心态必须克服过高的"理性优越感",不要认为自己绝对"真理在握",从而"探追不及之事,评扬幽昧之过",企望"理性"的符号能封堵住"非理性"的决口。在表达上,还需学会一些解颐释憾、熙笑解纷的言语技巧,做到"怀抱观古今,寝室展戏谑。"

2008年5月7日《现代金报》报道了一件胆略兼人的事情。宁波市委书记巴音朝鲁在宁波市委全体(扩大)会议上用顺口溜解说民生问题:生不起,剖腹一刀五千几;读不起,选个学校三万起;住不起,一万多元一平米;娶不起,没房没车谁跟你;病不起,药费让人脱层皮;死不起,火化下葬一万几。

这则及陈实务、甚有辞观的顺口溜把部分困难群众所面临的巨大生存压力概括得情文相生,情至义尽。一位党政高官,能够力拔旧贯，正民谣之本，清顺口溜之源，使其成为官民沟通互动的通畅对接，这不仅是对造成官场的公共语言与百姓的日常语言的分裂，即所谓"语言的二元化现象"所进行的行之有效的"话语改革"，也是我们建设高度文明、高度民主法治国家进程中的一件幸事。公民对国家和社会的各种问题能自由地、充分地发表意见，不仅是国家政治文明的表现，也是一个社会多元、包容、大度的标志。

这种段子古已有之，古时是以民谣的形式传播的，为政者若能善于倾听这些段子、民谣，就能了解老百姓的心中真正在想什么，了解老百姓的喜怒哀乐。大多数代表和委员来自一线，他们能听到段子，或者私下讨论段子并不稀奇，难得的是段子能够登堂入室，在参政议政时被公开讨论，说明了政府广听民意，政治清明。海纳百川，有容乃大，我们希望更多的政府领导能够认真对待这些段子，而不是一笑了之，甚至一味指责。段子的内容当然有夸张偏颇之处，我们的政府更应该善于管中窥豹，察风波于青萍之末，从这些段子中倾听民生。

庄子幽默风格成因论

郭沫若《十批判书》指出：荀子"以思想家而兼长文艺，在先秦诸子中与孟轲、庄周可以鼎足而三。"这是就三位哲人散文成就并驱而言的，其实他们的散文艺术各有千秋。

刘勰将孟子与荀子并列，称"研夫孟、荀所述，理懿而辞雅"（《文心雕龙·诸子》），说到庄子，则曰："庄周述道以翱翔"。可见孟、荀风格较近，有别于庄。

孟子和荀子的共同之处可概括为：他们的散文结构严谨，中心突出，有很强的论辩性；修辞手法丰富多彩，多用对偶、排比、层递等，有深入浅出的功效；骈散结合，时加韵语，语句铿锵有力，和谐悠扬；长短句式巧妙相间，错落有致。

庄子的散文，除了兼具以上特征外，还有强烈的个性——

幽默。"庄周云：'辩雕万物'，谓藻饰也。"(《文心雕龙·情采》)所谓"用巧妙的言辞来描绘万事万物"，也就包括寓言、重言、卮言以及幽默的成功运用。

评价庄子在中国文学史上的地位，20世纪30年代引进"幽默"一词的林语堂称"庄生可谓中国之幽默始祖。"有人说他是最早的讽刺大师，也有人统称为幽默讽刺大师。这很能说明，几顶桂冠的命名是难解难分的。

的确，到目前为止，还缺乏一种没棱缝儿，让人笃信不疑的铁板注脚。

幽默与讽刺是最难区分的两种艺术手段。幽默中常含讽刺，但并非必有；讽刺中也多幽默逗笑儿，但不一定非要逗笑。虽然虱子皮袄，仔细观察，还是能够找到一些区分之理的。

讽刺：用嘲弄讥刺的方法，描写落后的和对立的事物，抨击社会上种种不合理现象，以收到贬斥或否定的效果，以期这些缺陷或罪恶有所改善，经常运用反问、反语、比喻、对比、仿拟、夸张等修辞手法，从严肃的态度出发，尽情揭露生活中的假、恶、丑，并引导人们否定之，从而获得精神愉悦。

幽默：用风趣而意味深长的话语表现出平和的情趣和淡定的人生态度，通常运用自相矛盾、刻板逻辑、不合时宜、言不由衷等艺术手法寓庄于谐，用我们的理智去发现表象上的不和谐或不协调，而其背后却隐藏着的和谐统一的实质。幽默类似含笑的讽刺，在谈笑中达到预期的批评与暴露的目的。

然而，理论上的界定并不能完全解决某些话语结构的归属问题。正像语法上词的分类，我们可以对每类词的特点在理论上提出一些解释，但对某些具体的词应该归哪一个词类却争论不休一样。正因为如此，现在很多书籍、报刊或栏目都统称"讽刺与幽默"或"幽默与讽刺"，这并不影响这些艺术形式的社会功能。

其实，不仅是讽刺与幽默，还有二者与滑稽、谐趣、戏谑、诙谐等，都是难脱干系的。《世说新语·排调》里就囊括了这些内容。

有鉴于此，本文研究庄子的幽默，不纠缠"正名"的问题，不对具体的话语结构作身份上的验证。

庄子的散文，递嘻科诨，幽默纷呈，不是存心作奇论、造新文，并非刻意开辟，体气独秀，而是"无心于为而物自化，无意于生而物自成"（《论衡·自然篇》）。来回来去的说，来回来去的行，却是出自己园儿，自本自立。

《庄子》幽默风格的形成，有三种重要因素。

一、性格因素

性格：在对人、对事的态度和行为方式上所表现出来的心理特点。如英勇、刚强、懦弱、粗暴等。《荀子·不苟》里说："君子宽而不僈，廉而不刿，辩而不争，察而不激，直立而不胜，坚强而不暴，柔从而不流，恭敬谨慎而容，夫是之谓至文。《诗》曰：'温温恭人，惟德之基。'此之谓矣。"这句话大约涵盖了正反两面不同的性格类型。

性格乃个人一定不移之特有品质，为道德及心智两方集成者。《醒世恒言·三五》"常言道得好，江山易改，禀性难移"说的就是这个意思。夏桀、商纣、周灵王这些暴君的性格属残酷型的，关龙逢、比干、苌弘这些高明的智者的性格属于坚贞型的，众所公认。然而，庄子其人，奇人也；《庄子》其书，奇书也：庄子性格，也是一种"奇"格。庄子的性格，游移无常处，属于多重，似乎是"客串型"的。正如黄锦鋐在《新译庄子读本》里所说："要了解庄子的性格，也并不容易。从《庄子·齐物论》的'庄周梦为蝴蝶'的故事来看，庄子似乎是一个翩翩超出尘世的佳公子；从《庄子·至乐》的'庄子妻死，箕踞鼓盆而歌'的情形看来，他又是一个旷达不羁的名士；从与曹商对话的经过看，他又是一个幽默讽刺的能手。总而言之，庄子的个性，让人猜不着他到底是属什么型的，他有时沉静，有时泼辣，有时高傲，有时偏激……他的性格是多方面的，他的兴趣也是多方面的。"

《文心雕龙·风骨》："故魏文称：'文以气为主，气之清浊有体，不可力强而致'。"庄子文章的幽默风格，也是由他的气质、个性和才气决定的。促成庄子幽默风格形成的主要性格因素如下：

（一）宽大包容

幽默，可指语言艺术，也可指处世心理。此处是讲庄子的处事心理即创造幽默的笑感和笑觉。庄子不愿委身于纷繁的人际关系中，于是他借幽默这一语言艺术来处理人与人之间的矛盾，以达到人际关系的和谐。

如上所述，庄子性格具有多方面的特征，而从他与惠施的关系来看，却表现出厚道温和、宽大包容的一面。

庄子常与惠施辩论，可惜二人志业异辙，终难达到"相视而笑，莫逆于心"的境界。惠施为了梁国宰相之位而怀疑庄子，接连三天三夜在全国各地搜索庄子。即便如此，庄子并未反眼不识，永断葛藤。惠施死后，庄子仍然悲伤叹息，思念无比。

在《庄子·徐无鬼》里，有一则感人至深的寓言：

> 庄子送葬，过惠子之墓，顾谓从者曰："郢人垩漫其鼻端，若蝇翼，使匠石斫之。匠石运斤成风，听而斫之，尽垩而鼻不伤，郢人立不失容。宋元君闻之，召匠石曰：'尝试为寡人为之。'匠石曰：'臣则尝能斫之。虽然，臣之质死久矣。'自夫子之死也，吾无以为质矣，吾无与言之矣！"

匠石用斧头劈郢人鼻尖上薄灰而鼻不伤，这使人产生正反两方面的联想。

正面联想：古代有所谓危语，就是用危险的事情互相诉说，以收到耸人听闻的效果，是一种语言游戏。《世说新语·排调》载，晋桓玄、殷仲堪、顾恺之等共作危语，桓曰："矛头淅米剑头炊。"殷曰："百岁老人攀枯枝。"顾曰："井上辘轳卧婴儿。"殷有一参军在坐，曰："盲人骑瞎马，夜半临深池。"类似的危语言还有"虎尾春冰""握蛇骑虎""料虎头，编虎须"等。而"郢斫"的拱练语境堪称惊谐并合。除了突出一个"危"字，还凸显了"神"。这种表演确系万死一生，然而由于技艺超绝，加之合作人镇定如山，却万无一失。

反面联想：这是醉猫儿，倚疯儿撒邪。不是昏迷发讪，谁能生此戏语妄想。不过，这也歪打正着，用超常之举出落了技艺和胆力的神乎其神。

（二）处约乐道

庄子一生贫困，他不追慕富贵。庄子贫困而不失高贵之心，激愤却怀有潇洒之志，可谓傲岸不群。庄子褒扬列子的自然雅趣。

> 子列子穷，容貌有饥色。客有言之于郑子阳者曰："列御寇，盖有道之士也，居君之国而穷，君无乃为不好士乎？"郑子阳即令官遗之粟。子列子见使者，再拜而辞。使者去，子列子入，其妻望之而拊心曰："妾闻为有道者之妻子，皆得佚乐，今有饥色。君过而遗先生食，先生不受，岂不命邪！"子列子笑谓之曰："君非自知我也。以人之言而遗我粟，至其罪我也，又且以人之言。此吾所以不受也。"其卒，民果作难而杀子阳。(《庄子·让王》)

子列子虽穷，但他贫而不谄，贫贱骄人。当郑子阳令官遗之粟时，却被他拒绝了。对他来说，贫而不失高洁之志才是他的追求。

> 曾子再仕而心再化，曰："吾及亲仕，三釜而心乐；后仕，三千钟而不洎，吾心悲。"弟子问于仲尼曰："若参者，可谓无所县其罪乎？"曰："既以县矣。夫无所县者，可以有哀乎？彼视三釜、三千钟，如观雀蚊虻相过乎前也。"(《庄子·寓言》)

在庄子看来，人间的荣华富贵就好像鸟雀、蚊虻一样从眼前飞过。《庄子·让王》中提到"回不愿仕"：

> 孔子谓颜回曰："回，来！家贫居卑，胡不仕乎？"颜回对曰："不愿仕。回有郭外之田五十亩，足以给飦粥；郭内之田四十亩，足以为丝麻；鼓琴足以自娱，所学夫子之道足以自乐也。"回不愿仕。

颜回喜欢过原始、质朴，远离"人之所伪"的生活，他的思想更接近庄子的"真"和"道"。他不随波逐流，能够保持心灵的本真，这种追求从自我的观照出发，实在是一种脱却人生羁绊的自由超越。正如《庄子·让王》中所说："古之得道者，穷亦乐，通亦乐。所乐非穷通也，道德于此，则穷通为寒暑风雨之序矣。故许由娱于颖阳，而共伯得乎丘首。"

（三）淡泊名利

庄子不慕权贵，无意在官场争逐中求得一官半职。他鄙视那些追求权贵者。他用幽默的手法，以"虚己以游世"的态度对待人生。

庄子因为重视生命而不看重荣华富贵，而当荣华富贵不因我们对它的冷眼而降临时，对生命的重视就成为人生的要归。

> 乐全之谓得志。古之所谓得志者，非轩冕之谓也，谓其无以益其乐而已矣。今之所谓得志者，轩冕之谓也。轩冕在身，非性命也，物之傥来寄也。寄之，其来不可圉，其去不可止。故不为轩冕肆志，不为穷约趋俗，其乐彼与此同，故无忧而已矣。今寄去则不乐，由是观之，虽乐，未尝不荒也。故曰：丧己于物，失性于俗者，谓之倒置之民。（《庄子·缮性》）

"乐全"指快乐之极致，就是快意自适，即无所谓悲喜哀乐的状态。

（四）达观生死

生死问题从古到今都是人们关心的重大问题，而且在古代又是令人无法判断和决定的疑难问题,死后究竟是什么境界,没有人能体会到,宗教对这种境界虽然有各种设计方案,但那毕竟不是科学。如果人死后比活着更好,那对求生、恶死者不是很大的讽刺吗?庄子用"弱丧而不知归"这种随遇而安,不知返回故土的人,比喻厌恶现实生存状态。现今那些怕死而不知归根的人,用骊之姬,抚今追昔,对过去的痛哭流涕,深感痛苦,比喻人死后也很可能追悔生前对死亡的害怕和厌恶,庄子并没有做出生死孰优孰劣的结论,而是齐同生死、梦觉,认为生死正如梦觉,生者、死者都在做梦。

庄子作品中的慎思明辨不是揣度迎意,顺竿儿爬,顺口答音儿,因利乘便的,而是产生于对"人之常情""事之常理"的"违背"之中。正是这种"违背"才产生了笑感,形成了幽默。《庄子》中关于"生老病死"的小故事,情节荒诞怪伟,但却至理硕虑。

> 庄子妻死,惠子吊之,庄子则方箕踞鼓盆而歌。惠子曰:"与人居,长子、老、身死,不哭,亦足矣,又鼓盆而歌,不亦甚乎!"庄子曰:"不然。是其始死也,我独何能无概然!察其始而本无生,非徒无生也而本无形,非徒无形也而本无气。杂乎芒笏之间,变而有气,气变而有形,形变而有生,今又变而之死,是相与为春夏秋冬四时行也。人且偃然寝于巨室,而我独嗷嗷然随而哭之,自以为不通乎命,故止也。"(《庄子·至乐》)

亲人死去,为其哀悼,本为人之常情,可是庄子却相反,对妻子之死不仅无动于衷,而且还"鼓盆而歌"。惠施责怪他太过分。庄子则认为人的生死就像春夏秋冬四季更替一样,是一种必然的规律。死者已经安寝于天地之间,而生者还要哀号悲悼,岂不是太不通达生命之情了吗?可见庄子对死看得开,心怀坦荡。这种把死亡看成"气"的聚散过程的阶段,化解了人们对死亡的态度:"父母于子,东西南北……所以善吾死也。"(《庄子·大宗师》)对于生死,如同听从父母的命令一样,不敢有丝毫的违抗之意,而是唯命从之。深刻了解生死的本质,死亡乃是人的回归到宇宙的真气之中。庄子把恋生畏死的人比为晋国的骊姬,未进晋国时,涕泣沾襟,所以谁知道死了的人不后悔当初的求生呢?

庄子"鼓盆而歌",因为生死如四时之变迁,不必悦生也不必恶死,不必在死亡面前战战兢兢,也不必在生命面前退缩厌弃。一切苦难都是可以化解的,只需想开些,豁达些。生命的要义不在于庸俗地活着,而在于绝尘地神游。

庄子对于死生的智慧解读,在于不局限于个人狭小的空间来理解生死,而是做到从宇宙万物气化流变的范围来对照生死,因此才能以高旷豁达的心态面对生死、破除个人对生与死的两种执着,对生死的本质作了独特的阐明。

(五)随缘应变

> 庄子行于山中,见大木,枝叶盛茂,伐木者止其旁而不取也。问其故,曰:"无所可用。"庄子曰:"此木以不材得终其天年。"夫子出于山,舍于故人之家。故人喜,命竖子杀雁而烹之。竖子请曰:"其一能鸣,其一不能鸣,请奚杀?"主人曰:"杀不能鸣者。"明日,弟子问于庄子曰:"昨日山中之木,以不材得终其天年;今主人之

雁,以不材死。先生将何处?"庄子笑曰:"周将处于材与不材之间。材与不材之间,似之而非也,故未免乎累。"(《庄子·山木》)

弟子是请庄子从二者中选一来回答,而庄子却说处乎二者之间,显然是答非所问。然而大木与雁的对比十分生动。它们自身没有选择的余地,人却可以选择。答案是"材与不材之间",就是说,既不表现太有用,也不表现太没用。所谓二二忽忽"似之而非",是说每一次都要酌情而定。

所以,庄子的个性,也不是一把牢死拿,一条道走到黑。而是善于变通,不拘常法。当然,他也意识到,成材与不成材之间,依然不可避免受到拖累。最理想的境界是"乘道德而浮游""无誉无訾,一龙一蛇,与时俱化,而无可专为"(《庄子·山木》)。

二、话语因素

像一切哲学家一样,庄子把对自然和人类社会的观察,通过逻辑思维,升华为自己的哲学观点和理论系统。但在表述这些观点或理论时,他没有完全采用判断、推理等一般逻辑程序,而是展开想象的翅膀,用寓言、重言、卮言去建构"谬悠之说、荒唐之言、无端崖之辞"。这些,正是《庄子》语言艺术的奇葩,它把"阴冷枯燥的概念"(黑格尔语)装扮得光彩夺目,从而使哲学著作洋溢着"美妙的笔调",成为"完整的艺术品"。

庄子为什么不采用纯粹的理论阐述,而代之以艺术的形象描绘呢?用他自己的话说,就是"以天下为沉浊,不可与庄语"(《庄子·天下》)。庄语,庄重正直的言论。因为天下太沉浊,说不得也听不进"庄语",只好编造一些寓言,以隐微藏锋,避免正面冲突。

为了"与世俗处"这些寓言还要"不以觭见之""不傲倪于万物",所以"其书虽瓌玮而连犿无伤也。其辞虽参差而諔诡可观。"

庄子是主张忘知忘言的,为什么还要着力写出这些瓌玮諔诡的文章呢?《庄子·天下》里说,这是出于"彼其充实,不可以已"。庄子精神生活的中心,在追求与天地万物融为一体的意境。消除了以自我为中心的欲望,摒弃一切感知,就可以使内心保持虚静和谐的状态。只有心灵虚静,思想才能漫无止境地玄想遨游,于是就会感到"天地与我并生,而万物与我为一"(《庄子·齐物论》),思维活动"独与天地精神往来"。有了这种空旷豁达的生命,至大无外的精神,就会具有"充实不可以已"的状态,激发出"恣纵""瓌玮""諔诡"的文章。

在《庄子》的艺术语言体系中,有一个幽默的"万花筒",等待我们去发掘和欣赏。庄子知识渊博,思维敏捷,在与人的交流中,除追寻事物的正常逻辑关系外,还善于思谋事物整体态势的可笑之处,把看起来毫无关联的人与事物,用联想的撑竿一跃,将受众引入一个趣境,在笑声中惊醒世人,在暗示中悟出世情。正像《文心雕龙·夸饰》所说"谈欢则字与笑并",实在令人解颐。

> 庄子将死,弟子欲厚葬之!庄子曰:"吾以天地为棺椁,以日月为连璧,星辰为珠玑,万物为赍送。吾葬具岂不备邪?何以加此!"弟子曰:"吾恐乌鸢之食夫子也。"庄子曰:"在上为乌鸢食,在下为蝼蚁食,夺彼与此,何其偏也!"(《庄子·列御寇》)

有人说这是寓言，有人说这可能是真实故事。不管是什么，它的主人公就是审美主体。"楎椁、连璧、珠玑、赍送"都是古代葬礼的必备之物。庄子认为自己一切皆备，颇有以死亡为"弱丧知归"的圆满结局。可见庄子以超然的态度去迎接死亡。他的这种态度并没有像历史上许多愤世者那样与现实相抵，走向悲剧命运或自身的毁灭，而是坠入缥缈虚无的境地，从悲剧的起点走向喜剧的终点，正如许地山在《道教史》中所说："庄子追求的是天然的生活，自任不适不系之舟漂流于人生的大海上，是要在可悲的命运中愉快地度过去。"这正是作者幽默的最终目的。

我们还可以举出几种典型的幽默手法：

（一）直言曲致

不用计虑，坦诚直率，甚至娇痴天真的话语，无意中触及问题的实质，但不作价值判断，接受者自能心领神会。不直接肯定或否定，而用委婉形象的言语引出判断。

> 庄子钓于濮水，楚王使大夫二人往先焉，曰："愿以境内累矣！"庄子持竿不顾，曰："吾闻楚有神龟，死已三千岁矣，王巾笥而藏之庙堂之上。此龟者，宁其死为留骨而贵乎？宁其生而曳尾涂中乎？"二大夫曰："宁生而曳尾涂中。"庄子曰："往矣！吾将曳尾于涂中。"（《庄子·秋水》）

这段话运用心理学上的"同理心"，即能感受他人内心感受的能力，让两位大夫设身处地自己来回答。当然。这要以庄子的借喻为前提。

庄子常常利用寓言、重言、卮言来说理。这三件瑰宝属于艺术构思的"奇想",这也是"直言曲致"的一种方式。

庄周家贫,故往贷粟于监河侯。监河侯曰:"诺。我将得邑金,将贷子三百金,可乎?"庄周忿然作色曰:"周昨来,有中道而呼者。周顾视车辙中,有鲋鱼焉。周问之曰:'鲋鱼来!子何为者邪?'对曰:'我,东海之波臣也。君岂有斗升之水而活我哉?'周曰:'诺。我且南游吴越之王,激西江之水而迎子,可乎?'鲋鱼忿然作色曰:'吾失我常与,我无所处。吾得斗升之水然活耳,君乃言此,曾不如早索我于枯鱼之肆!'"(《庄子·外物》)

《庄周家贫》由寓言和重言组成,整体为寓言。第一层由重言,即监河侯与庄周的对话组成。庄周的答话(重言)又由寓言组成,属第二层。监河侯,相传为西河一县令,不欲贷粟与庄,反而虚嘴掠舌。庄周虽然怒形于色,但并未瞠目相斥,而是采用了"急脉缓受"之法,把监河侯的"我将得邑金,将贷子三百金"的虚妄之舟与"我且南游吴越之王,激西江之水而迎子"的漂浮之瓦并提,揭露了权豪见死不救的凶狠刚愎。不由庄周直言骨鲠,而引用鲋鱼之言,乃是讥呵之语:鲋鱼能懂之理,你监河侯却不懂,岂非鲋鱼禽言尚识理,人头畜鸣不知情吗?

(二)杂八凑儿

把非相类之物攒集在一起,叫杂八凑儿。

一般的交际话语采用的是习惯思维和通常的话语模式,而幽默则以出人意料的话语承载至赜之理。《庄子》常常拼凑胡越,拟于不伦，却洞见症结，明察隐微。

"故夫三皇五帝之礼义法度，不矜于同而矜于治。故譬三皇五帝之礼义法度，其犹柤梨橘柚邪！其味相反而皆可于口。故礼义法度者，应时而变者也。今取猨狙而衣以周公之服，彼必龁啮挽裂，尽去而后慊。观古今之异，犹猨狙之异乎周公也。故西施病心而矉其里，其里之丑人见之而美之，归亦捧心而矉其里。其里之富人见之，坚闭门而不出；贫人见之，挈妻子而去走。彼知矉美而不知矉之所以美。惜乎，而夫子其穷哉！"（《庄子·天运》）

把礼仪法度如此庄重之事比作山楂、水梨、橘子、柚子，显得不伦不类；给猿猴穿上周公的衣服，却是眼眶子浅；丑女粉丝西施更是拿三搬四。裹抹搀合，颇类谐戏。

故曰："道之真以治身，其绪余以为国家，其土苴以治天下。"由此观之，帝王之功，圣人之余事也，非所以完身养生也。今世俗之君子，多危身弃生以殉物，岂不悲哉！凡圣人之动作也，必察其所以之与其所以为。今且有人于此，以随侯之珠弹千仞之雀，世必笑之，是何也？则其所用者重而所要者轻也。夫生者，岂特随侯之重哉！（《庄子·让王》）

把"道"人为地切分成"道之真""绪余""土苴"几个部分，本来就是违反道的原则的，而这种支离破解，也只是为了说明学"道"有高低：高层次的，能学到真实本体，可以用来修养自身；

低层次的，只能学到绪余和土苴，却用来治国和治天下。这与常人的理解完全背离。如果不用杂八凑儿的手法，一切都是上篇上论的，断然收不到这种表达效果。

（三）前后抵牾

> 鸟莫知于鹢鹞，目之所不宜处，不给视，虽落其实，弃之而走。其畏人也，而袭诸人间，社稷存焉尔。(《庄子·山木》)

鸟类之中没有比燕子更聪明的，看到有不适合停留的地方，就不再瞧第二眼，哪怕掉落口中食物，也舍弃不顾，立即飞走。燕子这么怕人，却又寄居人的房舍，这不是矛盾吗？只是因为窝巢在那里啊！用燕子比喻君子对人间"若即若离"的态度，的确生动形象。

> 庄子衣大布而补之，正緳系履而过魏王。魏王曰："何先生之惫邪？"庄子曰："贫也，非惫也。士有道德不能行，惫也；衣弊履穿，贫也，非惫也；此所谓非遭时也。王独不见夫腾猿乎？其得柟梓豫章也，揽蔓其枝而王长其间，虽羿、蓬蒙不能眄睨也。及其得柘棘枳枸之间也，危行侧视，振动悼栗，此筋骨非有加急而不柔也，处势不便，未足以逞其能也。今处昏上乱相之间，而欲无惫，奚可得邪？此比干之见剖心徵也夫！"(《庄子·山木》)

庄子穿着破补的衣服见魏王，魏王说他疲困，庄子却说是贫穷，不是疲困。后来又说处在昏君乱臣的时代，怎能不疲困。前后言语不一致，即前后矛盾。由此可见他是又贫穷又疲困。那么庄子为什么开始的时候不承认自己是疲困？这里设置了一个"笑点"，"惫"是"士有道德不能行"，读书人有道德理想而不能实践，才是疲惫。关键是这个"不能行"是他自己不愿意行，还是环境使然？要是自己不愿意，那当然是疲惫，若是环境使然，那也算疲惫吗？

（四）一身两役

"双关"是"合二为一"的——字面上说的一个方面，实际上却光顾着两个方面。但在言语表达中，也可以"化一为二"——将一人或一物化为二人、二物。分开以后的两个方面又成为矛盾的统一体。

这一方法由具体表现形式与心理基础的不同，又可分为两种，一种主要是人物形象的"分身"，明明为一个人，却偏偏说成似乎有两个不同的活生生的人。

> 肩吾问于孙叔敖曰："子三为令尹而不荣华，三去之而无忧色。吾始也疑子，今视子之鼻间栩栩然，子之用心独奈何？"孙叔敖曰："吾何以过人哉！吾以其来不可却也，其去不可止也，吾以为得失之非我也，而无忧色而已矣。我何以过人哉！且不知其在彼乎？其在我乎？其在彼邪，亡乎我；在我邪，亡乎彼。方将踌躇，方将四顾，何暇至乎人贵人贱哉！"（《庄子·田子方》）

这是把一个人分成了两个人，是孙叔敖则与令尹无关，是令尹则与孙叔敖无关。他把"令尹"与"我"分开叙述，更显出对名利的淡泊,非常幽默。

另一种是把一个人分成两种(几种)物或人与物的组合。《庄子·人间世》载:鲁国人颜阖将要应聘担任卫灵公太子的老师。这位太子天性苛刻,待人冷酷,颜阖甚觉棘手,于是请教卫国大夫蘧伯玉。蘧伯玉指点他"形就与心和",就是外表上不如迁就,内心里最好宽和。具体做法就是要"顺而化之"。在乱世与困境中,能做到"无疵",就不简单了。接着他又用分身的手法,谐趣地阐述了颜阖与太子的关系、将要出现的局面以及应对方法。

> 汝不知夫螳螂乎?怒其臂以当车辙,不知其不胜任也,是其才之美者也。戒之,慎之!积伐而美者以犯之,几矣。汝不知夫养虎者乎?不敢以生物与之,为其杀之之怒也;不敢以全物与之,为其决之之怒也;时其饥饱,达其怒心。虎之与人异类而媚养己者,顺也;故其杀者,逆也。夫爱马者,以筐盛矢,以蜄盛溺。适有蚊虻仆缘,而拊之不时,则缺衔毁首碎胸。意有所至而爱有所亡,可不慎邪!(《庄子·人间世》)

颜阖分身为螳螂、养虎者、爱马者;太子分身为车辙、虎、马。二者关系迷失惑乱,前者充任教师,后者扮演学生,然而他们之间既不是"尊严而惮",也不是"颂说而不陵不犯",而是抵冒陵越,毫无师道。

三、哲理因素

逻辑和哲学的理想语言无力完成艺术语言的表达任务,而理想的艺术语言也未必为推理、推论和论证提出我们所期望的有效手段。所谓"理想",是由某一构作目的为价值判断的。庄子的卓然超人,就在于他使二者融通互补,形成了一种独特的艺术哲学语言,在哲学和语言学园地里开出了一朵奇葩!

所谓二者融通互补,不是硬掐鹅脖强努儿,也不是一条藤儿,一锅儿熬,而是香火因缘,彼此契合。某种哲理逻辑常常"孕育"出相映成趣的幽默。

> 宋元君夜半而梦人被发窥阿门,曰:"予自宰路之渊,予为清江使河伯之所,渔者余且得予。"元君觉,使人占之,曰:"此神龟也。"君曰:"渔者有余且乎?"左右曰:"有。"君曰:"令余且会朝。明日,余且朝。"君曰:"渔何得?"对曰:"且之网得白龟焉,其圆五尺。"君曰:"献若之龟。"龟至,君再欲杀之,再欲活之,心疑,卜之,曰:"杀龟以卜吉。乃刳龟,七十二钻而无遗策。"仲尼曰:"神龟能见梦于元君,而不能避余且之网;知能七十二钻而无遗策。不能避刳肠之患。如是,则知有所困,神有所不及也。虽有至知,万人谋之。鱼不畏网而畏鹈鹕,去小知而大知明,去善而自善矣。婴儿生无石师而能言,与能言者处也。"(《庄子·外物》)

这在哲理上是指"机智也有困穷的时候,神灵也有不及的地方",用婉转的语言说出了"知有所困,神有所不及"的境界。而神龟能托梦给元君,却不能躲避余且的渔网,机智能占七十二卦没有不应验的,却不能避免被剖肠之患,这是前后相悖形成的幽默。

《庄子》笑点密布,某些哲学命题可以自如自娱地转换成相应的幽默方式。

（一）平齐物论

《庄子》中的寓言集中阐发了他的"齐物"哲学思想。他认为大小、贵贱、生死、是非、得失、荣辱等都是一样的，要求人们在无是非、无得失、无荣辱的虚无缥缈的境界中逍遥漫游。于是就出现了许多本末倒置、上下易位、尊卑互换、美丑错位的笑点。而最能凸显庄子"颠倒"手法特征的则是以下几个方面：

1. 贬贵为贱。

做倒了行市，降低身份。孔子极力推崇《十三经》的精华是仁义。老子反问仁义是否人之天性。孔子指出仁义是君子成长与生存的必要条件。老子又问仁义的定义，孔子强调仁义的实情在于心地中正不偏，与外物相和谐，提倡兼爱无私。老子叹息讽刺孔子言不及义，迂腐腾腾。认为真人不提倡兼爱。主张兼爱就是想得到他人的爱，高喊无私的人往往最自私。既然仁义属于人性，那么只要依循天道就自然而然地体现出来，何必要声嘶力竭地宣扬呢？宣传以仁义为首的政治主张是扰乱人性的。天地之间本来就有自然的秩序，没有必要人为地进行干扰。《庄子·天运》中说：

> 夫播穅眯目，则天地四方易位矣；蚊虻噆肤，则通昔不寐矣。夫仁义惨然，乃愤吾心，乱莫大焉。吾子使天下无失其朴，吾子亦放风而动，总德而立矣，又奚杰杰然若负建鼓而求亡子者邪？夫鹄不日浴而白，乌不日黔而黑。黑白之朴，不足以为辩。名誉之观，不足以为广。泉涸，鱼相与处于陆，相呴以湿，相濡以沫，不若相忘于江湖。

老子认为六经乃"先王之陈迹也",庄子贬贵为贱,以播糠、蚊虻比喻仁义对世人造成的困扰,这就使儒家思想的根本处于"龙游浅水遭虾戏,虎落浅坑被犬欺"的窘境。

在《庄子·知北游》中,庄子提出"学之不必知,辩之不必慧",是对儒家所推崇的博学辩说的贬低。这显然与道家所主张的"知者不博、博者不知""大辩不言、大辩若讷"有关。"精神生于道"一语,是指世人必与道接触,才有精神可言。道是最高真实,而精神生于道,所以精神才是人的真实成分。

在感性认识中,人们感受最深的往往是实践性最强的那些方面。一般情况下人们不太关注事物幽而不显的那些方面,因此我们也意识不到同自我印象相分离的印象。从相对的角度观察通常隐蔽的方面,使我们得到一种艺术的启示,这就是贬低原理。

> 梁丽可以冲城,而不可以窒穴,言殊器也;骐骥骅骝,一日而驰千里,捕鼠不如狸狌,言殊技也;鸱鸺夜撮蚤,察毫末,昼出瞋目而不见丘山,言殊性也。(《庄子·秋水》)

这就是以幽默的手法,就不同器用、技能、本性,说明万物各有长短,不必强分贵贱优劣,关键在于用得其"时"。

> 夫刍狗之未陈也,盛以箧衍,巾以文绣,尸祝齐戒以将之。及其已陈也,行者践其首脊,苏者取而爨之而已,将复取而盛以箧衍,巾以文绣,游居寝卧其下,彼不得梦,必且数眯焉。今而夫子,亦取先王已陈刍狗,聚弟子游居寝卧其下。故伐树于宋,削迹于卫,

穷于商周，是非其梦邪？围于陈蔡之间，七日不火食，死生相与邻，是非其眯邪？（《庄子·天运》）

"刍狗"是祭祀时使用的用草扎成的狗。《老子·5章》说："天地不仁，以万物为刍狗。圣人不仁，以百姓为刍狗。"是说天地和圣人对万物和百姓都一视同仁，无憎无爱，任其自然发展，以保全其本性。庄子仍以刍狗为喻，指的是过时而无用的观念和制度。对孔子的描述则隐弃了"大道夷且长"的一面，而凸显了"窘路狭且促"的一面。

《庄子·让王》写孔子被围困在陈国、蔡国之间，七天没有起火做饭，喝的野菜汤里不见米粒，神情十分疲惫，仍然在屋里弹琴唱歌。这时，子路和子贡对孔子的行动有所误会，认为孔子是穷困了，孔子说：

是何言也！君子通于道之谓通，穷于道之谓穷。今丘抱仁义之道以遭乱世之患，其何穷之为！故内省而不穷于道，临难而不失其德，天寒既至，霜雪既降，吾是以知松柏之茂也。陈蔡之隘，于丘其幸乎！

这一番话语，大义凛然，锋颖精密，听者动容。子路奋勇地拿起盾牌起舞。子贡说："我不知道天有多高，地有多厚啊。"

这里体现了孔子叱咤风云、智勇双全的一面。可是在《庄子·盗跖》里，却与此迥然不同。

孔子不听柳下季的劝告，执意去见盗跖，被盗跖擂鼓筛锣，大加挞伐，狼狈离开：

孔子再拜趋走，出门上车，执辔三失，目芒然无见，色若死灰，据轼低头，不能出气。归到鲁东门外，适遇柳下季。柳下季曰："今者阙然，数日不见，车马有行色，得微往见跖邪？"孔子仰天而叹曰："然。"柳下季曰："跖得无逆汝意若前乎？"孔子曰："然。丘所谓无病而自灸也，疾走料虎头，编虎须，几不免虎口哉！"（《庄子·盗跖》）

孔子乍着胆子，烧纸引鬼，慑息怔营，怵怵忐忑，终了落得个吃葱吃蒜不吃姜。惶恐之中，以虎穴比喻盗跖的帐幕，这一次算是与虎谋皮了。

孔子、柳下季、盗跖三人，并非共时。庄子用这个幽默的寓言，凸显了孔子"知其不可而为之"的性格弱项。

2. 转贱为贵。

庄子论修道之方，提出"执道者德全，德全者形全，形全者神全；神全者，圣人之道也"（《庄子·天地》），意思是掌握了道的人，德行才会圆满；德行圆满的人，形体才会圆满；形体圆满的人，精神才会圆满，这才是圣人之道。

形全：身体保持自然的完整状态。"德"超越了形的层次，转化为心的状态。保持心的自然状态，才是德。德全：保持和谐的那种修养和完美状态。神全：完全展现生命的真实，与天地同乐而没有任何牵累。

《庄子》里，作者在不同的地方，用不同的话语类型来论述德全和神全。先说"德全"：

> 若夫人者,非其志不之,非其心不为。虽以天下誉之,得其所谓,謷然不顾；以天下非之，失其所谓，傥然不受。天下之非誉，无益损焉，是谓全德之人哉！(《庄子·天地》)

《庄子》的"德全"：不是他的意志就不会去追求，不是他的心愿就不会去行动。即使天下人都赞誉他，让他获得名声，他也傲然不顾，即使天下人都非议他，使他失去名声，他也漠然不受。天下人的毁誉对他毫无影响。

这里用一个句群，进一步强调了《庄子·逍遥游》中宋荣子"举世而誉之而不加劝，举世而非之而不加沮"的话题，这是庄子的一个话语习惯——阐释"重言"。然而，就是这样一个十分庄重的哲学命题，在《庄子·达生》里却用到鸡的身上：

> 纪渻子为王养斗鸡。十日而问："鸡可已乎？"曰："未也，方虚憍而恃气。"十日又问,曰："未也。犹应向景。"十日又问,曰："未也。犹疾视而盛气。"十日又问，曰："几矣，鸡虽有鸣者，已无变矣，望之似木鸡矣，其德全矣，异鸡无敢应者，反走矣。"

用饲养斗鸡的过程来说明"德全"，显然是用卑贱的事物来印证深奥的哲理，然而却理致清要，意味隽永：纪渻子用四十天培养斗鸡，其实经历了由外而内的修炼转化，完全保持了天赋，这就是"德全"。在如此情态下，它就具备了以全克分，以静制动的法宝，别的鸡没有敢来应战的，自然能够战胜一切对手。

对"神全"的描述也与此同功。《庄子·逍遥游》里说神全之人是"物莫之伤,大浸稽天而不溺,大旱金石流,土山焦而不热。是其尘垢秕糠,将犹陶铸尧舜者也,孰肯分分然以物为事?"这说的是:各种自然灾异,如风雷地动、水旱寒热都不能对其有所伤害;外死生,忘厉害;包容万物,与万物合为一体;无功、无名、无己,忘天下,不以物为事。这绝对是一种完美的、崇高的形象。

然而,又是在《庄子·达生》里,却以"雨露偏金穴,乾坤入醉乡"的酒魁来描写"神全":

夫醉者之坠车,虽疾不死。骨节与人同而犯害与人异,其神全也,乘亦不知也,坠亦不知也,死生惊惧不入乎其胸中,是故迕物不慑。彼得全于酒而犹若是,而况得全于天乎?

人在遇到地震、火灾等灾难时,惊慌失措常常造成更大的伤害。以"醉者"来描写一个人的"神全",是说喝醉酒的人暂时失去正常人的知觉与情绪。如果能与自然相顺,那么在清醒时也能保持神全。

《刘子·因显》里说:"大樟木盘根钩枝,瘿节蠹皮,轮囷拥肿,则众眼不顾。匠者采焉,制为殿堂,涂以丹漆,画为黼藻,则白辟卿士,莫不顾眄仰视。木性犹是也,而昔贱今贵者,良工为之容也。"

庄子就是一个语言的"良工",他善于利用卑微低贱的事物来阐释超然远览、渊然深识的哲理,做到理清而辞趣。这也是庄子的"以道观之,物无贵贱"思想在话语分析中所涉及的语境因素。

除"贬贵为贱""转贱为贵"外,平齐物论的哲学思想还体现在对比手法的运用上。

3. 形象对比。

庄子认为,宇宙万象都是相对的。所以有大就有小,有高就有低,有东就有西……又如:动静、强弱、高矮、前后、方圆、善恶、喜怒、哀乐、美丑等,不胜枚举。由描写相对现象形成的幽默,俯拾皆是。

对比,既是一种文章技法,又是一种辞格。在庄文中,二者运用自然天成。本文目的不在辨析二者同异,于是浑然同列,共事一理。

对比的主要特征是把两种对立事物或同一事物的两个不同方面加以对照比较,来解释事物的本质,它和幽默没有渊源共存的关系。但是,如果用来对比的事物或同一事物的不同方面有一项或一项以上具有谐趣因素,幽默即会横生。

胡范畴《幽默语言学》说:"不同类事物之间的比较、描写为比喻;同类事物之间的形象性比较为较物。倘若较物也用来沟通崇高与鄙俗、精神享受与日常烦恼,那么如同比喻一样,也可获宣泄之笑。"他说的"沟通崇高与鄙俗,精神享受与日常烦恼,就是幽默元素。"在这方面,《庄子》里有非常丰富的资源。

《庄子·秋水》里河伯与北海的对比,以北海比喻得道之大,以河伯比喻伯夷、仲尼之小。《庄子·则阳》里以人和蜗角之国对比,形容宇宙之伟大和梁惠王之渺小,都表现了庄子追求超世的旷达思想。《庄子·外物》所举的揭竿和大钩对比,却在说明大达和小达之不同。《庄子·逍遥游》中大鹏鸟与斥鷃、学鸠、蜩的对比,揭示了"小知不及大知，小年不及大年"，说明物质世界没有绝对的自由，要真正达到逍遥自在，必须"无己""无功""无名"。

庄子学派利用对比手法鞭挞丑恶，赞美美好。例如在《庄子·秋水》中，作者通过把海龟与孤陋寡闻而又自尊自大的井蛙的对比，批判了井蛙的浅薄无知，赞美了海龟的宏博。同一篇中"惠子相梁"的寓言，则通过鹓雏与心胸狭窄、行为卑劣的鸱的对比，热情地赞美了品行高洁，志向远大，心胸宽广的鹓雏。《庄子·列御寇》中的正考父"一命而伛，再命而偻，三命而俯，循墙而走"，和那些"一命而吕钜，再命而于车上舞，三命而名诸父"的人形成了鲜明的对比。《庄子》还采用了古今对比、颂古非今的手法，谴责当世君主：

> 古之君人者，以得为在民，以失为在己；以正为在民，以枉为在己。故一形有失其形者，退而自责。今则不然。匿为物而愚不识，大为难而罪不敢，重为任而罚不胜，远其涂而诛不至。民知力竭，则以伪继之。日出多伪，士民安取不伪！夫力不足则伪，知不足则欺，财不足则盗。盗窃之行，于谁责而可乎？（《庄子·则阳》）

在这段文字里，作者把人民伪、欺、盗的罪责归之于国君，认为他们是陷民于罪、制造祸乱的最大罪犯，这实在是个了不起的见解。《庄子》也善于运用旁证对比法，将无拘无束，曳尾涂中的神龟与只留骨骸在庙堂之上的神龟相比，其孰是孰非，自是一目了然。而自比于曳尾涂中的神龟的庄子，在鄙弃荣华、超人随俗的内心调和上，与神龟具有同一性，因此，楚国使者自然也就明白庄子对于个性精神自由的理解和追求了。

> 子独不闻夫埳井之蛙乎？谓东海之鳖曰："吾乐与！吾跳梁乎井干之上，入休乎缺甃之崖。赴水则接腋持颐，蹶泥则没足灭跗；还视虷蟹与科斗，莫吾能若也。且夫擅一壑之水，而跨跱埳井之乐，此亦至矣。夫子奚不时来入观乎？"东海之鳖左足未入，而右膝已絷矣。于是逡巡而却，告之海曰："夫千里之远，不足以举其大；千仞之高，不足以极其深。禹之时，十年九潦，而水弗为加益；汤之时，八年七旱，而崖不为加损。夫不为顷久推移，不以多少进退者，此亦东海之大乐也。"于是埳井之蛙闻之，适适然惊，规规然自失也。（《庄子·秋水》）

井蛙"擅一壑之水"，便洋洋自得。认为"吾乐与""莫我能若"，而实际上那口破井连东海之鳖的一足一膝也容不下。这是井蛙之乐。"东海之大乐"是"不为顷久推移，不以多少进退"。其境界的辽阔广大，自由高远，与井蛙的渺小、平庸、狭隘、浅薄形成强烈对比。在对比中让井蛙"适适然惊，规规然自失"，无情嘲讽了"坎井之蛙"这一类人的偏执一隅，孤陋寡闻，目光短浅，心胸狭隘。

> 生而美者，人与之鉴，不告则不知其美于人也。若知之，若不知之，若闻之，若不闻之，其可喜也终无已，人之好之亦无已，性也。圣人之爱人也，人与之名，不告则不知其爱人也。若知之，若不知之，若闻之，若不闻之，其爱人也终无已，人之安之亦无已，

性也。(《庄子·则阳》)

那些生来就美丽的人，别人给他镜子，但不告诉他，他还是不知道自己比别人美丽。他好像知道，又好像不知道，好像听说，又好像没听说，他让人喜爱的特质始终不会消失，人们对他的爱好也不会消失。这是出于本性。如此话语，着实童骏。接着又把这种童骏之论延伸到圣人身上：圣人爱护人们，别人给他名声，但不告诉他，他还是不知道自己在爱护人们。他似乎知道，又似乎不知道；似乎听说，又似乎没听说，他爱护人们的行为始终不会停止，人们乐于接受他的爱护也不会停止，这是出于本性。

美人与圣人两相对比，后都落实到"性也"，就是为了强调：出于本性的表现，未必要自己知道，一旦知道了，难免陷入智巧的困境。童骏就是一种幽默元素。由于它的参与，话语活泼有趣，含蓄而有寓意。

对比之两项，如果含奇佩美，则更显事之双美，意之并盛；如果两项暗昧浅薄，则乱码露拙，瓶颈起腻。如两种非逻辑行为的对照：

> 鲁有单豹者，岩居而水饮，不与民共利，行年七十而犹有婴儿之色，不幸遇饿虎，饿虎杀而食之。有张毅者，高门县薄，无不走也，行年四十而有内热之病以死。豹养其内而虎食其外，毅养其外而病攻其内。此二子者，皆不鞭其后者也。(《庄子·达生》)

这二人的行为均属超绝过当。单豹修养内心，而老虎吃掉他的身体；张毅保养身体，而疾病由内部侵害他。单豹可以隐遁，但不应太远离人群；张毅可以钻营，但不可失去调摄。

4. 别有会心。

庄子认为，宇宙间不存在共同标准。让同一事物在不同的人物那里得出两种截然不同的理解，也就是交叉。

> 尧观乎华。华封人曰："嘻，圣人，请祝圣人，使圣人寿。"尧曰："辞。""使圣人富。"尧曰："辞。""使圣人多男子。"尧曰："辞。"封人曰："寿、富、多男子，人之所欲也，女独不欲，何邪？"尧曰："多男子则多惧，富则多事，寿则多辱。是三者，非所以养德也，故辞。"（《庄子·天地》）

"寿、富、多男子"是一般人的最高理想追求，而尧认为能免则免，这样可以去掉恐惧、麻烦与屈辱。这是某种智慧的表现，确认多一事不如少一事。而封疆官员则主张"顺其自然"，变消极为积极，把祸患化解于无形之中，这是更高层次的智慧。尧和封疆官员的态度岂不滑稽？《庄子·至乐》里作了回答："人之生也，与忧俱生，寿者惛惛，久忧不死，何之苦也！其为形也亦疏矣。"

为什么会产生"交叉"？《庄子·齐物论》里有答案：

> 齧缺问乎王倪曰："子知物之所同是乎？"曰："吾恶乎知之！""子知子之所不知邪？"曰："吾恶乎知之！""然则物无知邪？"曰："吾恶乎知之！虽然，尝试言之：庸讵知吾所谓知之非不知邪？

庸讵知吾所谓不知之非知邪？且吾尝试问乎汝：民湿寝则腰疾偏死，鳅然乎哉？木处则惴栗恂惧，猿猴然乎哉？三者孰知正处？民食刍豢，麋鹿食荐，蝍蛆甘带，鸱鸦嗜鼠，四者孰知正味？猿猵狙以为雌，麋与鹿交，鳅与鱼游。毛嫱、丽姬人之所美也；鱼见之深入，鸟见之高飞，麋鹿见之决骤，四者孰知天下之正色哉？自我观之，仁义之端，是非之涂，樊然淆乱，吾恶能知其辩！……死生无变于己，而况厉害之端乎！"

有时把同一客体放在不同主体上产生不同的影响，对比产生幽默。从人的观点看，筐床巨室为善处，刍豢为佳肴。然而这不过是人的主观认定而已，鳅、猿、麋、鹿未必认同。毛嫱丽姬，人之所美也；鱼见之深入，鸟见之高飞，麋鹿见之决骤。庄子抛开"人本位"的狭隘思想，以各种动物自身的角度去设想，所以才能超越分辨。人和动物的认识是交叉的。这正是西眉南脸人中美，或者皆闻无所别。

桓公读书于堂上，轮扁斫轮于堂下，释椎凿而上，问桓公曰："敢问，公之所读者何言邪？"公曰："圣人之言也。"曰："圣人在乎？"公曰："已死矣。"曰："然则君之所读者，古人之糟粕已夫！"桓公曰："寡人读书，轮人安得议乎！有说则可，无说则死。"轮扁曰："臣也以臣之事观之。斫轮，徐则甘而不固，疾则苦而不入。不徐不疾，得之于手而应于心，口不能言，有数存焉于其间。臣不能以喻臣之子，臣之子亦不能受之于臣，是以行年七十而老斫轮。古之人与其不可传也死矣，然则君之所读者，古人之糟粕已夫！"（《庄子·天道》）

在桓公看来，他读的书是圣人之言，在轮扁看来，却是古人的糟粕。轮扁用他自身的实际说明。可见，不同的人对同一事物有不同的认识，从而说明了真意的不可言传性。

另外，同一客体在相同主体的不同认知阶段也可能有完全不同的感受。例如《庄子·齐物论》中：

> 丽之姬，艾封人之子也，晋国之始得之也，涕泣沾襟。及其至于王所，与王同筐床，食刍豢，而后悔其泣也。予恶乎知夫死者不悔其始之蕲生乎！

还有"朝三暮四"的寓言：

> 劳神明为一，而不知其同也，谓之朝三。何谓朝三？狙公赋芧曰："朝三而暮四。"众狙皆怒。曰："然则朝四而暮三。"众狙皆悦。名实未亏而喜怒为用，亦因是也。是以圣人和之以是非而休乎天均，是之谓两行。

名和实都没有改变而猴子的喜怒却因而不同，这是顺着猴子主观的心理作用罢了！

（二）离道惑乱

《庄子·缮性》里说："文灭质，博溺心，然后民始惑乱，无以反其性情而复其初。"文饰消除了质朴，博学诟溺了心性，然后民众才感到迷惑与混乱，没有办法再回到性命的真实状态而恢复本来的面貌了。《庄子·骈拇》里说道："小惑易方，大惑易性。"

《庄子·渔父》里的主角渔父通过对人世间的精核详察,得出一个结论:正是因为存身者"惑",才造成了祈乐反苦的后果,他还把"惑"剖析成"八疵""四患"。

八疵:非其事而事之,谓之摠;莫之顾而进之,谓之佞;希意道言,谓之谄;不择是非而言,谓之谀;好言人之恶,谓之谗;析交离亲,谓之贼;称誉诈伪以败恶人,谓之慝;不择善否,两容颜适,偷拔其所欲,谓之险。

四患:好经大事,变更易常,以挂功名,谓之叨;专知擅事,侵人自用,谓之贪;见过不更,闻谏愈甚,谓之很;人同于己则可,不同于己,虽善不善,谓之矜。

思想上的惑乱必然造成行为上的悖异,也就是言行举止不合常规,或者叫"非逻辑行为"。非逻辑行为可以产生幽默。

非逻辑行为在《庄子》里俯拾皆是:"见卵而求时夜,见弹而求鸮炙。"(《齐物论》);"窃钩者诛,窃国者为诸侯。"(《胠箧》);"载鼷以车马,乐鴳以钟鼓。"(《达生》);"求马于唐肆。"(《田子方》);"揭竿而求诸海。"(《庚桑楚》);"寄而谪阍者;夜半于无人之时而与舟人斗。"(《徐无鬼》);"冻者假衣于春,暍者反冬乎冷风"(《则阳》);"揭竿累,趣灌渎,守鲵鲋,其于得大鱼"(《外物》)……这种思维方式简直就是戴盆望天,持方枘以内圆凿,令人齿冷!

庄子非常善于抓住人们的非逻辑言行来创造幽默。

人有畏影恶迹而去之走者,举足愈数而迹愈多,走愈疾而影不离身,自以为尚迟,疾走不休,绝力而死。不知处阴以休影,处

静以息迹，愚亦甚矣！（《庄子·渔父》）

害怕影子、厌恶足迹，就要处于阴暗使影子消失，处于静心让足迹不出，而此人却拼命逃跑，结果跑得越远足迹越多，跑得越快影子越不离身，他还误认为速度太慢。这种谬行岂不令人喷饭！而孔子两次被逐出鲁国，在卫国的行迹被抹杀，在宋国被砍掉庇荫的大树，在陈国、蔡国之间被围困，就是因为他的行为如同"畏影恶迹"之人：探讨仁义的关系，考察同异的分别，观测动静的变化，疏导好恶的情感，调和喜怒的节度，最终未能免于患。

且子独不闻夫寿陵馀子之学行于邯郸与？未得国能，又失其故行矣，直匍匐而归耳。今子之不去，将忘子之故，失子之业。（《庄子·秋水》）

寿陵属燕国，邯郸为赵国都，放弃天生的步法，硬要去模仿别国的步态，结果连路都不会走了，岂不荒谬！这个幽默的寓意是要先估量自己的能力，别效法他人不成反而失去了自我。

大惑者终身不解；大愚者终身不灵。三人行而一人惑，所适者犹可致也，惑者少也；二人惑则劳而不至，惑者胜也。而今也以天下惑，予虽有祈向，不可得也。不亦悲乎！大声不入于里耳，《折杨》《皇华》，则嗑然而笑。是故高言不止于众人之心，至言不出，俗言胜也，以二垂踵惑，而所适不得矣。而今也以天下惑，予虽有祈向，其庸可得邪！知其不可得也而强之，又一惑也，故莫若释之而不推。

不推,谁其比忧?厉之人夜半生其子,遽取火而视之,汲汲然惟恐其似己也。(《庄子·天地》)

这是庄子的一段心灵独白。他深透世人的处境:大迷惑,终身不能理解;大愚者,终身不能觉悟。他自愧力薄才疏,无以为济。最后一部分则是一个幽默:一般人都期望子女酷似自己,否则还要做亲子鉴定。而丑女则唯恐孩子长得像自己。这显然是一大迷惑。庄子创作这个幽默是以之自我解嘲:我的作品流传于后世,不是也陷于"知其不可得也而强之"的迷惑中吗?换句话说,有为即有惑,不如忘掉自己的美丑。孩子生了就顺其自然,别无选择。

(三)伤生失性

伤生失性,就是《庄子·骈拇》里说的"残生伤性"。这应该有两种理解:其一,指人们为了外物而奔走应命、疲惫不堪,甚至葬送了生命;其二,指违逆自然,强凿蛮干。后一种理解更易形成幽默。

> 南海之帝为倏,北海之帝为忽,中央之帝为浑沌。倏与忽时相与遇于浑沌之地,浑沌待之甚善。倏与忽谋报浑沌之德,曰:"人皆有七窍以视听食息,此独无有,尝试凿之。"日凿一窍,七日而浑沌死。(《庄子·应帝王》)

大意是:远古时候,大地分成三部分,三个帝王的名字分别叫作"倏""忽""浑沌"。其中最忠厚朴实的是"浑沌"。可此人面无七窍,颇为原始。倏和忽到浑沌的境界里相会,浑沌待他们很好。倏和忽为报答混沌的友善,决定为其造出七窍,结果"七窍备而浑沌死"。

"浑沌"是自然纯朴的意思,象征未受污染与损坏的整体。它的生命就在天真未凿,是一种迷蒙混浊的原始秩序。如果强加分割与凿窍,浑全肢解,生命也就结束,倏忽二帝弄巧成拙,想用一周时间赋予浑沌以人为的秩序,反而葬送了浑沌的自然生命,破坏了自然的秩序。

> 昔者海鸟止于鲁郊,鲁侯御而觞之于庙,奏《九韶》以为乐,具太牢以为膳。鸟乃眩视忧悲,不敢食一脔,不敢饮一杯,三日而死。(《庄子·至乐》)

海鸟之喻,以鲁侯喻颜回,以海鸟喻齐侯,由此暗喻颜回不应该去齐。然而,齐侯哪有海鸟的自然本性?因此,撇开政治因素看海鸟之喻,反而更有理趣。鲁侯把"己养"移植到"鸟养"身上,于是形成了热气冷肠的可笑局面:一面是鲁侯的毕恭毕敬,一面是海鸟的眩视忧悲,相惊伯有,有逆于心。看来,鲁侯是真诚的,而越是如此,越显出他的无知。

(四)本明攻之

先秦哲学家多数认为词可以达意,也就是说语言这种载体可以十分完美地传达信息。然而老庄却认为,不应该过分估量语言的作用,如果认为只就语言本身便可包容一切精深意旨,夸大语言的功能,极不现实。老庄的观点与《易·系辞上》说的"书不尽言，言不尽意"完全吻合。道家属于语言功能有限论者。老子承认语言是传达信息的中介，他认为人们可以借助这个中介去领会哲理，而一旦掌握了哲理，就应该遗忘原来的语言：因为天地之理不可以言而尽之，重要的是掌握实质。这就是中国哲人所说的得鱼忘筌、得意忘言、到岸舍筏、见月忽指。

战国时代是百家争鸣的鼎盛时代。策辩是各个学派发展自己的理论观点，战胜论敌的重要手段。一部《战国策》就是一部战国策士们的言行录。所谓"一句话可以遭罪""一席话可以兴邦"，正说明言语活动在当时政治斗争中的巨大作用。那"朝为布衣暮为卿相"的苏秦，不就是凭借一席话而"革车百乘，黄金百镒"的吗？

墨子著书，作辩经以立名本，惠施公孙龙祖述其学。墨子赞扬"辩乎言谈"的人为"贤良之士"，他教育自己的学生："能谈辩者谈辩，能说书者说……然后义成也。"（《墨子·耕柱》）荀子更是直截了当地说："君子必辩""君子之于言无厌"（《荀子·非相》）。

然而老庄却反对言辩。庄子指出，公孙龙凭借怪说诡辩，肯定世俗所否定的，否定世俗所肯定的，以此为无上光荣。针对墨子提出的"谓辩无胜，必不当，说在辩"和"俱无胜，是不辩也。辩也者，或谓之是，或谓之非，当者胜也"的言辩有胜负论，庄子针锋相对地提出了言辩无胜负论。辩论不可能分出胜负，因为不存在公认的是非标准。

庄子是相对主义者，他认为是非没有绝对的标准与界限。《庄子·至乐》里假托庄子与百岁髑髅的对话说明髑髅的生死观与活人相反：活人视为生，髑髅视为死；活人视为死，髑髅当作生。人与鬼各乐其乐，安于自己的处境。这正像辩士的自是非他，各以己方为胜为生，对方为败为死。既然是非无绝对标准，那么，辩论获胜者未必就是对的，辩论失败的未必就是错的，就是有第三者出来纠正，也免不了有主观成见，无论怎样都不能得出最后结论。

庄子深知，辩士的愚蠢，正在"辩其所不能辩"，但在不得已的情况下，还是要以辩息辩。所以老子、庄子在理论上反对言辩，而实践上，"五千精妙"，整部《庄子》就是在大辩特辩。

庄子认为各家各派都有它的主观和偏见，尽管大家争辩不休，而真正的是非是争不清楚的，还不如"莫若以明"。不如用明镜之心去关照。"明"即《老子·16章》"复命曰常，知常曰明"之"明"。"以明"就是运用明镜止水般虚静的心去关照，使事实真相完全显露，此心遂获得超经验的理解。懂得追溯到根本的虚无之道那里去，就什么是非，真伪都解决了。因为在那里一切都是齐同的。

心灵虚静的明照，是一种直觉的观照，不是分析的思辨，认知活动中的思考言辨，不能达到事物的终点并显示其真相。庄子感兴趣的认知，是玄学上直觉的认知，不是科学上分析的认知。这才是庄子提倡的"明"。

《庄子·齐物论》三次提到"以明"，可见庄子非常重视这种方法。如果"以明"，就会明白一切是非都是相对的。是非从何而来？或因立场观点不同，或由于现实利害之争，或缘于意气用事，或困于话语理解分歧。所以庄子应对辩论的原则是"本明破之"。然而，在实施过程中，却吊诡矜奇，真招乐儿。如《庄子·德充符》

里惠子与庄子关于"无情"的辩论：

> 惠子谓庄子曰："人故无情乎？"庄子曰："然。"惠子曰："人而无情，何以谓之人？"庄子曰："道与之貌，天与之形，恶得不谓之人？"惠子曰："既谓之人，恶得无情？"庄子曰："是非吾所谓情也。吾所谓无情者，言人之不以好恶内伤其身，常因自然而不益生也。"

惠子按照"无情"的自然义来提问，所谓"人非草木，孰能无情？"连"掷柳迁乔"都"大有情"，何况人呢？而庄子赋予"无情"以特殊哲理含义，并非指没有正常的情感作用，而是不让情感"内伤其身"，向内伤到自己的天性。这样辩下去，结果只能是"我与若不能相知也"。

《庄子·田子方》里，有一段由精彩的"强辩"形成的幽默：

> 楚王与凡君坐，少焉，楚王左右曰凡亡者三。凡君曰："凡之亡也，不足以丧吾存。夫'凡之亡不足以丧吾存'，则楚之存不足以存存。由是观之，则凡未始亡而楚未始存也。"

凡君认为：群落与个体有别，凡国与凡君不能等同。即使凡国灭亡了，也不能影响我的存在。既然"凡国灭亡不能影响我的存在"，那么楚国的存在也不能保障你的存在。

这是要说明：个体在群落中，应该保留真实自我。如果忽略真实自我，群落就成为一个名称而已。比如，楚国即使长存，楚王仍有寿算。最后凡君避开当时的特定情境，把凡亡楚存说成是凡存楚亡。

《庄子·天运》里论"至仁"，把常人认为"不仁"的说成"仁"。

> 商大宰荡问仁于庄子。庄子曰："虎狼，仁也。"曰："何谓也？"庄子曰："父子相亲，何谓不仁！"

父子相亲为仁，这是传统的观念。虎狼，类属禽兽。庄子有意避开温顺驯良的食草动物，也不笼统说："禽兽，仁也"。偏以虎狼为例，是因为人们确认虎狼是最凶残的走兽，而其两代之间也存在一种本能的爱，于是得出"虎狼，仁也"的结论。把虎狼与人相提并论，这种不伦不类的比较方法得出的结论当然荒谬，但一时难以辩驳。庄子冲破单纯以人类利益为出发点的立场，摒弃世俗的价值判断所进行的类比，也确实收到了幽默的效果。

我们习惯于把居心险恶、行为秽乱和性情狠戾与"兽"相提并论，称之为兽心、兽行和兽性。管子统称为"禽兽行"，似乎一切野蛮和残忍都与兽脱不了干系。这其实是人本位思想的一个误点。

荀子对禽兽的评价摆脱了人本位的偏见。他说："凡是生长在天地之间的，只要是归属于有血有肉一类的，一定是有知觉的。而有知觉的这一类，没有哪一种不心爱自己的同类。比如那些大的鸟兽要是丧失它们的同类或配偶之后，过了一定的时间，还要沿着旧路返回原地；在经过自己的故乡时，还一定要在那里徘徊，在那里嘶鸣号叫，在那里顿足，在那里来回走动，最后才不得离开。鸟兽中小的燕雀也会在同样的地方作片刻悲鸣，然后才肯离开那里。"大鸟兽和小燕雀的这种其情依依，其行迟迟，其意好好，有的人都是比之莫及的。

　　燕子育儿的艰辛，远非"偎干就湿"所能形容的。燕子平均十来分钟往返一次，每天喂雏燕竟多达二三百次。唐代诗人白居易以诗相叹："须臾十来往，犹恐巢中饥。辛勤三十日，母瘦雏渐肥。"这种感人至深的母爱，被人们用来作为教子的生动教材。2008年4月，在河南省商丘市宁陵县阳驿乡阳驿东村李怀强家中，两只燕子孵化了三只雏燕。老燕子不幸罹难，几只麻雀开始喂养雏燕。在李怀强家走廊一角的燕子窝前，几只麻雀飞来飞去，嘴里都衔着小虫。代燕养孤儿，麻雀有大义。同那些弃婴抛子的人相比，谁具"兽"性？

　　当然，这都是"温"禽，猛兽总都是凶狠残忍的，也未尽然。

　　虎狼是最凶残的走兽，但其两代之间却存在一种本能的爱。狼虽生性残暴，但对子女都十分温和、耐心，它不仅养育幼狼，而且教给幼狼生存的技能。母狼经常把猎获的小动物叼到幼狼的身边，接着把猎物释放，然后又以凶猛的动作扑抓，这样不厌其烦地示范，幼狼也就逐渐掌握了生活的本领。即使是我们常说的"毒如蛇蝎"的蝎子，对子女也是怜爱珍惜的。蝎子每胎产子大约30只，幼仔一经娩出，就爬到母蝎背上，生活约10天，蜕一次皮，方才离去，自寻生计。母蝎在这段时间里忍饥挨饿，张开螯肢，竖直尾刺，全身心地保护背上的幼蝎。

　　其实，猛禽凶兽残杀异类，也不过是为了生存和养活下代。相比之下，人类为了营养而食肉，甚至为娱乐或装饰也残杀异类。

庄子冲破以人类利益为出发点的立场，摒弃世俗的价值判断所得出的结论是对自然的洞彻明悟。

按照"虎狼，仁也"的判断，禽兽应皆有仁，但只有人能修成"至仁"的境界。由此深究，仁只是生物本能的偏爱表现，人又岂能仅限于仁呢？

我们再看关于"无用之用"的辩论。

> 惠子谓庄子曰："子言无用。"庄子曰："知无用而始可与言用矣。夫地非不广且大也，人之所用容足耳。然则厕足而垫之，致黄泉，人尚有用乎？"惠子曰："无用。"庄子曰："然则无用之为用也亦明矣。"（《庄子·外物》）

"大而无用"与"无用之用"也是庄子人生哲学的主要观点。这里是讲"无用之用"。惠子说庄子的话无用。庄子强调知道无用才能谈有用。他以天地和人的关系为例来形象地论证：广阔的天地于人有用的仅是脚踩的那一小块。如果把这一小块以外的都挖掉，一直挖到黄泉，那么对人有用的那一块也就无用了。因为"若使侧足之外，掘至黄泉，人则战栗不得行动。是知有用之物，假无用成功"（成玄英）。庄子以对话形式，交错使用"无用"与"有用"，在幽默气氛中使惠子折服。

常态适然

"常态",正常的状态;"适然",就是事理的当然。

"常态"一词,最早可能见于《后汉书·文苑传·边让》"舞无常态,鼓无定节,寻声响应,修短靡跌。"指固定的仪态。"常态"的观念,古已有之。古代哲人就已意识到:悟出常态是掌握事物的关键。《庄子·天道》里讲述老子开导儒家泰斗孔子说:

> 天地固有常矣,日月固有明矣,星辰固有列矣,禽兽固有群矣,树木固有立矣。夫子亦放德而行,循道而趋,已至矣;又何偈偈乎揭仁义,若击鼓而求亡子焉?意,夫子乱人之性也!

你只需使天下人不失去纯朴的本性,那么,天地本来就有常轨，日月本来就有光明，星辰本来就有行列，禽兽本来就会群居，树木本来就会成长。先生只要依循天赋常态去走，顺着（道法）自然途径前进，就可以达到目的了。又何必拼命提倡仁义，好像敲着鼓去追赶逃跑的人呢？噫，先生扰乱了人的本性啊！

然而，关于老子的"道"，玄之又玄，高深莫测。道家主张"语言功能有限论"，认为"道"不可能用语言来解释清楚。即如《老子·1章》所说："道可道，非常道；名可名，非常名。"那又用什么办法掌握"道"呢？老子告诉我们要领悟"道"的常态，就是《老子·32章》所说"道常无名朴"。"道"的常态是没有名称的，是处在朴质状态的。

樸，《说文》："樸，木素义。"王充《论衡·量知》："无刀斧之断者谓之樸。"樸可通朴，今简化为朴。"樸"是未成器的木头，与未琢成玉器的璞同义；故在玉曰璞，在木曰樸，在人则是浑然元善的天真。樸的特征是尚未成器，但具有成为任何器皿的可能性，它灵活、自由，并怀有无限潜能。

《老子·19章》提出"见素抱朴"。"素"，《说文》："白缯缯也"；与"朴"同义。"见素抱朴"：显示真纯，持守朴质。朴心即素心，是未经雕琢的童心和赤子之心。因此，朴可象征浑厚谦卑。

从宇宙本体的"道"的层面分析，老子用"朴"来形容"道"的原始"无名"的状态；而这种朴质的"道"落实到人间层面，则要求人们具备浑厚谦卑的品质。

庄子在继承并发展老子的这一理论时，直接用的是"朴素"或"素朴"。庄子赞美天籁，认为"素朴而民性得矣"（《庄子·马蹄》）。"朴素而天下莫能与之争美"（《庄子·天道》）。

庄子称常态为常然，《庄子·骈拇》里说：

> 天下有常然。常然者，曲者不以钩，直者不以绳，圆者不以规，方者不以矩，附离不以胶漆，约束不以纆索。

天下万物都呈现某种固有的常态。所谓常态，就是弯曲的不依靠曲尺，笔直的不依靠墨线，正圆的不依靠圆规，端方的不依靠角尺，使分离的东西附在一起不依靠胶和漆，将零星的事物捆束在一起不依靠绳索。如果依靠曲尺、墨线、圆规、角尺来端正事物形态的，这是损伤事物本性的做法；依靠绳索胶漆而使事物紧紧粘固的，是伤害事物天然禀赋的做法……这样做也就失去了人的常态。

《庄子》里的"德"有时指品性、真实的状态或天赋的常态。天下人都不放纵本性，不改变天赋，就不会造成不安静与不愉快。不安静与不愉快，都不是天赋的常态。不合常态而能保持长久，天下不会出现这样的事情。人欢喜过度，会损伤阳气；愤怒过度，会伤及阴气。阴阳二气皆损，四季就将失序，寒暑就无法调和，这样一来就会伤害人的身体，进而使人喜怒无常、生活不安，思虑没有结果，做事就会乱了分寸，于是天下开始出现戾气雾霾。《庄子·天道》里要人们"明白于天地之德者"，就是要具备纯洁的品性，明白天地的真实状态或天赋的常态，就是理解了大根本大宗主，可以与自然和谐相处；以此协调天下，可以与人们和谐相处。与人们和谐相处，称为人间之乐；与自然和谐相处，称为自然之乐。

从近年来查处的腐败案件看，一些干部没了人形，根本问题都是出在"德"字上，缺德了！为政以德，正心修身。党员领导干部必须知古鉴今、心存敬畏、慎独慎微、讲规矩、守戒律，决不能无法无天、胆大妄为。

常态的对立面是"变态"。变态指个人在认知、情绪或行为上，常有与众不同的表现，而这种表现既不利于个人适应，也不为社会所接受。

党风廉政建设和反腐败工作的目的是要营造政通人和、风清气正的良好政治生态。为达此目的，需要殚精竭虑、运筹划策。如果要从中华文化重熙累洽长期积淀的中华民族最深沉的精神追求中汲取丰厚的滋养，那就是归真返璞。

《战国策·齐策》载："归真返璞，则终身不辱。"意思是：人们如果能像璞那样，回到它本来的自然形态，恢复其纯真的本来面目，就终身都不会受到毁誉羞辱。

真、朴是中国传统文化中理想人格的最高境界，是修德之极致、治世之要务。作为各级官员，在价值观混乱的当下，要经受住物质潮流的考验，并有所作为，就一定要像璞那样，始终保持纯朴的本色，做一个真正实在的人，就不会受到各种恶欲邪念的诱惑，就能始终身正名清。

时下生活万象丛生：有腰缠万贯的，也有刚够糊口的；有住大别墅的，也有蜗居的；有开宝马坐奔驰的，也有步行、骑自行车的……在这种情况下，有人能顶住那些诱惑、不为其所动，但也有人心生躁动、盲目攀比跟风。

再说，人的能力总是有差异的，有本领成为"人上人"而衣锦还乡，当然光鲜。就是没有成为富豪，只要能自食其力，在社会上有自己的谋生之地，对朋友真诚，对家庭负责，对长辈孝敬，仍然是一种成功人生。这种朴素意义上的成功，是绝大多数人注定要过的一种生活常态，因为生活的本然就是"平平常常才是真"。

我们现在对大学生教育的首要任务，是要让他们在明星闪耀、歌手号叫、美人扭腰的娱乐至死的环境里，在名人鼓噪、富豪狂飙、注水肉走俏的物欲横流的年代里，保持一块净土，回归正确的、健康的、积极向上的轨道。

新任北大校长林建华说："大学有责任营造宽松自由的学术氛围，无论是教师学生，还是校长院长，没有高低贵贱，不论学派亲疏，大家都心平气和，平等地争论学术，探讨学校发展。不能为世俗而抛弃学术的独立与尊严，不能为名利而哗众取宠、放任自流。大学的精神和文化应是简单、纯洁的，不允许有尔虞我诈、奉承迎合，也不应有急功近利、好大喜功。""大学必须守护真理的纯洁，不允许任何不良风气玷污青年人的灵魂；大学有责任代表社会良知，维护核心价值，只有把师生的个人理想与社会主义核心价值完美结合，才能真正实现中国大学的使命。"

守住根本

"古之所谓得志者,非轩冕之谓也,谓其无以益其乐而已矣。今之所谓得志者,轩冕之谓也。轩冕在身,非性命也,物之傥来寄也。寄之,其来不可圉,其去不可止。故不为轩冕肆志,不为穷约趋俗,其乐彼与此同,故无忧而已矣!今寄去则不乐。由是观之,虽乐,未尝不荒也。故曰:丧己于物,失性于俗者,谓之倒置之民。"(《庄子·缮性》)古时候所说的得志,不是指高官厚禄,而是说心中的快乐已没有办法再添加了。现在人们所说的得志,正是指高官厚禄。高官厚禄在身,并不是出自本然,而是外物偶然到来,是临时寄托的东西。外物寄托,它们到来不必加以阻挡,它们离去也无法阻止。所以不可因为富贵荣华而恣意放纵,不可因为穷困贫乏而趋附流俗,身处高官厚禄与穷困贫乏,其间的快乐相同，只是没有忧愁罢了。如今，寄托之物离去便觉得不快乐，这样看来，即使在快乐时也不会没有慌乱啊！所以说，在外物中丧失自身，在世俗中迷失本性，就叫作颠倒了本末的人。

有一幅对联："功深书味常流露，学盛谦光更吉祥。"谦光：虽谦抑而辉光益显，后也转作谦退的意思。老子非常重视谦让、不争和无私，认为只有如此，才能有所成就。而这种成就，又并非有心追求，而是自然得来。当一个人不是为了自己而是为他人的时候，他人必会予以回报。而一个为他人的人，即使看来有身殃，必不会有灾祸。就像华封人说的，你有财富，就分给别人好了，哪会给你带来灾祸呢？要是不分给别人，可就真的会有灾祸。而当灾难降临，也不会有人帮助你。古今中外卓有成就的人，大都是无私的人，都是把自己的智慧无私地分给别人才得到人们的拥戴。私心缠身者，可能得到一时的权、钱，但不可能长久。

中国古人有"立功""立德""立言"的理想，这是人们终生为之奋斗的目标。而其中立德，应该是最高境界。《左传·襄公二四年》"大上有立德，其次有立功，其次有立言。虽久不废，此之调不朽。""立德"的内容，就是创制垂德，博施济众，圣德立于上代，惠泽被于无穷。

"立德"的核心，是"博施济众"：广施恩惠，救济患难中的众人。《论语·雍也》："如有博施于民，而能济众，何如？可谓仁乎？"《荀子·富国》里说："若夫兼而覆之，兼而爱之，兼而制之，岁虽凶败水旱，使百姓无冻馁之患，则是圣君贤相之事也。"

每个人都心如明镜，能感通社会的苦难；每个人都目光如炬，能发现自然的灾难。告民以难，并替民解难，为追求美好而献身公众，是立德者的神圣使命。

立德，要终生修明，不断实现精神升华，要从小我走向大我，从大我走向无我——无私。一个人，只有进入了无我的状态，他的聪明才智方能得到正向的发挥。他们生为时代而生，行为社会苦难而行。德隆望尊的人能以自身的能量暖化冰冷者、活化死寂者、热化患观者、激化漠视者、转化围观者、度化邪恶者。这就是人生的意义，这就是终生应该追求的信仰！

传统理论所提倡的"不争"，如《吕氏春秋》所说就是"不争轻重、尊卑、贫富，而争于道。"这个"道"，是指圣贤之道、历史文化之道、为人处世之正道。

如今这个竞争的社会，人们争夺的东西实在太多了，甚至连"宁静的时光、足够的水和空气"都将成为人们争夺的"奢侈品"。金钱、权利、性爱之间的关系已经亲密到水乳交融的程度。开好车、住豪宅、用奢侈品，吃黄金宴等构成了身份地位等级的千级阶梯，而每一级台阶都可以用金钱来铺垫。

如果要同古代接轨，无非就是追逐"高官厚禄"。而《庄子·缮性》里的一番话，对现代追逐狂人，也堪称醍醐灌顶。

有一种令人感动不已的精神光芒，就是神州大地涌现出越来越多的"感动中国"人物，如怀着赤子之心写下对祖国、对科学的忠诚的学术泰斗钱伟长；把完成每一天的工作都当成一次凯旋的"警界保尔"孙炎明；为了抢在大雪封路之前给已经回武汉的农民工发上工资连夜从天津驾车回家，一家五口不幸在车祸中遇难的武汉建筑商孙水林；在哥哥去世之后没有急着去料理后事，而是替哥哥完成遗愿，抢在除夕之前把几十万工钱发给从老家一起出来的农民工的孙东林；体现了中华民族传统美德和人性大爱的杭州徒手去接坠楼婴儿的"最美妈妈"吴菊萍，还有才哇、郭明义、王伟、王万青……这些"感动中国"的名字，足以成为这个时代的精神坐标，这是对中国主流道德的发扬和升华。这些人的行动，只是出于一颗真诚之心的自发选择；他们的义举，并非有意追求惊天动地，只是出于对人生意义的启蒙追求：在这个世界上，怎样才算真正活过？

正如张铁在《这些名字中有对人生的回答》一文中所说："无论是刹那光华四射的抉择，还是长期默默无闻的坚守；无论是用生命书写爱的准则，还是用时间成就'仁'的标准，正是这些'感动人物'的每一个行动，让普通的人生看到了另一个向度，让贫乏的时代看到了另一种可能，生命的价值得以彰显，人生的意义得以呈现。"

庄周梦蝶

"昔者庄周梦为胡蝶,栩栩然胡蝶也。自喻适志与！不知周也。俄然觉,则蘧蘧然周也。不知周之梦为胡蝶与？胡蝶之梦为周与？周与胡蝶则必有分矣。此之谓物化。"

从前庄周梦见自己变成蝴蝶,一只活泼生动的蝴蝶,十分开心得意！不知道还有庄周的存在。忽然醒过来,发现自己就是一个僵卧不动的庄周。不知道是庄周梦见自己变成蝴蝶呢？还是蝴蝶梦见自己变成庄周呢？庄周与蝴蝶一定各有自然之分。这种梦境所代表的,就称为物我同化。

蝴蝶的象征义

老子和庄子都善于运用象征或隐喻的手法来形象地阐明哲理。他们以人类或大自然中各种生物、景象充当征体或喻体，用自然的可见形质来比附某种哲理或品质、人格。如老子常用谷溪水朴这些自然物来象征表面谦虚柔弱而实则蕴藏着无限潜在力的事物和品德。

物理学认为物质具有可以互相转化的五态，即气态、液态（合称流态）、固态、等离子态和超固态。老子当时尚不掌握最柔的等离子态和最刚的超固态的特性，只是在观赏自然界时发现柔软的流体能征服坚硬的固体，所以选用水与空气这些最普通的流体来象征天道。

自然界中最柔软的流体莫过于气，气无所不至，无孔不入。天空是空气大量聚集的空间，而在地球表面，最引人注目的却是山谷。谷中呈空虚状态，它处卑守静，成就万物，它无所容而又可无所不容，无所怀而又可无所不怀，具有无限潜在力，是最高修养或德行的象征。所谓"虚怀若谷"即指胸襟如山谷般空旷，形容人虚心谦卑，能够容物。

庄周化蝶，又称蝴蝶梦，是指修养功夫达到某种境界后，人与万物便浑然不可分。这是说人与万物都能以其本真相游，此种境界称物化。

庄子的人生哲学和他的整个哲学体系一样，充满了矛盾。他对社会和人生的看法是很悲观的。《庄子·至乐》中说：

> 夫富者，苦身疾作，多积财而不得尽用，其为形也亦外矣！夫贵者，夜以继日，思虑善否，其为形也亦疏矣！人之生也，与忧俱生，寿者惛惛，久忧不死，何之苦也！

富有的人，劳累身体，辛勤工作，积攒了许许多多财富却不能充分享用，这样对待自己的生命，也太见外了。高贵的人，夜以继日，苦苦思索决策的对错，这样对待自己的生命，也太忽略了。人们生活在世间，忧愁跟着一道产生，高寿的人烦恼特多，长期忧愁又死不了，多么痛苦啊！庄子认为人一出生便卷于斗争的漩涡之中，病苦和摩擦不断发生；毕生辛劳而不见成功，精力耗尽而不知归宿；形体化尽，精神也随之消亡。他对统治者彻底绝望，对变革现实毫无信心。这是庄子的悲剧性的一面。

然而庄子也有他乐观的一面。他主张摆脱人间的束缚而追求精神的绝对自由。他在不幸的现实的基石上幻化出了乐观主义的仙境。蝴蝶梦就是这样的境界。蝴蝶在和暖的阳光下，在明净的空间，在万紫千红的大地上翩翩起舞，正象征着人生逍遥于一个美妙的世界中。在开放着金黄色花朵的广阔田野里，在生长着数不清的无名的野花的草地上，在左右摇摆的稻穗上，都有各种颜色的大小蝴蝶在翻飞着，这象征着不受空间的限制；蝴蝶想飞即飞，欲止则止，悠闲放达，这象征着不为时间所约束；它一会儿飞向这里，一会儿飞到那里，即使停下来的时候，双翅仍然在扇动着，这象征着不受任何清规戒律的制约；它在花丛中，在石竹上尽情吸收营养，这象征人类意志的自我选择。

蝴蝶的形象，除了它本身所蕴含的哲理义外，还给人一种柔媚、宁静的美感，使人获得一种愉悦和静观的享受。同壮美的大鹏相比，这是类似鲦鱼的优美形态。

我们现在说"人生如梦"，指世事无定，人生短促，像一场梦。苏轼《念奴娇·赤壁怀古》："人生如梦，一尊还酹江月。"含义与"人生如寄""人生朝露"同。现在说这个成语，内心充满悲绪。这和庄子的原义完全走了样。"在庄子心中，却丝毫没有悲凉的感觉。庄子以艺术的心情，将人类的存在及其存在的境遇予以无限的美化。由是宇宙如一大花园，人生欢欣于一片美景之中——如蝶儿之飞舞于花丛间。因此，要说'人生如梦'的话，在庄子心中所浮现的，便是个美梦。"（陈鼓应《蝴蝶梦》）

蝶化的哲理内容

人可以在梦为蝶之后惊醒，蝶亦可在梦为人之后惊醒。梦中的自我与觉中的自我互不相知。换句话说，同一个"自我"，处在异时的不同梦觉状态里，已经不能自知，更何况不同的自我？我与若，是不同的自我，两者不能相知，所以辩论不会有什么成果。

庄周蝶化，象征主体与客体的会通交感，达到相互混合的境界。这种会通交感，不是以认知（感知对象之当时状态，不问其对象为事为物，或属内属外）的立场去判断，也不是用宗教的理论去解答，而是用美学家的激情，对客体作"神入"或移情，也就是把自我情意投射到物身上，等同人与物的情感，使物我界限消失，人与外在自然世界成为一大和谐的自然体。

庄子哲学的精华，有三个关键词：无、忘、化。正像作家和诗人常常赋予自然词语以形象义一样，哲学家常常赋予自然词语以哲理义。"无"不是什么也没有，庄子取义为"本源""本真""天然"。一种事物，除了是它自身之外，没有任何另外属性、另外杂质，谓之"无"。例如天，除了"气"之外，什么污染物也没有，无尘、无烟、无沙、无垢、无色、无嗅，就是"无"。水也一样，除了它本身之外，无任何浑浊因素，清澈见底，就是"无"。

人呢？人也有"无"的时候，这就是"天真无邪"的孩提阶段，一笑、一哭、一食、一饮都本真得很。此时，他无名利欲、无世故心、无虚伪态、无狡诈意。"无"就是自然、天然。

可惜，眼下的人类无论是在客观环境上还是在主观心态上都失去了这种自然性、天然性，被"有"折磨得焦虑万分。天空，已经"有"了雾霾和有毒气体；地上，嗅得到汽车尾气和煤烟粉尘的味道；水中，已经"有"了太多的工业污染物和生活污物。眼下，全国自来水处理工艺80%还停留在混凝、沉淀、过滤、消毒四步传统工艺，已难以应对近年水体中越来越多的有机污染物。"蓝天碧水"只是在语文课本中。人本身，"有"了太多的物质欲、权力欲、争斗欲、占有欲。"这是一个夜莺不再歌唱的年代。物质的潮流淹没了精神的追求，曼妙的精神之歌已经变成机械齿轮精确咬合的滴答作响。物质主义、消费主义激荡，手中握有再多，也永远渴望着货架上的那一个。这样一种面对物质的无限渴望，驱使着每个人前行。于是，从个人到社会，精神荒芜、意义萎谢、价值凋零。"（张铁《这些名字中有对人生的回答》）

于是，人的生理和心理健康每况愈下。现在医院接待的病人数是史无前例的，出现了看病难的问题和医患纠纷。

掺一点"无"，悟一点"无"，回归一点"无"，实在是今人生存的第一要道。怎样才能回归自然，回归"无"的境界呢？途径只有一个，这就是庄子所说的"忘"。

庄子认为人要善于"忘"。"忘乎物，忘乎天，其名为忘己。忘己之人，是之谓入于天。"（《庄子·天地》）一个人所能做的，是忘掉外物，忘掉自然，这就叫作忘记，忘掉自己的人，可以说是与自然合一了。他举例说：渔具是为了捕鱼的，捕到鱼也就该忘记渔具本身；兔网是为了捕兔的，捕到兔也就该忘记网本身。语言是为了表达意思的，意尽也就该忘记辞令本身。

不难看出，庄子所说的"忘"是要人们从物欲、工具化、模式化的"仿生活""拟生活""伪生活"中挣脱出来，回到"原生活"。

现在，人们受到的"物累"越来越重，买了"渔具""兔具"，本意不在于捕鱼、捕兔，而往往把精力困在炫耀这些"工具"的档次、价格、是否进口货之类上，这就叫"物累"。眼下有一些人买高档衣装、高档首饰、高档家具、高档轿车，本意不在于"用"，而在于作为标榜，证实自己的"社会层次"，甚至是"臭显摆"。风靡社会的奢侈风、攀比风刺痛了人们的神经。"高富帅"赢者通吃，而"矮穷矬"只能暗自垂泪。这样的心思用多了，就伤身、损心。有了病，还得去练气功，使劲"入境"，使劲"忘"。

人类并非不知道自己陷入的苦境。基此才产生了种种"回归自然"的呼声。但是，呼声归呼声，果真能做到又实在不容易。

"回归自然"的意识早在庄子时代就有了。庄子已经很清楚地认识到了人类"超离自然""挣脱自然""背叛自然"之苦，这才想起了要"化蝶"，返回自然中去。

庄子的"化蝶"寓意深奥，用现代语言来描述，就是"完成双向意识流程"，"化来化去"意在化掉"我"本位。"不知周之梦为蝴蝶与？蝴蝶之梦为周与？"

"我"在"入境"之后，想化成一棵树、一株草、一条鱼，就应万念俱忘，真的化过去。即使是练气功，这样的境界也可以算真的"入境"了。

遗憾的是今人很难做到，脑子里杂欲太多，"化"这"化"那，心里都忘不掉"我"，"化"来"化"去无非都是为了"我"的利益。诗人在诗中"化"成了祖国的儿子，人民的喉舌，歌星在歌词中"化"成了一株草、一棵树，而心里想的又无非是"化"作名人、演艺界大腕。这样多的俗欲缠心，"入境"只是一种奢谈。

从蝴蝶梦概括《庄子》的表达特征

盛行欧美的"接受美学"学者伊瑟尔提出，一般文章（学术论文、新闻报道等）用的是"解释性语言"，文学作品用的是"描写性语言"，后者包含了许多"意义不确定性"和"意义空白"。

它们构成了作品的基础结构,即所谓"召唤结构",召唤读者去发挥想象力,具体"实现"作品的意图。

如果我们用这种理论来衡量作品的语言,那《庄子》里应该是两者兼而有之。《庄子》的体例,除正论外,还有重言、卮言、寓言三类。其中,正论、重言可归入"解释性语言",卮言、寓言则为"描写性语言"。

哲学重逻辑思维,它把直观和表象加工成概念,通过思辨和推理的方式来阐明哲理;文学重形象思维,它把直观和表象升华为形象,运用联想和想象来塑造生活。两者联系紧密又存在明显的差别。《庄子》语言风格和创作方法的显著特征是并用逻辑思维与形象思维,既有理论的阐述又有艺术的表达。蝴蝶梦,正是这两种思维形式的交叉运用。周梦为蝶,可以是生活的真实;蝶梦为周,则是不可能成为现实的艺术幻想。

当代世界文学发展的一个明显趋势是对哲学问题十分关注,以哲理性为特征的作品日益增多。崇尚理性的思想,具有哲学的深度,应该说是小说创作的拓展和跨越。有人把这类小说称作"哲理小说"。《庄子》虽然既用逻辑思维又用形象思维来进行创作,但它与哲理小说毕竟不同。哲理小说既是小说,它的"理"通过艺术形象感性地显现出来,或"从场面和情节中自然而然地流露出来",不能故作姿态,有意挑明。而庄子的文章,并非由一个完整的感性形象统一起来,或者体现在一个完整的感性形象之中。庄子"以天下为沉浊,不可与庄语",因此喜欢用一些"谬悠之说,荒唐之言,无端崖之辞"来表达自己的观点。所以才"以卮言为曼衍,以重言为真,以寓言为广。"(《庄子·天下》)

但我们不能因此而贬低《庄子》的艺术价值。独特的创作方法形成了《庄子》汪洋恣肆、恢诡谲怪的艺术风格,使它成为我国文学宝库中的一颗光芒四射的明珠。

存道尊生

人有见宋王者，锡车十乘，以其十乘骄稚庄子。庄子曰："河上有家贫恃纬萧而食者，其子没于渊，得千金之珠。其父谓其子曰：'取石来锻之！夫千金之珠，必在九重之渊而骊龙颔下，子能得珠者，必遭其睡也。使骊龙而寤，子尚奚微之有哉！'今宋国之深，非直九重之渊也；宋王之猛，非直骊龙也。子能得车者，必遭其睡也。使宋王而寤，子为齑粉夫！"（《庄子·列御寇》）

有个拜会过宋王的人，宋王赐给他车马十乘，依仗这些车马在庄子面前炫耀。庄子说："河边有一个家庭贫穷靠编织苇席为生的人家，他的儿子潜入深渊，得到一枚价值千金的宝珠，父亲对儿子说：'拿石头来敲碎它！价值千金的宝珠，必定出自深深的潭底黑龙的下巴下面,你能获得这样的宝珠,一定是正赶上黑龙睡着了。倘若黑龙醒过来,你还能保住小命吗？'如今宋国的险恶,远不只是深深的潭底；而宋王的凶残,也远不只是黑龙那样。你能从宋王那里获得十乘车马,也一定是遇上宋王睡着了。倘若宋王一旦醒过来,你也就要粉身碎骨了。"

世界万物中,只有人是最尊贵的。而人可贵的,就是拥有生命。人们都知道生命的可贵,没有了生命,所谓名声、地位、财富还有什么意义？然而正像东汉名医张仲景所说,许多人还是不爱惜生命,一辈子尽情地与人竞争,博取名誉,追求私利,这等于聚集毒物攻击自己的精神,对内损伤了骨髓,对外损耗了筋肉,精力消耗殆尽,筋脉就被堵塞,体内空虚不实,只能招致各种疾病,正气一天天衰竭,邪气一天天兴盛了。这样,疾病摧残起人的生命来,就像用沧海之水去灌灭小火把,推倒西岳华山去堵塞细流。要说容易,实际上还胜过这种情形。

话说回来,像老、庄这样看透名声、地位和财富的人毕竟稀少。现代人也"重身",但他们的重身与老、庄所说的重身实不相中。老、庄的重身或重生,是重视身体或生命不受损伤,是重视生命的精神归依。现代人的重身或重生,一则是重视世俗的享受,放纵任性,绞尽脑汁图谋富贵,整天迷恋于歌舞女色,不能以礼节法度约束自己,就是玩命地挣钱、争名、谋地位,而又以戕害身体乃至生命的方式享受；一则以欲求的本能对抗精神,把一切精神性的东西,例如意义、理想、神圣、事业、情操等都视为不可捉摸的,乃至虚妄的,都是肉体对精神的彻底反叛。老、庄对人们追求名利、地位和权力的原因所作的分析,倒也适合现代人的状况。二位哲人认为人追求名利等身外之物是因为离开了道（绝对真实），而现代人追名逐利也是因为安身立命的基础折毁或调换了。例如，被无数国人顶礼膜拜的社会信仰"勤劳致富"愈行愈远，靠歪门邪道侥幸求利则炙手可热。这其实就像潜入九重深渊从骊龙颌下窃取宝珠一样危险。当有人慨叹世风日下，老实人越来越少时，"老实"一词则褪去了往日的光泽，由褒义变成了贬义。如今一提起某某人"老实"，就会有人不以为然，由钦佩变嘲笑，由敬服变蔑视，由学习看齐变敬而远之。

古人一向信奉"寒窗苦读——金榜题名——出将入相——衣锦荣归"的人生轨迹。而现代人则认为，人们不必勤奋，也无须天生有才，就能当歌星、著名演员、媒体主持人、最高法院法官、国家元首。这是现代流行的社会乌托邦。

一切传统的、形而上的东西被否定了，而升官、发财等欲望却继续无限膨胀。于是，低俗、丑恶、腐败的社会现象，如傍大款、傍富婆、傍族、傍傍族、行业潜规则等就如山崩土溃，随水流注了。老实的父亲命令涉险谋财的儿子敲碎宝珠，是期望他平矜节欲，不要再入龙潭冒险。

抱瓮老者与数码青年

《庄子·天地》载:子贡前往南方的楚国游历,返回晋国的时候,经过汉水南岸,看见一个老人在菜园里劳作。这个老人凿通一条地道到井边,抱着瓮进去,装水出来灌溉,花了很大力气而效果不明显。子贡说:"现在有一种机械,每天可以灌溉一百块菜园,用力很少而效果很大,老先生不想试试吗?"种菜老人抬起头看着子贡说:"怎么操作的?"子贡说:"削凿木头做成机器,后面重而前面轻,提水就像抽引一样,快得像沸汤涌溢。这种机器叫作桔槔。"种菜老人怒形于色,然后讥笑说:"我听我的老师说过:'使用机械的人,一定会进行机巧之事;进行机巧之事的人,一定会生机巧之心。'机巧之心存在于胸中,就无法保持纯净状态;无法保持纯净状态,心神就不安定;心神不安定的人,是无法体验大道的。所以，我不是不懂得使用机器，而是因为觉得羞耻才不用的。"

子贡与种菜老人的对话"有机械者必有机事，有机事者必有机心"是对机械利用的担心与排斥。然而孔子却批评种菜老人是只知其一而不知其二，只注重内在修养而不能顺应外在变化。

孔子的话合乎历史发展观。时代是发展的，科技是进步的。就拿现代社会来说，高科技在给人类带来便利与享受的同时，也带来了伤害。但我们无法走回头路，只能在使用机械时尽力减少巧诈的心计，阻止机心泛滥。

庄子笔下的"至德"之世，山上没有路径通道，水泽没有船只桥梁，当然没有发生交通事故的可能。我们能因为现代车祸频发而废除"汽车生活"吗？在那个时代，百姓与禽兽同居，与万物共处，当然不可能出现房价上涨和高楼坍塌的问题，我们能因为房地产市场混乱而废除"楼市生活"吗？在那个时代，人们用结绳来记事，邻国彼此相望，鸡鸣狗叫的声音也彼此听闻，而百姓却老死不相往来，当然不可能出现电信诈骗，我们能因为网络谣言滋生而废止"网络生活"吗？

而如何解决孔子说的"只重内在修养而不能顺应外在变化"这个矛盾呢？庄子揣摩出一条策略：外化而内不化。内指自我心理能力，外指状态百出，不可穷极的外在世界。外在言行与世俗同化，内心保持对道的体认得真。"内不化"就是不放弃真我。既要注重内在修养又要顺应外在变化。

什么叫作"保持对道的体认得真"？虚心、冷静、恬淡、不妄为，这是天地的本来样貌，也是道与德的实质。实践这些真实内涵,就显得平凡单纯。平凡单纯就贴近恬淡了。平凡单纯而恬淡,则忧患不能入,邪气不能袭,所以天赋能保持完整而精神也不会亏损。这就是道的真实。纯粹朴素的道,只有精神可以保持住它;保持住它而不丧失,就能凝神专一,专一就能与真实相通,然后合乎自然的法则。这在任何时候都是不能改变的。说得更具体一些,就是《庄子·田子方》里子方所说:为人真诚,外貌与常人无异而内心与自然契合,顺应世俗而能保持真实,洁身守静而不追逐外物。对于无道的人,就以庄重态度来开导,使他打消邪念。"外化而内不化"的现实表述应该是:衣食住行这些生活和行为方式与社会常态适应,坚守良心和良知的道德底线,这种道德与人类的天性同在。摒弃物欲,拒绝沉溺到边缘性价值观和铤而走险以及不择手段的不良思维,保持内心的坦荡和行为的高贵。

"今古每云不相及,风气所在得无同。"抱瓮老人的"趣事"在今日已然重演。社会原子化,"手机生活"愀怆侧减,惶骇憎栗。春节团圆孙子俯屏一言不发,气得爷爷怒摔杯盘,这是机巧夺去了亲情;学生上课玩手机,校长集中砸烂;一位教师因没收学生的手机被捅死,低头族因滥玩手机发生车祸,这是机诈暗算了生命。一群大学生因此开展了"逃离手机生活"的体验活动,得出的结论是"没有手机的日子简直不能活"!

种菜老人虽斫隧而入井,抱瓮而出,骨骨然用力甚多而见功寡,但仍能完成浇灌任务。而当今青年缺了手机居然无法生存。由此可见,简单的生活不是逃离就能回归的。不能因为一项高科技带来负面影响就去逃离。逃离不如正确面对。

针对青年群体,"外化"指对平板电脑、智能手机、笔记本电脑等高端数码产品的合理运用。这个"合理运用",有许多工作要做。在外部,要规范网络功能开发,要严查违法运营行为,要推行健康的生活方式等。在内部,则是要自振纪纲,束身如圭,就是要"内不化"。指深厚的内在品质、极目挺拔的奋斗勇气、温文尔雅的书香琴韵,以及至大至刚的青春个性等,不能在"数码产品崇拜"的喧嚣中被消解。数码产品再耀眼,也不过是一种工具,是机械化的物质。一个人,要达到远想出宏城,高步超常伦的境界,只依傍外在的、物质化的修饰和"加持"是式微式微者,微乎微者也。相对于机械和物质化而言,"心神""思想"和内在气质,才能使人胸次博广、给人带来终极幸福和发展成就感。

因此,任何数码产品的内核,仍然是科技和思想的光华相映,精神流照。所以,乐于欣赏和享受科学技术发展给人类带来的幸福无可厚非,但更要激活科技创造意识,努力使自己成为一个放怀世宙、注重学习的人。事业发展没有止境,学习就没有止境,这才是数码产品带来的精神启迪和发展意义的极致,而并非虚骄恃气的畸形攀比,以及虚声恫喝。

善恶相生

"天下皆知美之为美,斯恶已。皆知善之为善,斯不善已。故有无相生,难易相成,长短相形,高下相倾,音声相和。前后相随。是以圣人处无为之事,行不言之教。万物作焉而不辞,生而不有,为而不恃,功成而不居。夫唯弗居,是以不去。"(《老子·2章》)

天下人都知道美之所以为美,丑的观念也因而产生。同时大家都求美去丑,于是纷争迭起,结果反而不美了。天下人都知道善之所以为善,恶的观念也因而产生。同时大家都趋善避恶,于是诈伪滋生,结果反而不善了。所以有和无相待而生,难和易相待而成,长和短相待而显,高和下相待而倾倚,音和声相待而和谐,前和后相待而成序。所有这些相对的观念,都是由对待关系而产生,产生之后,人们便都趋向于自认为好的、有利的,而逃避自认为坏的、有害的。于是人世间从此就扰攘不安了。只有圣人能体合天道,顺应自然。以"无为"的态度来处事,实行"不言"的教诲。任万物自然生长,而随机应变不加以干预;生长万物,而不据为己有;作育万物,而不自恃其能;成就万物,而不自居其功。正因为不自居其功,所以他的功绩反而永垂不朽。

善恶、美丑之类的东西是相对而言的,没有善就没有恶,没有美也就没有丑。天下的人都知道美所以为美,丑的观念也就产生了。这时人们就求美去丑,纷争于是迭起,结果反而不美了。天下人知道善之所以为善,恶的观念也由此而生。同时大家都趋善避恶,于是诈伪滋生,结果反而不善了。

莫言获得诺贝尔文学奖,这自然是山出器车、河出马图一类的美事。然而不抑制超常亢奋甚至疯癫状态,难免不会转变为"恶"。舆论上的意淫,例如"高密将成为中国文学的高地、中国国家的圣地、中国文化的高地"等痴人说梦也许在惊流之后往复还了,怕的是范进般的疯狂会带来劳民伤财的恶果!

这不是杞人忧天。莫言得奖后,他的家乡"翻腾鼓浪成风雷,掀天斡地五千里"。市政府准备投资6.7亿元打造旅游带,包括莫言旧居周围的莫言文化体验区,红高粱文化休闲区,爱国主义教育基地等。在红高粱文化休闲区,将花千万元种植万亩红高粱,莫言老家所在辖区管委会主任范珲振臂高呼:"赔本也要种"。

这是"文化搭台,经济唱戏"的翻版。莫言旧居即便要建休闲区,要种万亩红高粱,也要经过程序的检验,通过民意的审视,"赔本也要种"的底气不是基于市场前景,而是基于权力的随意。

这种违背程序、规则和民意的做法,难遂其初!

　　类似的事情并不少见,打着惠民的都变成了坑民,高呼发展都成了伤害:那些强拆与强征带来的都是对民权的侵犯、对民心的伤害、对民生的漠视。如果"万亩红高粱"工程,最后换来的只是财政亏本,换来的是任务摊派,甚至是土地的强行流转、房屋的强拆,这样的民生之痛最后由谁来买单?

　　众所周知,公务员眼下是最热门的职业,核心因素是它维系的权力利益与尊严,同其他职业相比,具有明显的社会优势。正如一些报考者所说,"公务员现在已经不是铁饭碗了,它是金饭碗""生老病死都有国家管着,你还担心什么?"由此,公务员考试成为比高考还难的"国考",众人趋之若鹜也就不足为怪了。

　　公务员考试热,直接与"官本位"思想有关。当官可以出人头地,高人一等,可以衣锦还乡,光宗耀祖。现实生活中,源源不断的利益向官员输送,制度规定如此。资源都掌握在官员手中,想给谁就给谁,在给的过程中,还可收回租金。如此炙手可热的差事,不抢着干才怪呢。刚毕业求职的大学生,趋之若鹜也合情合理。

　　于是,社会自然把考公务员视为"美"和"善"。在竞争激烈的职位考录比面前,为抢一个饭碗而不择手段的"丑"事"恶"事也就应运而生了。为了让孩子进入公务员队伍,许多家长就算砸锅卖铁也在所不惜。一些人凭借其在官场行走的经验,瞄准了机会,自称与某某"长"关系甚铁,搞定没问题,于是大搞"通天"骗局。西安市破获一起伪冒公务员局官员行骗案,涉案金额200余万元,20多个家庭被骗。

也可能由追求善行而带来恶。庄子讲的治马、治埴、治木的事情，很能说明追求善而导致恶的结果。对人来讲是善的事情，对马来讲则是恶。

马，蹄可以践霜雪，毛可以御风寒，龁草饮水，翘足而陆，此马之真性也。虽有义台路寝，无所用之。及至伯乐，曰："我善治马。"烧之，剔之。刻之，雒之，连之以羁馽，编之以皂栈，马之死者十二三矣。饥之，渴之，驰之，骤之，整之，齐之，前有橛饰之患，而后有鞭筴之威，而马之死者已过半矣。陶者曰："我善治埴，圆者中规，方者中矩。"匠人曰："我善治木，曲者中钩，直者应绳。"夫埴、木之性。岂欲中规矩钩绳哉？然且世世称之曰："伯乐善治马"而"陶、匠善治埴、木。"此亦治天下者之过也。（《庄子·马蹄》）

马，蹄可以用来践踏霜雪，毛可以用来抵御风寒，饿了吃草，渴了喝水，性起时扬起蹄脚奋力跳跃，这就是马的天性。即使有高台正殿，对马来说没有什么用处。等到世上出了伯乐，说："我很会训练马。"于是用烧红的铁器灼炙马毛，用剪刀修剔马鬃，凿削马蹄甲，烙制马印记，用络头和绊绳来拴连它们，用马槽和马床来编排它们，这样一来马便死掉十分之二三了。饿了不给吃，渴了不给喝，让它们快速驱驰，让它们急骤奔跑，让它们步伐整齐，让它们行动划一，前有马口横木和马络装饰的限制，后有皮鞭和竹条的威逼，这样一来马就死过半数了。制陶工匠说："我最善于整治黏土，我用黏土制成的器皿，圆的合乎圆规，方的应于角尺。"木匠说:"我最善于整治木材,我用木材制成的器皿,能使弯曲的合于钩弧的要求,笔直的跟墨线吻合。"黏土和木材的本性难道就是希望去迎合圆规、角尺、钩弧、墨线吗?然而还世世代代的人都称赞说,"伯乐很会训练马"而"陶匠、木匠善于整治黏土和木材",这也就是治理天下的人的过错啊!

有些被人认为是善的事情,其本身也可能是恶。如一些地方政府、行政单位、企业团体,喜欢拉当地小学生参加表彰会、开业庆典、招商引资等商业活动,目的是增光添彩,活跃气氛。一有"活动",孩子们就要被当作道具搬出来,停课排练演出。还要吃苦受累,甚至遭难受罪。下面的情境还是司空见惯:为等候姗姗来迟的领导,一群儿童在烈日下暴晒几个小时;为听完领导冗长的讲话,孩子们在冷风苦雨中瑟缩发抖。官员们的初衷可能认为参加"活动"是"善举"。然而孩子们是父母的宝贝,祖国的花朵,是祖国的未来,不是招商引资和各类经济政治活动的道具,更不是领导的花瓶。让孩子们在烈日炙烤下站立等待,在冷风苦雨中饥寒冻馁,这本身就是恶。

这些年,我们经常沉浸在"自豪"的快感之中。我国 GDP 总量已经超过日本,成为世界第二大经济体,我国的汽车销售总量已达到美国历史上的最高水平……还有高铁。

中国的高速铁路已成为世界发展之最,铁路部门的宣传尽是溢美之词,"高铁是全天候、大运量、以人为本的环境友好型大众化交通工具"等不绝于耳。

《论语》里说"欲速则不达",在有些人心目中,这是"惰性思维"。铁道部的官员笃信"欲速必达"的思维。铁道部门可以在短期内一再提速,让火车也进入高铁时代。正因为把疯狂的"大干快上"作为追美逐善之举,而忽视了在服务意识、保障水准、安全管理等方面的缺失,才发生了甬温线动车追尾交通事故,造成重大人员伤亡。怨从"恶"来!

在计划经济年代,只要上级领导出台一项政策措施,或是提出一个号召,下级单位都是坚决拥护,认真执行。因此,好的政策措施,一般都能得到善果,给人民带来益处。而当下,是上有政策,下有对策。好的政策也可能带来恶果。

例如,眼下正在逐步推行的"绩效管理",特点是业绩"与收入挂钩",这可以管住那些没有职业奉献精神的人。但这种"挂钩"有两个前提:第一,最应该挂钩的是劳动质量或劳动强度。第二,与收入挂钩的绩效考评,不能针对那些不能量化劳动价值和劳动付出的行业。

"工作不是不可以和收入'挂钩',但不能什么工作都'与收入挂钩'。动辄'挂钩'导致的怪象还少吗?大巴车司机的收入与运营收入挂钩,导致车辆超载、安全事故频发;医生的收入与医药收入挂钩,导致'大处方'横行,医患关系恶化;高校教师的待遇与科研和职称挂钩,导致虚假科研论文漫天飞,代写、化发论文产业化,甚至还出现了'反反抄袭'……而吉祥航空省油考核与机长收入挂钩,导致'拒不避让',只是诸多怪象中的一种。"(秦丹《绩效管理切莫动辄"与收入挂钩"》)

从假烟假酒到假证假文凭,从假官假履历到假政绩假荣誉假改革,从以假作真到真亦是假。这些年经常进入我们视野的五花八门的"假现象"着实让人胆裂魂飞!有人作假,那是因为有人爱假，有人需假。一个社会弄虚作假泛滥成灾。其实是作假者和爱假者、买假者互为因果的。如果说作假者是见利忘义、道德沦丧的话，那么买假者同样也是急功近利、贪得无厌。

"恶行"是否能转化成"善果"？当然可能。"地沟油飞天"即是一例。

地沟油是把餐厨垃圾等进行加工与提炼，经过物理分离与化学反应这样的"生产工艺"生产出来的。地沟油是不法分子的"尖端技术"。当然也是道德滑坡的"润滑油"。"劣币驱逐良币"定律在地沟油生产中发挥作用，动摇着正规企业的经营理念。资本的逐利性、市场的竞争性，可能都会"导向"正规企业的堕落。围剿地沟油，法律亮剑，战果颇丰。但是，基本上锁定于"堵"的层面。

2012年7月中旬左右。2000吨产自上海的废弃油就将开始它们的"飞天之旅"。在通过报关等手续后，这些油将被荷兰航空的技术人员加工成航空生物煤油，供飞机使用。在2011年11月，荷兰航空就来中国采购样品。从山东青岛带走20吨地沟油样品回去试验。如果可以使用，将每年采购12万吨地沟油。

地沟油"飞天"，大智慧"起航"。"飞天"给地沟油一个造福于民的"出口"，一个科学利用的"出口"，这是除弊兴利之策。

"得心应手"与现代劳模的创造性火花

《庄子·天道》里的斫轮老手说:"做轮子,下手慢了就会松动而不牢固,下手快了就会紧涩而嵌不进去。要不慢不快,得之于手而应于心。有口也说不出,但是这中间是有奥妙技术的。"

《庄子·知北游》里有一个制作腰带带钩的人,已经八十岁了,所做的带钩没有丝毫差错。他说:"我二十岁就喜欢做带钩,对别的东西根本不看,不是带钩就不仔细观察。我用心于此,是因为我不执着于别的东西,才能专用于此。"心无旁骛,专于一技,几十年下来必有神效。锤钩者得心应手,除凝眸专注、唯钩是视、神不他移外,还靠六十年的锲而不舍,千锤百炼。

"得之于手而应于心",是技巧修养成功的标志。得之于手,是指任何奇特技巧,都可以出自手中;应之于心,是说手中之技与心之所思完全契合，进入从心所欲的妙境。要使技巧"出神入化""出入无间"，开始不免"循途守辙""循规蹈矩"，等到技精能巧，就可以超越规矩，跨过途辙，让心灵、手指和对象三者毫无隔阂，可以不必用心去设计、构思对象，而这个对象一旦构成，必然胜过规矩，达到"巧若天成""鬼斧神工"的境界。

2015年"五一"期间，新华社以《辛勤加创造，劳动成就梦想》为题，赞誉了9位全国劳动模范的感人事迹，尤其是"80后"产业工人秦世俊用科技革新改进生产力的创举汇聚了"劳动光荣，创造伟大"的时代最强音。

秦世俊参加工作14年，累计完成25年的工作量，实现技术革新、小改小革660多项，提高生产效率1至8倍。他研究成功"逆向思维、反向采点"的加工腹板新方法，提高工效8倍，产品一次交验合格率达到100%。

都说要艺术地生活。所谓"艺术地生活"，并非艺术圈内明星、歌手、演员等的生活。当人们不再把劳动单纯地看作为养家糊口出卖体力，而是使"技进乎道"，在操作过程中能怡情悦性，神痴心醉，万事万物中还能有比这更美好的欢乐吗？

秦世俊的先进事迹不仅是劳动最光荣、劳动最崇高、劳动最伟大的生动体现，也是对"劳动最美丽"的最好解读，秦世俊活出了人生真风采。

常从疑处悟书香

　　我是一个"穿越"代,传统新潮我都爱。半个多世纪的粉笔生涯,教过的课程有古代,有现代,情有所"中"形于外。在教学岗位上,获得过较高的荣誉,也有一些听课"粉丝"。有人说:"听你的课是一种享受。"我说:"别介,不难受我就够享受了!哪能讲课都像侯宝林说相声似的噱头。"有人说:"你应该是泰斗了!""不太抖!"我戏谑,"写小字有点抖,写大字不抖。所以经常写大篆应酬。"生意客一听,喜出望外:"哟嗬!这老头儿挺酷的,还能大大地赚钱,快交个朋友。"

　　有研究生说,听我讲课之前,以我这位年近耄耋的老学者,讲起课来应该是拿着一本泛黄的陈年旧书,戴着瓶底厚的眼镜,半闭着眼睛,满口之乎者也,课堂上一片沉寂……没想到,课堂上的老师却是神采飞扬,风趣幽默,新潮词语甚至网络语言随口即出,社会新闻了如指掌。将枯燥乏味的语言学理论变得生动活泼、妙趣横生,而且总觉得上课时间过得很快。

我在一次接访中是这样说的:孟子说,君子有三乐,得天下英才而教育之,是一乐也。教师的一生所乐,俱在于此。在长期学穷其微、静观思潮起落的过程中,逐渐悟出了一种境界:"耐得寂寞与清贫,展开眼界放平心。修身淡泊为师道,育苗甘苦见真情,当于人事知天事,能以今文作古文,待到门墙桃李出,喜无长物一身轻。"这是从教半个世纪的深切体验,它是朴素的,又是崇高的。现在很难预测生命的终极,但只要一息尚存,还将在这种境界里遨游、驰骋。